"十二五"普通高等院校文化产业管理系列规划教材 | **丛书总主编：胡惠林**

文化遗产导论

王晨 王媛 ◎著

清华大学出版社
北京

内 容 简 介

  本书从概念、理论、实践三个层面建构文化遗产学科的基本知识框架体系。从对文化遗产、文化资源等基本概念的辨析出发，厘清文化遗产的本质属性。从文化遗产资源学、文化遗产价值论、文化遗产经济学三个方面，综合了多学科的研究方法和理论，建构文化遗产学的基础理论，并从实践层面对可移动和不可移动的文化遗产、非物质文化遗产、自然与文化双重遗产作了分类阐述，并对文化遗产数字化、文化遗产保护政策进行了分析和总结。

  本书可作为普通高等院校文化产业管理专业和其他相关专业的教材，也可作为政府文化管理部门、文化企事业单位的从业人员的继续教育和培训用书。

本书封面贴有清华大学出版社防伪标签，无标签者不得销售。
版权所有，侵权必究。举报：010-62782989，beiqinquan@tup.tsinghua.edu.cn。

图书在版编目（CIP）数据

  文化遗产导论/王晨，王媛著. —北京：清华大学出版社，2016 (2025.2重印)
  "十二五"普通高等院校文化产业管理系列规划教材
  ISBN 978-7-302-45090-0

  Ⅰ. ①文… Ⅱ. ①王… ②王… Ⅲ. ①文化遗产-高等学校-教材 Ⅳ. ①G112

  中国版本图书馆 CIP 数据核字（2016）第 225888 号

责任编辑：杜春杰
封面设计：刘 超
版式设计：刘艳庆
责任校对：赵丽杰
责任印制：丛怀宇

出版发行：清华大学出版社
  网　　址：https://www.tup.com.cn，https://www.wqxuetang.com
  地　　址：北京清华大学学研大厦 A 座　　邮　编：100084
  社 总 机：010-83470000　　邮　购：010-62786544
  投稿与读者服务：010-62776969，c-service@tup.tsinghua.edu.cn
  质量反馈：010-62772015，zhiliang@tup.tsinghua.edu.cn

印 装 者：艺通印刷（天津）有限公司
经　　销：全国新华书店
开　　本：185mm×230mm　　印　张：15.5　　字　数：307 千字
版　　次：2016 年 9 月第 1 版　　印　次：2025 年 2 月第 12 次印刷
定　　价：49.80 元

产品编号：055582-03

总　　序

文化产业管理：一门新兴的综合性大文科
——历史与建构

　　1993年5月，经中华人民共和国教育委员会批准，中国内地第一个文化管理专业——文化艺术事业管理——在上海交通大学创立，同年9月，新生正式入学报到，开始了中国内地高等教育史上文化管理专门人才培养的新篇章。我作为负责这一专业筹建和创立并主持该专业学科建设的责任人，有幸参与了它的全过程，经历和见证了它整整20年的发展史。这是我最感有意义的事。

　　新中国成立以后，我国高等教育培养了一大批文化艺术领域里的各类专门人才，有不少成为享有国际声誉的艺术家，但却始终没有培养过一名文化艺术经营管理人才。20世纪80年代初关于艺术表演团体改革的讨论，第一次遭遇到了"懂艺术、善经营、会管理"的文化艺术管理专门人才缺乏的障碍。1992年党的十四大提出了社会主义市场经济体制改革的目标，第一次把培养能够满足和适应市场经济体制下文化艺术经营管理需求的高级专门人才提到了中国高等教育的面前。在经历了20世纪80年代高等教育新学科建设高潮之后，中国高等教育又迎来了一次新的学科建设的高潮。如果说80年代的文科学科建设高潮还主要是立足于恢复，那么，这新一轮文科学科建设高潮则全部集中于新文科创建。文化艺术事业管理专业就是这样的新学科、新专业。

　　在欧美高等教育体系中，大陆法系的这一类专业都命名为"文化管理"专业，如德国、法国、加拿大等；英美法系则称之为"艺术管理"专业，如美国、英国、澳大利亚等。中国内地从中国文化制度体制的实际出发，把这一专业定为"文化艺术事业管理"专业。当时，我在负责这一专业的学科建设的课程体系设计时，主要参考了这两大法系一些代表性大学的专业课程设置，结合中国的情况形成了延续至今的上海交通大学文化产业管理专业课程体系的主干课程与核心框架。它们是：文化经济学、文化政策学、文化行政学、文化投资学、文化市场营销学、国际文化贸易、文化管理学和文化产业学。这一课程体系与核心框架成为后来创办这一专业的主要参照。为了鲜明地界定人才培养目标和办学方向,上海交通大学文化艺术事业管理专业定位为"文化经济方向"即文化产业。因为,无论是国家政策还是社会认识,把一个新的文科专业直接命名为"文化产业管理",时机和条件在当时都还不成熟。但这一定位一直是上海交通大学文化艺术事业管理专业始终不渝的办学目标和办学方向。即便在1999年的国家本科专业目录的调整中,把"文化艺术事业管理""体育管理""卫生管理""教育管理"统一合并为"公共事业管理"专业,上海交大这一办学方向都始终没有改变过。

在一无师资,二无教材的条件下,上海交通大学的领导们以对党的事业无限忠诚和科学家对国家战略需求的高瞻远瞩,领风气之先,在学校经费普遍不足的困难条件下,利用百年校庆出百本教材的机会,把文化艺术事业管理专业的教材建设列入其中,开始了学科建设的卓越起步。我国文化产业管理专业学科建设就此开始了教材建设的规范性进程。《文化经济学》这本教材作为我国文化产业管理专业的第一本教材,就是诞生于上海交大的"百年校庆"。1999年,国家"985"工程一期项目启动后,上海交通大学又把文化管理专业系列教材建设列为创新项目予以重点支持。2003年由我担任主编的"21世纪文化管理系列教材"由上海文艺出版社出版,共7种:《文化经济学》《文化政策学》《文化市场营销学》《文化行政学》《文化投资学》《文化市场学》《文化产业学》。我国第一个文化产业管理专业核心课程教材框架初步形成。

在差不多有10年的时间里,除了上海交通大学,国内很少有大学办这个专业。但是,作为一个有着百年历史的高等学府,它的领风气之先的努力首先得到了国家文化部的高度关注与评价。1999年12月,为迎接我国文化建设新的国家需求的到来,文化部与上海交通大学决定依托上海交通大学文化艺术事业管理专业共同创建"国家文化产业创新与发展研究基地",时任文化部副部长李源潮和上海交通大学校长谢绳武共同担任基地主任,开创了"部校合作"的新模式。上海交大文化产业管理专业学科建设由此进入了新的发展阶段。

2002年,党的十六大提出要"积极发展文化事业和文化产业",第一次以党的政治决议形式开启了我国文化建设与发展新时期。由中国加入世界贸易组织而激发的关于文化产业的理论与政策研究,直接导致了关于在中国大学创办文化产业管理专业的时代命题的提出。2003年12月,由上海交通大学倡议与北京大学、清华大学、山东大学、云南大学、华中师范大学、山西财经大学等7所高校联合发起的"全国高校文化产业研究与学科建设联席会议"在上海交通大学召开,包括复旦大学、北京师范大学、南京航空航天大学、南京艺术学院、深圳大学、中南大学、中央财经大学等15所高校的专家学者参加了联席会议。会议达成了重要共识,以15所大学文化产业研究机构的名义联合向教育部建议:创建文化产业管理专业,该建议得到了教育部的高度重视和回应。2004年,教育部正式在本科专业目录外设立文化产业管理专业。山东大学、中国海洋大学、云南大学和中国传媒大学获批成立文化产业管理专业。此后,北京大学、清华大学先后轮流主办了联席会议,参加的院校越来越多。不仅原来的被改名为公共事业管理专业的许多院校依然在办文化管理,而且全国有不少艺术院校在艺术学下面开办有艺术管理专业。全国高校形成了"文化管理""艺术管理""文化产业管理"三路大军。为了更好地推进这一新兴学科建设,推进学科建设的科学化,2005年经筹备,在教育部高教司的支持下,"全国高校文化管理类学科建设联席会议"在青岛中国海洋大学召开。全国有56所院校的院系领导和专家出席了会议,山东艺术学院、云南艺术学院、天津艺术学院、鲁迅艺术学院、北京舞蹈学院等开设有艺术管理专业的艺术院校都参加了会议。会议通过了关于文化管理类学科核心课程教材体系建设,在上海交通大学课程教材框架的基础上,增加了《文化学概论》《世界文化产业概要》《文化艺术管理概论》三本,由云南大学出版社出版,我担任编委会主任。

"联席会议"机制的建立不仅增进了不同高校文化管理类专业学科建设的交流和联系,而且进一步扩大了文化产业管理专业学科的影响和建设,尤其是随着文化产业理论与政策研究的不断深入,以及文化产业发展在国家发展战略中的作用日显重要,文化产业管理专业在经历了20年的探索之后,于2013年被国务院学位委员会正式作为科学的学科建设纳入到整个高等学校本科专业目录,成为国家新学科和新人才培养体系的重要战略组成。根据2013年12月在安徽师范大学召开的"第10届全国高校文化产业专业学科建设联席会议"的不完全统计,截至2013年中国内地已有100多所大学开设有文化产业管理专业。与此同时,内地的文化产业学科建设也引起了台湾高校同行的广泛关注和高度认可。随着两岸和平发展的不断深入,两岸在文化创意产业领域里的合作不断深化,两岸高校文化产业管理专业的学术交流、学生培养和学科建设合作机制也应运而生,创立了"两岸高校文化产业本科专业学科建设联席会议"。它标志着一个新兴的综合性大文科在中国崛起。

文化产业管理专业是一个年轻的学科,唯其年轻,因而充满着创造性朝气。作为这种朝气的体现,一方面是关于它的学术研究,另一方面就是关于它的教材建设。中国传媒大学、山东大学、北京大学、中国海洋大学、台湾教育大学都出版了有关文化产业管理专业的系列教材,全国艺术院校还联合出版了艺术管理专业的系列教材。虽然,大家的着立点不一样,但是都体现出一个共同的认知:一个科学的学科建设的标志有两个:科学的课程体系和科学的教材体系。二者相辅相成,缺一不可,而这两项均服务于科学的人才培养需求。正因为如此,许多大学在课程体系建设上都做了许多探索。为了能够体现和反映这种探索,在清华大学出版社组织的这套教材中我们就把这种探索的成果吸收进来了。

因此，清华大学出版社组织出版的这套"'十二五'普通高等院校文化产业管理系列规划教材"（共16种）是迄今为止我国文化产业管理专业学科建设和教材建设的最重要的成果。

文化产业是现代科学、现代工业文明发展与现代精神文明发展相结合的产物，它是人类社会理论掌握世界体系和表现世界体系的一种新的文明手段和方法。新兴的多学科综合性特质，使得关于文化产业管理研究和在此基础上形成的文化产业管理学科，既具有应用理论的特点，同时又具有基础学科的性质。我们不能把文化产业研究仅仅理解为一种应用性研究。文化产业理论研究应该在学理的层面和意义上，探讨人类社会在工业文明与后工业文明时代人类社会的生存方式、发展方式、认知方式和表达方式。法兰克福学派深刻地揭示和批判了"文化工业"，解释了为什么"文化工业——文化产业"仍然在全世界获得飞速的发展，深刻地改变着世界面貌，改变着人们对世界的了解和思维及其与世界的关系。文化产业作为一个概念的出现，集中反映和表现了文化产业这样一种人类社会现象的普遍存在，由于它和传统的文化形态生命运动和存在方式的巨大区别，这才使人们创造出这样一个概念来表达人们对这一类对象的认识。因此，它是一种新的文化表达理论形态，一种新的社会发展和运动理论及一种经济理论形态，是这些理论形态综合成的一个独立的新的学科理论形态，一种深刻的人类社会进程。

概念是对对象特征的本质概括。同时概念本身又是一个具有无限丰富性的有机生命整体。虽然人们还没有一个普遍认同的统一的文化产业定义，联合国教科文组织关于文化产业的定义至今也没有统一全世界的看法。但是，正如哲学界至今都还没有给出一个公认的"哲学"定义并不妨碍"哲学"学科建设一样，我们完全可以在不断地探索"什么是文化产业"的过程中，建立起作为科学的文化产业管理学科。这应该成为我们建立科学的文化产业学的学科认知基础。

文化产业管理的学科归属，在中国学术界迄今为止尚未有一个统一的认识，虽然，在学科目录中把它归为管理学门类下的一级学科工商管理，但是，在现阶段中国文化产业管理体制中和学科认知上，所涉及的领域和范围，远远超出了工商管理的学科范畴。在权威的国家哲学社会科学基金课题指南里，有关文化产业管理的研究课题被分别归在马克思主义、科学社会主义、哲学、经济学、应用经济学、文学、新闻传播、国际政治等学科门类内，同时在"全国艺术科学规划指南"里，又被划归在"艺术学"下的"文化管理"类。这种情况，一方面反映出中国的文化产业无论在理论上还是在实践上，都还没有展开其全部的丰富性，另一方面也反映出，无论是"哲学""经济学""应用经济学"，还是"新闻传播学""艺术学"，都容纳不下完整意义上的"文化产业管理"。

总序

作为一门新兴交叉学科，文化产业管理专业还很年轻，年轻到不知道究竟把它放在什么位置上，归属到哪一个学科。在讨论文化产业管理专业学科归属的时候，我曾经提出一个建议：把"文化管理"设置为一级学科，下设"艺术管理""公共文化管理""文化产业管理"三个二级学科，以对应于"公共管理""工商管理"等一级学科，同时也可以克服该专业学位管理上同时跨越"艺术学"和"管理学"的交叉与不便。当然，这还需要一个过程。因此，建立文化产业管理专业的必要性就在于在原来的学科体系内，还没有任何一门学科从整体上涵盖文化产业的对象范围。在国际上也是这个情况。国际上的情况要更复杂一些，还涉及不同国家的与学科划分有关的行业分类标准和体系。这就为我们提供了一个能够充分发挥自己的想象力进行科学建构的广阔空间。

文化产业管理学科的课程体系和教材体系是一个开放性系统，单一的学科研究方法无法满足它的学科建设需要。文化产业不是一个单纯的文化现象，也不同于一般的经济产业，它是一个跨学科的研究领域，涉及文学、艺术学、政治学、经济学、传播学、管理学、法学、国际关系等学科领域。不同的学术倾向、不同的思维习惯、不同的研究方法、不同的切入角度，可以产生许多完全不同的结论和构成许多个性鲜明的学术理论体系。尤其是当中国的文化产业发育尚未成熟，在它的矛盾的丰富性还没有充分展开的时候，任何在此基础上形成的研究成果，都是在科学的意义上建立科学的文化产业管理学所不可缺少的。没有充分的富于个性的文化产业理论研究和争鸣，就不可能有真正科学意义上的文化产业管理学科建设。因此，这就特别需要在文化产业理论研究的方法上的创新。可以从实证出发，通过个案研究建立文化产业理论系统，也可以从纯粹抽象的思辨出发，推演出逻辑结构严谨的文化产业学术体系。总之，现有的各种成熟的学术研究方法和手段，都应当成为文化产业理论研究的方法论。

从这个意义上说，这套系列教材提供了一个实验性的对象，它为未来形成一套具有普遍权威性的文化产业管理专业的经典教材，提供了一种包容性选择的参照。它体现了清华大学出版社在支持新学科教材建设上的大气和远见卓识。我受清华大学出版社的委托担任该系列教材的总主编，负责丛书选题设计和专家推荐，得到了同行专家的大力支持，深感责任重大。我希望能够听到和看到同行专家和使用这套教材的老师和同学们的批评，以为今后不断修改提高和完善的工作方向。科学的文化产业管理专业的学科建设是一个崇高的目标，需要很多人的共同参与，我愿与我的高校同行们共同工作，为实现这一目标而努力！

胡惠林

2014 年 3 月 5 日于上海交通大学

前　言

加强文化遗产的保护和传承已经得到社会和学界的高度认同和重视。针对遗产保护与传承实践中出现的问题，现有的研究和实践分别从考古学、社会学、历史学、人类学、经济学、管理学、法学、艺术学等多学科领域进行了广泛而深入的研究，有关数字化技术的应用研究也为文化遗产的数字化保护提供了广阔的空间。这同时也表明了文化遗产研究的复杂性和交叉性。文化遗产的学科与专业建设在面临这种丰富性和复杂性时，就亟须为本科生和研究生提供一个相对综合的学科和专业知识框架，这也是本书的写作意图。

各个学科都从不同角度对文化遗产的概念进行界定，国际组织对文化遗产的概念界定和分类是从实际操作层面考虑的，但是从学科建设来说，我们需要从原理和本质上探讨什么是文化遗产。本书从遗产的基本特征入手，将文化遗产视为一种精神产品，深入地探讨精神产品、文化遗产、文化资源之间的关系，并界定文化遗产的基本概念和类型。厘清这些概念对文化遗产的学科理论建设是十分重要的。

从这个基本概念出发，本书试图从文化遗产资源论（第二章）、文化遗产价值论（第三章）和文化遗产经济学（第四章）三个不同领域对文化遗产的研究进行总结，提供三种不同的理论研究视角。这三个方面是文化遗产基础理论建构的基石，能够涵盖当前不同学科的研究路径和趋向。每一个领域都会涉及不同学科方法和理论的综合运用。本书试图在综合现有研究的基础上，将文化遗产视作一种精神产品，具有历史文化传承的历时性和社会场域的共时性，并且能够从经济和文化方面进行评估，科学地、可持续地加以经济利用。这种研究思路和路径，希望能够为文化遗产学科与专业提供一个开放的、兼容的、可扩展的理论框架。

在对资源论、价值论和遗产经济学的探讨基础上，本书根据现有的遗产分类框架，对可移动和不可移动物质文化遗产（第五章）、非物质文化遗产（第六章）和自然与文化双重遗产（第七章）进行了分类的分析和阐述。这些章节更加贴近实践应用，但本书以为如果能够很好地掌握和理解第一至第四章的基础理论部分，对这些应用领域将会有更深入的思考。

　　本书第八章总结了技术进步对文化遗产保护与传承的巨大推动和影响。数字遗产已经成为一个新兴的研究领域，并且发展十分迅速，为文化遗产保护、利用提供了巨大的想象空间和可能性。第九章对文化遗产的法律和政策作了梳理，遗产保护的政策从国际公约到区域政策，不但会因政策目标而有差异，而且受到区域文化遗产的文化特殊性的影响，也会随着研究和实践的发展不断完善。

　　综上所述，本书试图从概念、理论、实践三个层面建构文化遗产学科的基本知识框架体系，并使得这个框架体系能够综合包容多个学科发展的成果。因此，这个框架就不可能是单一的、详尽的，而是在一些对基本概念、原理和架构的共识性基础上，提供更好的兼容性和可扩展性。

　　这是一个新学科生长的一般规律。本书的写作过程中，笔者和王媛老师力求能够达到这个目的，但由于我们也和学界一样处在探索和研究的路上，因此，本书还是不完善的，有待于发展和补充。

王　晨

2016 年夏于南京艺术学院

目 录

第一章 文化遗产概述 ... 1
学习目标 ... 1
导言 ... 1
第一节 什么是文化遗产 ... 1
一、文化遗产概念中"文化"的界定 ... 2
二、文化遗产概念中"遗产"的含义 ... 3
三、与文化遗产相关的概念 ... 4
四、文化遗产的概念界定 ... 8
第二节 文化遗产的类型 ... 9
一、文化遗产的关键要素 ... 9
二、文化遗产的基本分类 ... 11
第三节 文化遗产学的研究内容和研究方法 ... 14
一、研究内容 ... 14
二、研究方法 ... 15
本章小结 ... 17
思考题 ... 17
参考文献与推荐阅读 ... 17

第二章 文化遗产资源论 ... 19
学习目标 ... 19
导言 ... 19
第一节 文化遗产与文化资源的关系 ... 19
一、文化资源的概念 ... 20
　　案例【2-1】文化遗产具有的经济资源价值 ... 22
二、文化资源与文化遗产的区别 ... 22
　　案例【2-2】文化遗产作为旅游资源 ... 23

　　　　　　案例【2-3】难以成为资源的文化遗产 24
　　第二节　文化遗产资源的基本特征分析 24
　　　　一、文化遗产的资源特性 25
　　　　二、文化遗产成为文化资源的主要途径 28
　　　　三、文化遗产成为文化资源的基本条件 29
　　　　　　案例【2-4】昆曲的传承与创新 30
　　　　　　案例【2-5】敦煌石窟的保护措施 32
　　第三节　文化遗产的资源环境分析 33
　　　　一、资源环境的概念 33
　　　　二、文化遗产资源的环境要素分析 34
　　　　　　案例【2-6】数字故宫 36
　　第四节　文化遗产的资源可持续性 37
　　　　一、资源可持续性的概念 38
　　　　二、文化遗产资源的可持续发展 38
　　　　　　【资料】原真性保护的国际原则 39
　本章小结 40
　思考题 41
　参考文献与推荐阅读 41

第三章　文化遗产价值论 **42**

　学习目标 42
　导言 42
　　第一节　文化遗产的价值构成 43
　　　　一、文化遗产的价值形成 43
　　　　　　案例【3-1】昆曲非物质文化遗产的价值形成 46
　　　　　　案例【3-2】古希腊的历史文化传承 47
　　　　　　案例【3-3】神女峰与神女传说的有机结合 50
　　　　二、文化遗产价值构成的多重性 50
　　　　　　案例【3-4】台北故宫的"坠马髻"颈枕 51
　　　　　　案例【3-5】剪纸艺术 52
　　第二节　文化遗产的价值决定 53

一、文化遗产价值决定的时间因素	53
二、宗教与政治因素	54
三、技术因素	54
案例【3-6】钧瓷文化遗产	55
四、经济发展因素	56
案例【3-7】唐代手工业的高度发展	56
五、人文因素对文化遗产的影响	58
六、文化遗产价值决定的空间因素	58
案例【3-8】云南民族文化多样性与地理环境的关系	59
案例【3-9】鄂伦春族文化的传承困境	60
第三节 文化遗产的价值分析与评估	61
一、文化遗产的价值构成	61
二、文化资源的价值评估的目的和意义	61
三、文化资源评价的基本原则	62
【资料】国家级非物质文化遗产的评定标准	63
四、文化资源的使用价值定量评估方法	65
五、文化遗产的非使用价值评估方法	66
案例【3-10】CVM在文化遗产经济价值评估中的应用——以南京明孝陵为例	67
本章小结	70
思考题	70
参考文献与推荐阅读	70

第四章 文化遗产经济学概述 ... 72

学习目标	72
导言	72
第一节 文化遗产的经济属性	72
一、文化遗产的稀缺性	73
二、文化遗产的公共性	74
三、文化遗产的成本属性	75
四、文化遗产的外部性	76

		案例【4-1】文化遗产的正外部性：南京博物院新馆的建成开放	77
	五、	文化遗产的产权属性	77
		案例【4-2】宗教文化遗产的产权问题	78
第二节	文化遗产相关产品与服务的需求和供给原理		79
	一、	文化遗产及其相关产品和服务的供给	79
		案例【4-3】传统戏曲的市场培育	80
		案例【4-4】英国对历史建筑文化遗产的管理	83
	二、	文化遗产及相关产品和服务需求	83
		案例【4-5】埃及政府和文物部门对流失文物的追缴	87
	三、	文化遗产的垄断问题	89
第三节	文化遗产的经济利用		90
	一、	文化遗产经济利用的影响因素	90
	二、	文化遗产经济利用的基本驱动力	91
	三、	文化遗产经济利用的基本模式	92
	四、	文化遗产经济利用的基本策略	93

本章小结 95
思考题 95
参考文献与推荐阅读 96

第五章 物质文化遗产的保护与开发 97

学习目标 97
导言 97

第一节	可移动文物的保护		98
	一、	文物与可移动文物的内涵	98
	二、	可移动文物早期收藏的历史实践	99
	三、	中国可移动文物的官方收藏与资源普查情况	102
	四、	可移动文物的海外流失与追索	105
第二节	不可移动的文物古迹的保护与修复		108
	一、	文物古迹保护的国际经验	108
	二、	欧美国家文物古迹修复的主要理论	113
	三、	中国不可移动文物古迹保护的机制与原则	118

四、中国不可移动文物资源的普查 ... 122
第三节　历史文化名城的保护 ... 124
　　一、历史文化名城保护的价值与意义 ... 124
　　　　案例【5-1】波兰华沙古城的重建 ... 125
　　二、中国历史文化名城名录与分批公布制度 ... 126
　　三、国家历史文化名城的申报与审定 ... 128
　　四、历史文化名城保护规划的编制与规范 ... 129
　　　　案例【5-2】平遥古城的早期保护问题 ... 131
第四节　历史古村落的保护 ... 132
　　一、中国古传统村落保护的意义 ... 132
　　二、中国历史文化名镇、名村保护的规划制定 ... 133
　　三、中国古镇与古村落保护与发展面临的主要问题 ... 135
　　　　案例【5-3】江西婺源古镇景观式保护与开发 ... 136
　　　　案例【5-4】日本的"造村运动" ... 137
第五节　物质文化遗产开发的主要方式 ... 138
　　一、文博产业开发 ... 139
　　　　案例【5-5】法国博物馆产业开发的概况 ... 140
　　　　案例【5-6】北京故宫博物院文创产品开发的概况 ... 141
　　二、文化遗产旅游产业开发 ... 142
　　　　案例【5-7】山东官庄乡朱家峪历史文化名村的旅游开发 ... 143
本章小结 ... 145
思考题 ... 145
参考文献与推荐阅读 ... 145

第六章　非物质文化遗产的保护与开发 ... 147
学习目标 ... 147
导言 ... 147
第一节　非物质文化遗产的内涵与特征 ... 148
　　一、"非物质文化遗产"概念的形成与界定 ... 148
　　二、非物质文化遗产的类别划分 ... 150
　　三、非物质文化遗产的主要特征 ... 151

XIII <<

第二节　非物质文化遗产保护的价值 ································ 152
　　　一、作为文化基因的保护价值 ··································· 152
　　　二、基于国家文化安全的保护价值 ······························· 153
　　　三、基于世界文化多样性安全的保护价值 ························· 154
　　第三节　非物质文化遗产的保护主体与客体 ··························· 156
　　　一、非物质文化遗产的保护主体 ································· 156
　　　二、非物质文化遗产的保护客体 ································· 158
　　第四节　非物质文化遗产保护的主要方式 ····························· 158
　　　一、行政性保护 ··· 158
　　　二、法制性保护 ··· 159
　　　三、生产性保护 ··· 161
　　第五节　非物质文化遗产商业化开发的主要模式与问题 ················· 162
　　　一、商业化与产业化、工业化的概念辨析 ························· 162
　　　二、非物质文化遗产商业化开发的主要模式 ······················· 163
　　　　　案例【6-1】百色靖西旧州绣球村的民间工艺品资源开发 ········· 166
　　　　　案例【6-2】绵竹年画村与年画产业 ··························· 166
　　　三、非物质文化遗产商业开发存在的主要问题 ····················· 167
　本章小结 ··· 171
　思考题 ··· 172
　参考文献与推荐阅读 ··· 172

第七章　自然与文化双重遗产 ·· 173
　学习目标 ··· 173
　导言 ··· 173
　第一节　自然与文化双重遗产的认定 ································· 174
　　　一、自然与文化双重遗产的基本含义 ····························· 174
　　　二、双重遗产中自然遗产与文化遗产的关系 ······················· 174
　第二节　自然与文化双重遗产的保护现状 ····························· 175
　　　一、世界自然与文化双重遗产保护的历史与现状 ··················· 175
　　　二、中国自然与文化双重遗产的保护现状 ························· 176
　　　三、中国自然与文化双重遗产保护与发展中的问题 ················· 177

第三节　自然与文化双重遗产的管理模式 178
　一、自然与文化双重遗产开发的基本要求 178
　二、自然与文化遗产的主要保护模式 179
　三、文化衍生开发 181
　　案例【7-1】自然风景区的实景演出产品开发及其问题 181
第四节　自然与文化双重遗产的申报和审批 182
　一、世界遗产的遴选标准 182
　二、申报世界遗产项目的基本条件和程序 183
　　案例【7-2】长江三峡申请世界双遗产的案例分析 184
本章小结 185
思考题 185
参考文献与推荐阅读 186

第八章　文化遗产的数字化保护与利用 187
学习目标 187
导言 187
第一节　文化遗产数字化的基本概念 187
　一、文化遗产数字化的内涵 188
　二、文化遗产数字化的意义 188
　三、文化遗产数字化的研究内容和应用范围 189
　　案例【8-1】非物质文化遗产的数字化 191
第二节　国内外文化遗产数字化保护与利用现状 192
　一、中国对文化遗产数字化保护与利用现状 192
　　案例【8-2】计算机软件辅助修复技术 193
　二、国外文化遗产数字化保护与利用现状 194
第三节　文化遗产数字化保护与利用的原理 196
　一、文化遗产数字化保护的对象 196
　二、文化遗产数字化的基本原则和策略 197
　三、数字化的基本程序 200
　四、文化遗产数字资源管理 202
第四节　文化遗产数字化保护与利用的基本技术 204

一、数字采集技术 205
　　二、数字建模与绘制技术 207
　　三、虚拟现实技术 208
　　四、内容检索技术 208
　　五、数字资源的版权保护技术 209
　本章小结 209
　思考题 210
　参考文献与推荐阅读 210

第九章　文化遗产法律与政策 **211**
　学习目标 211
　导言 211
　第一节　18世纪末至19世纪："国家遗产"概念的生成 211
　第二节　20世纪：物质文化遗产保护法律的逐渐完善 213
　　一、概念范畴的丰富与保护对象范围的拓展 213
　　二、保护法律的逐渐完善 215
　　三、文化遗产保护的价值理念与国家博弈 217
　第三节　20世纪70年代以来：非物质文化遗产保护的主要法律探索 ... 220
　　一、非物质文化遗产保护运动兴起的时代诉求 220
　　二、《保护传统文化与民俗建议案》 222
　　三、《保护非物质文化遗产公约》 222
　　四、非物质文化遗产的文化多样性保护 223
　　　【资料】中国非物质文化遗产保护大事记 224
　本章小结 225
　思考题 225
　参考文献与推荐阅读 226

后记 **227**

第一章

文化遗产概述

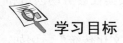 学习目标

1. 了解文化遗产的概念、分类,从文化遗产的价值、形态、时间三个关键要素把握文化遗产的概念和性质。
2. 辨识文化财产、文化遗产、文化资源、文物等概念的联系和区别。
3. 理解学习文化遗产学的重要性和意义,并理解研究和学习文化遗产的基本方法。

 导言

文化遗产是人类历史遗存下的宝贵精神财富,具有重要的文化、艺术、历史和科学方面的价值。文化遗产学研究是建立在对文化遗产的科学界定基础上的,因此,本章从文化遗产的概念界定入手,分析文化遗产的基本性质,进而从研究文化遗产的基本理论架构和主要研究方法出发,对文化遗产进行分类介绍。

第一节 什么是文化遗产

什么是文化遗产呢?从博物馆中的文物到历史文化遗迹,乃至当下受到广泛关注的非物质文化,我们可以举出很多实例,这个问题好像大家已经耳熟能详,十分清楚。但是,当需要为丰富多样的文化遗产给出一个一般性、共同的定义时,我们又很难讲清楚。文化本身是一种活的历史,它不断地发生、积累和延续;遗产是一种过去的事物,是死

文化遗产导论

的,没有生命的,需要加以保存的记忆。因此,"文化遗产"这个词将一个活的事物与一个死去的概念组合起来本来就有些矛盾,于是我们又有很多新的名词来界定不同范围的文化存在物,诸如文化财产、文化资源、人文资源、非物质文化遗产等。这反而使得文化遗产的概念越来越复杂和含糊。本节首先从文化的概念入手,并逐步深入,对文化遗产进行科学的界定。

一、文化遗产概念中"文化"的界定

从广义的方面来讲,文化包含了人类劳动的一切产物,是人类社会劳动所创造的物质和精神财富的总和。从这个意义上看,文化遗产也不例外,它是人类社会劳动创造和留存下来的物质和精神财富。

在宏观上,文化是某一民族或国家的共同理念和记忆,类似于"文化传统"。例如,中国传统文化中与文化遗产相关的传统节庆习俗、礼仪和传说等,都是文化传统的具体表现。我们通常又会用"文明"这个词来表明一个时期的人类社会的进步程度,对于文化遗产来说,一定时期的文化遗产总是包含着那个时期的文化信息和文化价值,代表着它所属的那个时期的文明程度,是那个时代文明的集体记忆的物质象征物和遗存物。例如,我们今天看到的宋代瓷器或者明代家具,已经不是一件简单的物质层面的器物构件,作为一个历史遗存的文物,它反映了它所处时代人们的审美情趣、精神追求、工艺水平和技术水平,代表着宋代或者明代的物质和精神文明发展程度。这是一件宋代瓷器或明代家具与当代景德镇瓷器和家具厂制造的同样家具的最大区别,前者具有不可复制的历史人文信息等精神内容,而后者是现代的仿制物品,不具有历史价值。

从狭义的方面来说,文化表现为具体的精神劳动成果,是一定社会发展时期的意识形态的体现,诸如文学、艺术、科学、哲学、宗教、教育、习俗、政治、法律等,具有多样性。对应于文化遗产方面,从狭义上讲,文化遗产是反映了某个时期人类创造的意识形态产物。每一件文化遗产非凭空而来之物,必然地与它所处时代的创造者、生产者和传承者相联系,有自己独特的历史和传承脉络,因此,我们看到宋代瓷器或明代家具都是一件具体的工艺形态和文化样式,在它被造出来时,具有实际的物质功能并满足了那个时代现实的消费需求。

除了广义和狭义的层次之外,文化的功能又是多样化的。从文化遗产不同功能和目的分析,也会对文化遗产作出不同的定义。例如,从文化审美艺术功能来说,注重文化遗产中所蕴含的艺术价值和文化意义,人们较多地关注历史遗留下来的艺术作品,这些艺术作品常常被称作精神产品;从文化的历史传承意义去理解文化遗产,则与"文化传

统"的概念相对应,此时人们更注重文化遗产所具有的历史价值,以及对遗产作为文化传统的重要象征而加以传承和保护;对于文化所发挥的经济效用来说,更加注重文化遗产的资源特点,将文化遗产作为一种可以开发的经济资源和财产,进行文化旅游和文化商品的开发,以达到文化遗产的可持续发展。

我们在研究文化遗产时,主要是从狭义文化层次、文化的多样性和文化功能的综合性角度去考量文化遗产。文化遗产应该包括了人类劳动创造的物质和精神财富的历史遗存。文化遗产不但是广义文化层面的抽象概念,而且是精神内容与特定物质载体的结合,包含具体的表现形态和文化内容。我们在研究文化遗产时,更重要的是从狭义层面分析文化遗产的具体形态、特点、保护措施和传承路径。

二、文化遗产概念中"遗产"的含义

遗产,顾名思义就是遗留下来的财富。在英文中,遗产(heritage)的意思来源于拉丁语,意思是父亲留下的财富,引申为个体从家族那里继承的私人财产,带有明显法律层面的产权含义。从法律上来讲,遗产又有两重含义:一是指拥有和创造某一财富的法定拥有者在其去世后,留给继承者的合法权益;二是指财产的价值,通常我们认为遗产的价值主要是经济价值。

在现代,"遗产"在词典中除了被解释为"由祖先传递的财富"之外,原来仅限于家庭范围的"遗产"一词被扩展到国家宏观层次,更有了"国家的文化财产"的意思。法国历史学家皮埃尔·诺拉在他的《一种正当其时的思想——法国对遗产的认识过程》一文中是这样说的:

在过去的大约 20 年间,"遗产"的概念已经扩大——抑或爆炸——到如此程度,致使概念都发生了变化。较老的词典把此词主要定义为父母传给子女的财物,而新近的词典还把该词定义为历史的证据……整体上被认为是当今社会的继承物。

其实,不仅仅是在法国,在英国、美国、日本和韩国,"遗产"一词,从内涵到外延大体上都经历了一个从"父母留给子女的财富",渐次发展为"历史的见证"以及"整个社会的共同继承物"这样一个不断拓展的过程。在这一过程中,又出现了"物质遗产""文化遗产""自然遗产""世界遗产""人类共同文化遗产"这样一些全新的概念。"遗产"一词几乎囊括了人类社会所创造的所有文明。

如果说遗产的重点更着重法律和经济层面的含义,作为一个国家和民族的历史人文存在的证明,文化遗产具有艺术、文化和历史等人文方面的价值,文化遗产要远比法律上的资产和财产的含义更丰富。文化遗产概念中的"文化"显然具有更为本质的特征和更加重要的意义，它已经不再是对遗产的一个修饰，而是成为这个概念的核心。在保护和传承文化遗产的实践中，我们确实也更加重视其作为历史文化遗存的外在样式和文化内涵，在"遗产"方面关注的是文化的延续和传承。因此，文化遗产的界定，更多地应从"文化"二字入手，考虑如何继承和传承历史遗存下来的文化。

例如，在研究陶瓷、剪纸、仿真绣等民间手工艺时，通常我们从经济和法律意义上所关注的是对某一件手工艺大师的作品或者文物实体的占有、交易权利，这是法律的资产和财产意义上的对一件物品资产的定义。但是从文化角度去看待这样一件事物，我们的关注点除了这一工艺品或者文物的工艺造型、艺术审美和市场价值之外，还需要超越这一器物的实物存在，从历史传承的角度去考察这一工艺品的制作工序、技艺、材质、历史传承谱系，以及与这一工艺相关联的文化生态变迁，这才是文化遗产的核心内容。

三、与文化遗产相关的概念

在理解了文化遗产概念的含义之后，我们不妨从文化遗产概念的演变发展来理解这一概念内涵的变化，并进一步比较一下与文化遗产相近的几个概念。

（一）文化遗产概念的演变与发展

人类从最早的部落时期就十分重视先人的文化遗物的保存。先人的文化遗产除了作为陪葬品外，也被作为可以继承的传统和财富加以保存，或者用作祭祀的器皿，成为部落共同的文化遗产。公元前290年左右，托勒密在埃及亚历山大城，按照柏拉图学园的模式建了亚历山大博学院，广泛收集实物标本，其中有专门收藏文化珍品的缪斯神庙。博物馆（museum）一词即起源于缪斯神庙。欧洲中世纪时，教堂、修道院、宫廷、贵族府邸、领主庄园都有古物收藏。中国至少从商周时代起就有王室收藏文物的行为，秦汉以后皇室典藏之习几未中断。不过这类文物收藏行为主要存在于古代的宫廷、贵族和宗教上层人士之中，以艺术欣赏、财富积累、尊祖礼神、学术研究等为目的。

14—16世纪的文艺复兴时期，许多欧洲国家出现探寻和收藏文物的热潮。英国哲学家弗朗西斯·培根主张对客观世界要观察，对客观规律性的认识要通过实验的方法获得。为此，要收藏和收集自然界和人类的物品，就要把收藏标本从个人所有转化为社会所有，公共博物馆由此逐渐形成并发展起来。17世纪，第一个具有近代意义的博物馆——英国牛津大学阿什莫林艺术和考古博物馆开馆。18世纪，于1753年建成的不列颠博物馆和1793年8月10日由巴黎卢浮宫改建的卢浮宫艺术博物馆对社会开放。19世纪，作为文化遗产保存、展示和社会教育机构的博物馆事业获得进一步发展。文物的收藏展示终于从宫廷和贵族走向了民众。

大约在19世纪后期,欧洲一些国家开始从法律层面开展对文物建筑的保护工作。1882年,英国国会通过《历史古迹保护法》。这时期的历史古迹主要是指遗址,而且保护对象很少,1900年保护内容扩大到宅邸、庄园、农舍、桥梁等与历史事件有关或有历史意义的建筑物。1944年,保护对象增加到了20万个。

在法国,大革命时期大量文物遭到破坏和转卖,有识之士呼吁保护历史文化遗产,1830年设立历史建筑研究机构,1840年公布了第一份历史建筑清单。1887年制定了世界上第一部近现代意义上的文化遗产法——《历史古迹法》,而后又在1913年修订颁行。1930年颁布了关于自然遗产保护的法律,1941年颁布了考古发掘法,1943年颁布了历史古迹周边保护的法律,1962年颁布了设立"历史街区"的《马尔罗法》,1983年和1993年颁布了设立"建筑、城市和景观遗产保护区"的法律。以2004年《遗产法典》颁布实施为标志,遗产的概念、种类、范围、保护方式、保护程序以及法律责任等得到进一步的明确和统一。

意大利1892年立法保护文物类建筑,1939年意大利共和国众议院和参议院通过《关于保护艺术品和历史文化财产的法律》,指明"具有艺术、历史、考古或民族学价值的不可移动物和可移动物"是法律保护对象。从其保护对象看,已包括具有"民族学价值"的文物。由此可见,"历史文化财产"所容纳的范围比"文物"显得要更宽泛一些。

1965年,美国白宫会议首先提出设立"世界遗产信托基金"建议案。该建议案认为有必要通过国际合作,共同保护"世界杰出的自然风景区和历史遗址"。数年后,也就是1970年,美国首度将这一理念写入当时的一部重要宪法——《国家环境政策法》中。该法案认为:自然环境的保护固然重要,但人文环境也应该视为生活环境的一个重要组成部分。

1972年11月16日,《保护世界文化和自然遗产公约》正式在联合国教科文组织大会上获得通过,该公约中表述的文化遗产是对此前已有的文物、文物建筑、历史地段、历史景观等概念的继承和创新,包含了更加广泛、新颖的内容,而且它将文化遗产、自然遗产及文化与自然双遗产纳入到一个体系中加以考虑,体现了一种整体的、综合的、系统的遗产思想和全新的遗产保护意识。同时作为一个国际性行动纲要,它具有更加普遍的全球性及全人类的社会实践价值和思想价值。截至2006年,已有180多个国家加入《保护世界文化和自然遗产公约》,该公约也因此成为世界上加入国家最多的政府间国际公约之一。

综上所述,文化遗产的概念形成和发展经过了一个较长的时期,归纳起来经历了几个阶段：第一，从传统可移动的古物、文物发展到不可移动的建筑类文物、历史村镇或城市，形成了整体的物质文化遗产观；第二，从仅关注物质文化遗产，发展到物质文化遗产和非物质文化遗产并重，兼及以反映人类对自然进行文化建构为特征的文化与自然复合型遗产。这进一步突显了文化遗产科学的整体性、综合性、系统性特点。

（二）相关概念辨别

从上述分析可知，文化遗产包含了"文化"和"遗产"两个方面的含义，前者与文化遗产所包含的精神内容相关联，这一精神内容与一定时期相联系，积累了历史价值，具有传承意义；后者与法律意义上的产权相关联，具有经济价值。在提出文化遗产的概念之前，我们还应当先认识清楚以下几个概念的联系和区别。

1. 文化财产

文化财产（cultural property）通常用来指具有实物形态或者可以确定具体权利归属的财物，文化财产的概念与物质形态的文化遗产较为接近。因此，在日本和韩国等一些国家，常用文化财产的概念来界定文化遗产。而我国台湾则通常使用"文化资财"一词，指那些具有历史、艺术和科学价值的财产。在联合国教科文组织早期的相关公约（如《武装冲突情况下保护文化财产公约》《关于禁止和防止非法进出口文化财产和非法转让其所有权公约》）中都使用了文化财产的概念。

从字面意思上来看，财产和遗产都与法律上的财产所有权的概念相关联。从微观上看，是指所有权是个体和群体对财富（包含精神财富）拥有的权利；从宏观上看，则是国家和民族对历史文化传统的所有和继承。两者概念十分相近。

但是，从具体形态来分析，文化遗产除了历史遗留的大量实物的有形遗产外，还包括大量无形的遗产，如民间舞蹈、音乐、传说等，这些谈不上是文化财产，却是真真切切的文化遗产。因此从这个方面来讲，文化财产和文化遗产不完全是一个概念，无法用一个包含另外一个，它们有共同的部分，但是也有各自不同的部分，是一个交集的关系。例如，一个软件产品，通常是不属于遗产的，但它是重要的无形文化财产，微软公司可以注册并申明其对 Windows 操作系统软件的著作权而享有对该软件的财产权利，并通过销售该操作系统软件获取巨大的商业利益。另一方面，云南少数民族舞蹈显然是民族的历史文化遗产，但是却很难用财产概念界定它的产权，也很难计算其可能产生的经济利益，这在文化遗产的范畴中属于一种非物质文化遗产（intangible cultural heritage），通常不称之为文化财产。

从文化意义上分析，文化遗产更加关注文化历史遗存物的艺术人文和历史价值，是从时间维度去考察文化的历史人文价值；文化财产更多是着眼当下，并没有严格限定在历史遗留的时间概念上，而是从财富和价值的层面去考量文化存在物或创造物（不一定是历史遗存物）的价值。因此在这个意义上，文化财产的概念将文化同财富、价值联系，用法律和经济领域的财产一词来界定，也就自然包含了近代以及当代的精神劳动财富，不论创造这一精神财富的劳动者是否在世，都可以包括在内。

2. 文物

文物（cultural relic）是指具体的物质遗存，它的基本特征是：第一，必须是由人类创造的，或者是与人类活动有关的；第二，必须是已经成为历史的过去，不可能再重新创造的。

"文物"一词，在我国古代原是指当时的礼乐典章制度。到唐代，其含义已接近于现代所指文物的含义，所指的是前代遗物了。北宋中叶（11世纪），以青铜器、石刻为主要研究对象的金石学兴起，以后又逐渐扩大到研究其他各种古代器物，把这些器物统称为"古器物"或"古物"。在明代和清初，比较普遍使用的名称是"古董"或"骨董"。到清乾隆年间（18世纪）又开始使用"古玩"一词。这些不同名称，含义基本相同，但在很多场合，古董、骨董和古玩，是指书画、碑帖以外的古器物。"古物"一词相对比较客观，仅指古代器物。其蕴含的价值或信息可大可小，而且表现形式既包括可移动的器物，也包括不可移动的物体。中华民国时期颁布的相关法律即以"古物"为保护对象，如《古物保存法》中所称"古物"即新中国成立后法律中所指的"文物"。而"古董"或"古玩"则有供人把玩、欣赏的主观因素在内，通常为比较珍奇、体态较小的可移动器物。中国历代文人雅士或权贵阶层都有把玩或收藏古董的习惯。统治者也常以占有前朝珍贵器物来炫耀自己的权势或为自己正名。但这与文物概念强调其对于一个国家、民族或群体而言的历史、文化与科学价值是完全不同的。

《辞海》和《中华人民共和国文物保护法》（以下简称《文物保护法》）明确规定了受法律保护文物的范围，对于文物的定义基本一致。遗存在社会上或埋藏在地下的历史文化遗物一般包括：（1）与重大历史事件、革命运动和重要人物有关的、具有纪念意义和历史价值的建筑物、遗址、纪念物等；（2）具有历史、艺术、科学价值的古文化遗址、古墓群、古建筑、石窟寺、石刻等；（3）各时代有价值的艺术品、工艺美术品；（4）革命文献资料以及具有历史、艺术和科学价值的古旧图书资料；（5）反映各时代社会制度、社会生产、社会生活的代表性实物。具有科学价值的古脊椎动物化石和古人类化石由于与人类的进化过程相关，也被视同文物列入法律保护范围。可见，"文物"一词多指实物，不包括非物质文化遗产。

3. 文化资源

另一个与遗产相对应的概念是"资源"。"资源"起源于经济范畴，通常指生产要

素,分为自然资源和社会经济资源两大类。自然资源学主要从人类社会与环境关系的角度研究自然资源利用及其对经济发展的作用,如土地资源、水资源、矿产资源、石油资源等。社会经济资源是社会经济系统中能够被人类所利用,并能够提高生产力水平的社会经济因素,主要包括资本、劳动力资源等。

随着人类社会经济的发展,不同形式的资源成为社会生产力的重要推动力,资源的内涵逐步从最初的自然资源,扩大到人力资源、信息资源等。无形人力资源和文化资源越来越得到重视。同时,资源也不再仅仅局限于经济生产要素的经济功利,而是包含了更多的社会可持续发展和文化传承的社会意义和文化意义。

可见,现代意义上的"资源",其含义被扩展为一切可被人类开发和利用的物质、能量和信息的总称,它广泛地存在于自然界和人类社会中,是一种自然存在物或能够给人类带来财富的财富。或者说,资源是可以被作为生产投入要素加以利用并且创造出财富的自然物质和精神产物。从这个意义上讲,文化资源是指人类文化活动所创造和遗留的产物,可以被加以利用创造出精神和物质财富。因此,文化资源是一个涵盖了文化遗产、文化财产的更为一般性的概念。

四、文化遗产的概念界定

从上述分析可知,要给出一个关于文化遗产一般性的概念是非常困难的。随着人们对文化传承在社会经济发展中所起的作用,以及民族国家身份认同和文化发展方面的重要性的认识不断加深,文化遗产的概念不断得到扩展,从早期的物质文化遗产、文物、文玩概念不断扩展,形成了今天的丰富内涵。从概念的内涵来说,文化遗产、文化资源、文化财产、世界遗产等概念有相互交集,又有区别。

第一,文化遗产是一个与价值相关的概念。价值的含义可以多元,包括经济、文化、艺术审美和科学研究等。无论是文化资源、文化财产、文化遗产或是文物,它们的共同点是都具有较高的艺术、文化或者科学价值,这是文化遗产的一般性或共性。文化财产与文化资源通常还具有较高的经济利用价值。对于文化遗产来说,虽然也会具有较高经济价值,但是并不特别强调其经济价值,而是强调其必然具有较高的艺术、文化、科学价值。有些文化遗存物并不具备经济开发的可能性,但是在历史文化传承和民族身份认同方面具有特别重要的意义,因此,会被认为是非常重要的文化遗产。例如,很多民间手工艺、民间传说、民间演艺等非物质文化遗产,虽然这些文化遗产不一定具有可供利用开发出经济与商业价值的可能性,但是作为民族文化的宝贵遗存,属于民族的共同记忆,具有较高历史和文化价值,因而需要加以保护。

第二,文化遗产是一个与时间有关的概念。既然叫作遗产,那就应该是历史遗留下的产物,并且与民族和国家的文化传统相关。这里暂不论是否要确定其历史时间的长短。因此,文化遗产与文化财产、文化资源相区别,虽然文化资源和文化财产中也包括了那些历史遗留之物,但是文化资源和文化财产的概念还涵盖了那些并非历史遗留却又具有经济利用价值之物品。这些文化资源或者文化财产,虽然属于当代的人类劳动产品,可能价值很高,但也不能算作文化遗产。

第三,文化遗产既然要存留下来,必然要以一定的形式和形态被保存和记忆。虽然在宏观上,文化遗产可以抽象地表达为国家的财富或者民族共有的文化传统,但是在微观上,每一件文化遗产都是以具体的文化存在形式被保存下来的。对于具有实物形态的文化遗产,它是以具有物质载体和造型结构的文化物品形式加以保存的,比如考古发掘的文物;对于那些不具备实物形态的文化遗产,往往是通过传承人、传说或者表演的方式进行传承、展现和记忆的,比如民间传说、手工艺和演艺等。

第四,文化遗产主要是指人类历史上生产和创造的事物。通常文化遗产更加关注于遗产的人文因素,即这一历史创造和遗存物所包含的历史与文化信息,因此文化遗产并不包括世界遗产中纯粹的自然遗产。这并不排除一类自然和人文双重遗产,这类遗产如黄山、泰山等,已经积累了历代人文辞赋、碑刻、文化活动等精神内容,被人们赋予了精神上的象征意义。

本书综合上述四个方面对文化遗产的基本特征,对文化遗产加以一般性的定义,认为文化遗产是历史遗留下来的,具有较高文化、历史、艺术或者科学价值,并以特定实物或者非实物的形态存在的人类创造物。

第二节 文化遗产的类型

在上述文化遗产的界定基础上,我们可以客观地认识文化遗产的一般性或共性,并且理解文化遗产是共性和个性的统一。文化遗产的共性是文化遗产所具有的共同性质和特征;文化遗产的个性是反映在某一件具体文化遗产上,在样式、审美和内涵上的特殊性。因此,我们要认识到文化遗产的一般性体现在哪些关键要素上,这些关键要素是我们在具体分析一个文化遗产特殊性时的着眼点。本节我们首先分析文化遗产的关键要素,并进而对文化遗产的类型加以分析和阐述。

一、文化遗产的关键要素

从上述文化遗产的定义,我们可以推知涉及时间、价值、形态三个方面的因素。每

个具体的文化遗产，我们都可以从这三个基本的因素出发进行具体的分析。

（一）时间因素

文化遗产的基本属性是历史遗留下来的财富，带有明显的时间和年代因素。时间因素并不是单指时间的长短，而是包括两个层次的含义。

一是时间和年代的久远。时间和年代越是久远，文化遗产的历史与文化信息就愈加容易遗失，因此从遗产的传承意义上就愈加需要保存。

二是与特定历史时期、历史人物和历史事件相关联的事物。对于文化遗产来说，一些在特定历史时期和特定重要人物、重要事件相关联的文化遗存也是十分重要的。例如，同样作为瓷器的文物遗产，不同时期的瓷器的重要性是不同的。宋代是我国瓷器历史上重要的发展阶段，在胎质、釉料和制作技术等方面又有了新的提高，烧瓷技术达到完全成熟的程度。在工艺技术上，有了明确的分工，以耀州窑、磁州窑、景德镇窑、龙泉窑、越窑等宋代名窑产品最为珍贵。

时间因素在文化遗产的确认中十分重要，往往会成为界定一件历史存留物是否属于文化遗产的判定标准之一。有的文化物品虽然现在价值很高，但是因为是当代的东西，不能算作文化遗产。例如赵无极的画作，是当代的艺术作品，不是文化遗产。而有的历史遗留物，在过去是一般的物质产品，甚至是日用品，在今天看来很可能成为重要的文化遗产。一件明清红木家具，或者更为久远的陶瓷器物，在当时算不上文化艺术产品，只是一般的日用物质产品。这样的物质产品因为其在历史的流逝中，承载了特定年代的历史信息和文明，在今天看来就是一件文物，属于我们通常所说的物质文化遗产。

时间因素对于文物的界定特别重要，在艺术市场的买卖和对外文化艺术品的流通中，时间因素往往是确定文物和艺术品区别的重要标准。文物在市场买卖和进出海关方面都有相应法律上的规定。

（二）价值因素

文化遗产是具有重要历史、艺术或者科学价值的文化遗存。因此，文化遗产的价值因素是其最为重要的特征。

价值因素是个十分复杂的问题。这里的价值，不但是指经济价值，而且包括了文化价值、科学价值等多元的价值因素。在各类关于文物或者文化遗产的定义中，在实践中确认文化遗产的时候，我们通常会含糊地以文化遗产是具有较高艺术、科学价值等说法来作为确认的标准。但是价值的确认显然带有很多主观的因素。更何况文化遗产具有价值的多元性。例如，《文物保护法》第3条第4款明确规定了受法律保护文物的范围十分广泛，文化样式十分丰富，包括古文化遗址、古墓葬、古建筑、石窟寺和石刻、壁画、近代现代重要史迹和代表性建筑、各时代珍贵的艺术品和工艺美术品、历史上各时代重要的文献资料、手稿和图书资料等。

由于文化遗产价值的多元性，文化遗产的价值分析总是要具体问题具体分析。在对一件具体的文化遗产进行界定、分析与评价时，与某一文化遗产的具体样式、形态、存世情况、产生时期等多种原因相联系，从历史、艺术、人文、科学和经济等多方面去考察。

（三）形态因素

作为人类精神的创造物，任何一件具体的文化遗产必然具有特定的存在形式。在现有的文化遗产的研究中，通常都会将文化遗产分为两个主要存在形式，一种是以实物形式存在的物质型文化遗产；另一种是非实物形态存在的非物质文化遗产。

其实，文化遗产的形态因素，并不仅仅是指文化遗产历史存留下来的形态，还包括文化遗产可以延伸和发展的相关形态。因为文化遗产不是静态的，而是活态的，不是停止的，而是发展的。随着社会发展和技术进步，一些文化遗产可以以多样化的形式进行保存、展现和传播。例如，技术发展可导致文化遗产的内容载体转移。以往保存文物是通过博物馆的馆藏保存，随着技术发展，现在可以通过虚拟再现和互动技术，对文物进行数字化的保存和传播。世界各主要图书馆和博物馆也广泛采用数字典藏技术，对文献内容进行数字化的保存。

二、文化遗产的基本分类

（一）分类之依据

对于文化遗产的分类，最容易判别也是被广泛采纳的标准，是根据文化遗产的载体的性质，即文化遗产是否有可见的实物和物质载体作为其存在的依据。根据这个标准，通常将文化遗产分为物质文化遗产和非物质文化遗产。

通常在结合载体标准分类时，我们还可以附加条件进行细化的分类，这些细化的条件有助于对文化遗产的分析、管理和评价。例如，可以根据形态、年代、价值等主要因素，对文化遗产进行细化，将可移动的文物分为书画、陶瓷、玉器、家具、古玩杂项等；将历史遗迹分为墓葬、宫殿、雕塑、城墙、寺庙、古镇村落和古街巷等；将非物质文化遗产进而细分为手工艺类、表演类、口传类、礼仪风俗和节庆类等。

从文化遗产管理的需要方面，我国通常根据其重要性和属地管理的原则进行分类，将文化遗产分为国家级文化遗产、省级文化遗产、市县级文化遗产等,相应地文物部门也有国家重点文物保护单位、省级重点文物保护单位和市县级重点文物保护单位的划分。这种分类方式从学理上来说其实并不十分科学,只是出于行政管理方面的需要。

(二)基本类型

根据上述按照文化遗产的载体可见性或者是否具有实物形态的分类标准,文化遗产首先应该划分为物质文化遗产和非物质文化遗产。

1. 物质文化遗产

物质文化遗产通常被称为"文物",与日韩等国的"文化财产"和"文化财"的含义接近。文物可依据不同的标准进行分类,如:根据制作时代的不同,可分为古代文物和近现代文物,并可进一步按照朝代进行细分。根据制作材质的不同,可分为石器、玉器、骨器、木器、青铜器、瓷器、漆器、纺织品、纸质物品等。根据功能属性的不同,可分为礼器、大典用品、祭祀用品、明器、随葬品、生产生活用品、艺术品、科技文物、宗教文物、民俗文物、革命文物等。通常,我们根据上述物质文化遗产的定义,从其具有物质载体的特性来区分,将物质文化遗产分为可移动文物和不可移动文物两大类。

(1)可移动文物。可移动文物即可以通过外力移动,且移动后不改变其价值和性能的文物。在《文物保护法》中,这些文物包括三大类:一是历史上各时代珍贵的艺术品、工艺美术品;二是历史上各时代重要的文献资料以及具有历史、艺术和科学价值的手稿和图书资料等;三是反映历史上各时代、各民族社会制度、社会生产和社会生活的代表性实物。

(2)不可移动文物。不可移动文物即不可通过外力移动,且移动后会影响其价值和性能的文物。在《文物保护法》和相关法规中,不可移动文物包括三大类:一是具有历史、艺术和科学价值的古文化遗址、古墓葬、古建筑、石窟寺和石刻、壁画;二是与重大历史事件、革命运动或者著名人物有关的以及具有重要纪念意义、教育意义或者史料价值的近代现代重要史迹和代表性建筑;三是在建筑式样、分布或与环境景色结合方面具有突出普遍价值的历史文化名城、街区和村镇。

不可移动文物的部件如果被肢解,通常也作为可移动文物对待。但在涉及文物犯罪及被盗文物返还处理原则可能会有不同。因为将不可移动文物肢解,然后盗运出境,显然比盗窃一般的可移动文物后果更严重。而在处理被盗文物返还问题时,更强调将被肢解的不可移动文物部件归还原处,以尽可能地保持文物的原始状态,最大限度地降低文物被盗给文物原属国及其所有者带来的伤害。

2. 非物质文化遗产

联合国教科文组织于1997年11月在第29次全体会议上通过一项关于建立一个国际鉴别的决议，这个决议称为"联合国教科文组织宣布人类口头和非物质遗产杰作"，2001年，首次公布了第一批共19件人类口头及非物质遗产的杰作（其中包括中国的昆曲）；然后在前两者基础上，形成《保护非物质文化遗产公约》，并在2003年10月17日第32届大会闭幕前得以通过。明确认定"非物质文化遗产"是"文化多样性的熔炉和可持续发展的保证"，并给出了"非物质文化遗产"规范的定义：

我们用"非物质文化遗产"一词来指被各共同体、团体、有时或为个人当作其文化遗产之一部分的各种实践、表演、表达形式、知识和技能，以及与之相关的工具、实物、工艺品和文化空间。各个共同体和团体随着其所处环境、与自然界的相互关系和历史条件的变化，不断使这种代代相传的非物质文化遗产得到更新，并使他们自己得到一种认同感和历史连续感，从而促进对文化多样性和人类的创造力的尊重。

根据上述定义，对非物质文化遗产，可以大致分为五类：口头传说和表述；表演艺术；社会风俗、礼仪和节庆；有关自然界和宇宙的知识和实践；传统的手工艺技能。

（三）复合类型的文化遗产

并不是所有的文化遗产都是单一的类型，有些文化遗产是物质文化遗产与非物质文化遗产的综合，还有一些是自然遗产与文化遗产的双重遗产。由于文化遗产存在及对其保护的主要原则是组成文化遗产要素的完整性和系统性，因此，我们不能把一些复合型文化遗产中的物质和非物质部分分割来看待，因此，这类文化遗产属于复合型的文化遗产。通常，属于复合型的文化遗产有以下两类：

1. 自然与文化双重遗产

自然与文化双重遗产是同时具备自然遗产与文化遗产两种条件的遗产。自然与文化双重遗产最初由《保护世界文化和自然遗产公约》提出。联合国教科文组织于1972年11月6日在第17次大会上正式通过了《保护世界文化和自然遗产公约》（以下简称《公约》）。1976年，世界遗产委员会成立，并建立了《世界遗产名录》。世界遗产包括世界文化遗产（含文化景观）、世界自然遗产、世界文化与自然双重遗产三类。《公约》的一大特色在于过去被认为是分立的自然与文化遗产，开始被视为相互依存的遗产并一起进行保存工作，这是将自然遗产与文化遗产两者的价值合而为一。

2. 工业遗产

工业遗产是在工业化的发展过程中留存的物质文化遗产和非物质文化遗产的总和。

它不仅由生产场所构成，而且包括工人的住宅、使用的交通系统及其社会生活遗址等。它们见证了工业景观所形成的无法替代的城市特色。工业遗产是物化了的人类工业文化。工业遗产价值的核心，在于它所承载的技术价值。在内容方面，狭义的工业遗产主要包括：作坊、车间、仓库、码头、管理办公用房等不可移动文物；工具、器具、机械、设备等可移动文物；契约合同、商号商标、产品样品、招牌字号等记录档案。广义的工业遗产还包括工艺流程、生产技能和与其相关的文化表现形式，以及存在于人们记忆、口传和习惯中的非物质文化遗产。

第三节 文化遗产学的研究内容和研究方法

文化遗产学是一个新的研究领域，具有较强的跨学科性质。从文化遗产的基础理论研究到文化遗产的保护与利用应用研究，需要从多个学科加以跨学科研究，因此在研究方法上，也需要采用多种方法。

一、研究内容

文化遗产学的基础理论是关于文化遗产的界定、属性、形成机制、评价、发展的基本原理研究。文化遗产研究不限于涉及的"古物""文物""考古""民俗"等学术概念，而且要进行历史学、考古学、文物学、资源学、古建筑学、博物馆学、文化人类学、民俗学、法学等跨学科的研究。基础研究要回答文化遗产学一些根本问题，包括：文化遗产形成的社会文化背景及其文化生态演变是怎样的？如何对文化遗产进行价值评价？文化遗产存在形态和价值受到什么因素影响？文化遗产当如何保存和发展？

文化遗产的研究同时也强调"应用性"，它的研究成果可进一步为当代社会发展所服务。它不仅重视个案的、古代的、单体的历史和文化事象的复原性研究和阐述性研究，更着眼于其社会性的"资源"和"财产"意义，包括对文化遗产的保护方法、技术和政策研究，对文化遗产加以利用的可行途径、模式和措施等。在应用研究方面，还需要具体地对物质文化遗产、非物质文化遗产、自然与文化双重遗产三个不同类别的文化遗产进行具体的分析。

根据上述研究内容，本教材在第二章至第四章分别对文化遗产的资源学分析、文化遗产的价值分析、文化遗产的经济学分析等几个方面进行基础理论的研究，运用社会学、经济学、人类文化学、历史学等学科的理论和方法，对上述文化遗产的基本问题加以分析，以使学习者对文化遗产学基本理论有较为全面的了解和认识。

在第五章至第七章中，将分别对物质文化遗产、非物质文化遗产、自然与文化双重遗产进行分析，对其性质、特点、社会文化生态、历史文化脉络、文化空间结构、保护与利用途径等进行具体研究。

在对物质文化遗产的研究中，更多地采用传统考古学、文物学、博物馆学、古建筑学和图书档案学的已有相关理论和最新的研究成果，对各类可移动文物和不可移动文物，以及由此形成的文化空间、文化线路和文化景观等进行全面阐述。

在非物质文化遗产的研究方面，对不同形式的非物质文化遗产，本书将从非物质文化遗产的民俗学、文化生态学、社会学、传播学等多个角度，探讨非物质文化遗产的文化特征、文化生存空间和文化传播机制和历史演变脉络。

在自然与文化双重遗产方面，我们重点从这类复合型遗产形成的原理、特征，以及遗产的可持续发展方面进行探讨，并从具体的案例入手加以说明。

同时，在第五章至第七章中，我们还将运用文化遗产经济学原理，分别对三类文化遗产的保护、利用和可持续发展问题进行探讨。

在第八章，针对现代科技发展和文化传播环境的改变，研究文化遗产的数字化保存、传播和利用的问题。数字遗产是一个新课题，也是文化遗产保护和利用的未来大趋势。探讨的问题涵盖了对不同类型文化遗产的内容进行数字化保存的方法，运用虚拟技术进行展示的数字博物馆技术，利用互联网进行数字遗产的传播和教育等文化遗产的延伸利用，以及当前数字遗产保护和利用所面临的主要难题。

在第九章，从政策和法学研究的角度，对文化遗产界定、保护和利用中的相关政策和法律问题加以分析和研究，并介绍国际有关文化遗产保护的相关政策和规则。

二、研究方法

从以上介绍中我们可以知道，文化遗产学的跨学科研究，需要运用多个学科的理论知识和研究方法。在本书中，我们将重点结合下述方法对有关理论和应用问题加以阐述和分析。

（一）田野考察

文化遗产多是历史遗留的存在物，要了解一件文化遗产，最好的办法是对其进行实地考察和研究。在对文化遗产的特征进行分析时，也是需要从大量的田野考察中发掘资料，从中提炼出一般性的规律。

田野考察是一种综合研究方法，一次完整的田野考察研究分为准备、调查、撰写调查研究报告等阶段，在这一过程中需要综合资料分析、观察、问卷调查、访谈、比较分析等多种研究方法。

（二）质性分析

质性分析是采用多种资料收集方法（访谈、观察、实物分析），对研究现象进行深入的整体性探究。研究者参与到自然情境之中，而非人工控制的实验环境，充分地收集资料，对社会现象进行整体性的探究，采用归纳而非演绎的思路来分析资料和形成理论。质性研究广泛地被运用于社会学、民俗学、人类学的研究中，是文化遗产学研究的最重要的定性研究方法。

（三）案例研究

案例研究最早广泛地应用于社会学、法学、经济学和管理学的研究，是针对单一个体在某种情境下的特殊事件，广泛系统地收集有关资料，从而进行系统的分析、解释、推理的过程。它通过详细地调查一件实例来了解这一实例所属的整类个体的情况。虽然它不能提供在方法论上合理的关于一般性质的结论，但是作为发现重要变项以及提供有用的范畴（这些范畴将导致假设的形成，而这些假设又可用大量实例来验证）的一种初步方法，特别是在文化遗产保护和利用的应用研究、文化遗产的政策研究和文化遗产法律案例研究方面非常有价值。

（四）比较分析

文化遗产因为社会文化及其历史条件的不同，具有民族的多样性。因此，在文化遗产学的研究中，常常需要对不同地域、不同时期和不同民族的多样化的文化经验、文化政策、文化保护技术和方法进行跨区域、跨文化和跨时期的比较研究。例如，我们在进行中国刺绣非物质文化遗产研究时，要对分布在不同区域的刺绣艺术的传承历史、手工艺过程和文化环境进行跨区域的比较分析，以得出对刺绣的整体认识。同样，在对古建筑的保护、文化遗产的政策制定方面，我们也需要进行跨文化的比较研究，以找出在不同情境下的最佳方案。

（五）定量分析

在文化遗产的社会学、民俗学、政策研究和经济研究方面，定量研究正在成为一种有力的工具，给予我们更加客观、可靠的支持。定量将主观的概念转化为可供观测、比较、评价的数值型变量，研究通过数据和指标分析，建立其模型，找到变量之间的因果关系。定量分析在社会行为、文化场域、文化心理、社会网络关系等方面的进展，可以被利用于对文化遗产学的研究，使得我们对文化遗产赖以生存的社会文化生态、社会心理等文化空间和文化行为能够有更加深入的认识。统计分析、跨时期的历史数据分析对文化遗产的考古学、文物学研究，以及文化遗产的经济利用和文化遗产政策的效果方面，也具有非常重要的意义。

本章小结

本章从"文化"和"遗产"两个概念的内涵及其演变的分析入手，比较了文化遗产、文化财产、文物、文化资源几个概念，并从时间、价值和形态三个基本要素出发，界定了文化遗产的概念。在此基础上，将文化遗产分为物质文化遗产和非物质文化遗产两个基本类型，并提出了复合型文化遗产的概念。针对文化遗产学研究的跨学科性质，本章初步阐述了本书关于文化遗产学的基本内容结构，提出了研究文化遗产的基本方法。

思考题

1. 什么是文化遗产？请谈谈文化遗产、文化财产、文化资源、文物等几个概念的区别和联系，并举例说明。
2. 什么是物质文化遗产？物质文化遗产又可以分为哪两大类型？请举出一些实例来说明。
3. 什么是非物质文化遗产？
4. 请举例说明什么是自然与文化双重遗产。
5. 请举例说明什么是工业遗产。
6. 在课后找一些田野考察、问卷调查和访谈的研究方法的资料，试着了解并掌握开展田野考察、问卷调查和访谈的程序和方法。

参考文献与推荐阅读

1. 王云霞. 文化遗产的概念与分类探析[J]. 理论月刊，2010（11）：5-9.
2. 贺云翱. 文化遗产学初论[J]. 南京大学学报：哲学·人文科学·社会科学版，2007（3）：127-139.

3. 刘壮. 论文化遗产的本质——学科视野下的回顾与探索[J]. 文化遗产, 2008（3）: 121-132.

4. 苑利. 文化遗产与文化遗产学解读[J]. 江西社会科学, 2005（3）: 127-135.

5. 方李莉. 从"遗产到资源"的理论阐释——以费孝通"人文资源"思想研究为起点[J]. 江西社会科学, 2010（10）: 186-198.

第二章

文化遗产资源论

 学习目标

1. 理解文化遗产与文化资源概念的联系与区别。
2. 了解文化遗产成为文化资源的基本条件。
3. 把握文化遗产作为文化资源表现出的特征。
4. 认识文化遗产作为文化资源在利用和开发过程中的资源环境。
5. 了解盲目开发会导致的资源环境恶化和文化资源耗竭问题。

 导言

文化遗产具有可被利用与开发并创造经济价值的可行性。因此，我们通常会将文化资源与文化遗产混用，或者将"文化遗产"等同于文化资源。在现实中，并不是所有文化遗产都可以成为资源并被当作资源加以利用和开发。因此，文化遗产资源论是利用资源学相关理论，辨析文化遗产与文化资源的区别和联系，并对文化遗产的资源属性、资源环境加以分析，理解文化遗产在什么条件下可以成为资源，认识文化遗产的资源耗竭性、可持续性和衍生性等特点，把握文化遗产资源利用与开发的正确途径和方法。

第一节 文化遗产与文化资源的关系

无论是有形的物质文化遗存，还是无形的非物质文化遗产，都是人类创造的精神财

文化遗产导论

富。它们不但可以为我们所观赏、学习和娱乐，也可以被加以利用、开发，在为人们带来精神享受的同时，可产生经济利益回报，成为具有经济利用价值的资源。然而，文化遗产并不等同于文化资源，并不是所有的文化遗产都具有可被利用的经济价值。

一、文化资源的概念

资源的概念来自经济学。从经济生产的角度，资源被视为一种资产，具有被利用开发并创造出财富的特点。通常资源被分为自然资源和社会经济资源两大类。自然资源研究主要从人类社会与环境关系的角度研究自然物质的利用及其对人类经济社会发展的作用，如土地资源、水资源、矿产资源、石油资源等。社会经济资源是社会经济系统中能够被人类利用，并能够提高生产力水平的社会经济因素，主要包括资本、劳动力资源等。资源学主要从人类社会发展以及人与环境的关系角度，研究社会经济生产中资源配置、资源可持续地利用以及利益分配等问题。

早期的资源学主要集中在对物质资源的研究，特别是地理学对矿藏、石油、木材、土地、河流等自然资源的开发与利用。随着人们对文化在经济社会发展中的地位和作用的研究的不断深入，人们的资源观念也在不断地扩展和深化。

工业革命后，技术进步对经济发展起到重大推动作用，技术、专利等成为重要的智力资源，知识成为经济发展的动力，人们对劳动力资源的研究也逐步深化。区别于一般劳动力，理论界形成了人力资源理论和人力资本理论，在实践层面也越来越注重人的创新能力。这标志着人的智力和创造力为核心的资源成为社会经济发展的关键资源。

20世纪70年代以来，经济学、社会学、行为组织理论等多个学科都不约而同地开始关注社会资本（social capital）对社会经济发展的作用。所谓社会资本，是指社会主体（包括个人、群体、社会甚至国家）间紧密联系的状态及其特征，其表现形式有社会网络、规范、信任、权威、行动的共识以及社会道德等方面。社会资本概念最初由布尔迪厄（1986）提出的"文化资本"概念发展而来。布尔迪厄认为资本是积累起来的劳动，这种劳动可以作为社会资源在排他的基础上被行动者或群体所占有。布尔迪厄把资本分成三种基本类型：经济资本（economic capital）、社会资本（social capital）和文化资本（cultural capital）。

普特南的观点最具代表性。他认为，"社会资本是指社会组织的特征，诸如信任、规范以及网络，他们能够通过促进合作行为来提高社会效率。"

纳克等人对社会资本与经济和社会发展的关系进行了经验研究，"结果发现一个国家的国民对他人的信任程度越高，国家的国民规范越明确，则该国的经济（社会）发展水平就越高，三者之间存在着显著的关联。"

研究结果表明,在欧美等劳动力市场制度建设较完善的国家里,人们在就业和求职过程中还是会更多通过自己的社会网络关系获得信息与帮助。同时,对雇主来说,使用社会网络寻找雇员可扩大可以选择的雇佣对象的范围,而且,社会关系网络也可为雇主提供更多的关于员工的真实可靠的信息,以保证员工质量。

值得注意的是,上述社会资本、人力资本等概念中,所涵盖的关系网络、规范、信任、共识等都是社会系统中长期积累起来的文化资源,是人类社会精神劳动的积累。社会资本的研究表明了这些文化资源能够促进社会经济和文化的发展。

进入 20 世纪 90 年代之后,游戏、数字内容、传媒、会展、电影、动画、艺术品经营、文化旅游等文化行业发展迅速,这些新兴行业的共同特征是以文化创意为最重要的投入资源,并且在社会经济发展中的影响越来越大。例如,美国的电影工业出口规模超过了航天工业,以电影产品的创意资源为基础,形成对电影版权文化资源开发,诸如迪士尼主题公园、好莱坞影视城,以及各类图书、玩具等衍生产品,创造了巨大的经济效益,并成为美国文化价值观念输出的重要工具。再如,日本动画业对这些文化创意资源的持续开发,形成了日本巨大的动画产业体系,日本的动画及相关产业占到国内生产总值(GDP)的 5%,成为日本的支柱产业,日本还通过动画,将其文化输出到欧美和亚洲各地。

可见,人类精神活动所积累的文化成果和自然资源一样,具有生产性,可以提高文化生产力,并作为创造财富的重要资源。文化资源的积累、利用不但可以创造巨大的经济财富,而且可以生产、积累新的文化财富。如上所述,诸如好莱坞文化电影、韩国游戏、日本动画、百老汇的演出等,都是通过对文化资源的有效开发,不但创造出巨大的经济效益,同时也创造出新的文化,甚至成为文化价值观的输出工具。

综上所述,文化资源包括了人类精神劳动所创造的一些知识成果,以及人类社会生产活动建立的信任、习惯、制度和社会关系,这些都可以作为人类经济生产活动的关键投入要素,提高人类生产的效率。从有形到无形、从自然物质资源扩展到智力资源,直至把社会关系网络、文化遗迹、名人故居、文化艺术等社会文化可以作为生产性的资源。将文化视为一种可以创造财富的资源,是一种全新的资源观。文化遗产作为历史文化积累和遗存,不但具有实物形态的物质文化遗产,还有非物质文化遗产,都是文化的重要组成,可以被转化为资源。

文化遗产导论

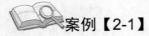

文化遗产具有的经济资源价值①

《红楼梦》是历史文化遗产。从资源学角度看,《红楼梦》已经从一部文学作品转变为一项文化资源,具有被研究、利用和开发,产生经济效益的潜在价值。历史研究表明,这项文化资源早在清代就开始被人们发掘利用。据中国清代晚期李放《八旗画录》记载:"光绪初,京师士大夫尤喜读之(《红楼梦》),自相矜为红学云。"也就是说,在清末对于《红楼梦》的研究已经成为一门学问——"红学"。想必,喜爱读《红楼梦》和研究《红楼梦》一定大大地增加了对《红楼梦》图书的需求,也创作、传抄和刊印了相关的研究著作。在当代,《红楼梦》这一文化遗产已经成为宝贵的文学资源,以《红楼梦》为对象的"红学"研究对象的图书、《红楼梦》影视剧、戏剧、"大观园"主题公园,乃至"红学"研究专家说红楼梦的电视栏目等文化产业的产品和服务,都取得了很好的经济效益。

二、文化资源与文化遗产的区别

文化遗产是从历史文化的认同、保护和传承角度,定义一项人类创造的遗存物。文化资源则更多的是从经济生产的投入产出价值最大化的角度,定义可以被当作生产投入品的文化要素。

第一,文化遗产可以成为文化资源,但并不是所有的遗产都可以成为资源。文化遗产只有被大众需求,才有被加以利用并创造经济价值的前提条件。有些文化遗产,并不具备经济利用与开发的条件。例如,很多传统戏曲被列为国家非物质文化遗产,因社会发展新兴文化娱乐方式层出不穷,青年观众已经不再对这些文化形式感兴趣,传统戏曲的市场需求日益萎缩,不具备以市场和产业的方式进行经济开发和利用的可能,只能作为民族文化的宝贵遗存加以保护。

第二,一些文化遗产虽然具有非常高的价值,但是处于濒危状态,具有不可再生性,过度地进行经济开发,必然会对文化遗产造成毁灭性的损害,特别是那些容易被侵蚀的文物,或者对材料和工艺有特殊要求的手工艺非物质文化遗产,首要的是要对它们进行完好的保护和修复,使其得以延续。

---

① 由作者本人根据以下资料整理:马经义在《中国红学概论》(2008年,四川大学出版社)一书中绪论之第二节"红学"探源,介绍了红学的起源;以《红楼梦》小说改编的电视剧、戏曲已经众所周知;2005年中央电视台科教频道《百家讲坛》栏目推出了《刘心武揭秘〈红楼梦〉》系列节目,取得了轰动影响。

第二章 文化遗产资源论

第三，很多创意资源属于文化资源，但并不是文化遗产。文化资源是指可以作为生产投入的文化要素。因此，文化资源要比文化遗产广泛得多。例如，设计专利、音像版权、文学版权等著作权资源，都是可以产生巨大经济效益的文化创意资源，但这些资源不属于文化遗产范畴。

因此，我们在实践中，应当区分文化遗产和文化资源，不能将文化遗产直接等同于文化资源。科学合理地区分文化遗产与文化资源，可以避免单纯地追求经济效益、忽视文化遗产文化保护的错误。此外，即使是利用文化遗产中可以抽取出的构图、造型、意义等文化要素作为生产创意要素，进行衍生产品开发，看似不会对文化遗产实体造成伤害，但是，也是建立在文化遗产完好保护的基础上，如果文化遗产历史信息已经被完整地、真实地加以保存，要对内容进行移植也是不可能的。例如，对剪纸非物质文化遗产进行衍生开发，将其图案移植到服装和灯饰上，其前提是对剪纸图案的完整信息保存和文化意义上的诠释。

案例【2-2】

文化遗产作为旅游资源[①]

一些历史文化遗存可以被作为观光和体验的文化旅游资源加以开发利用。例如，平遥曾经在20世纪80年代城市建设高潮中险遭拆除，经文化人士呼吁保护之后，成为重要的文化旅游资源。1980年学者阮仪三来到山西考察，著名而珍贵的大型票号古城"介休""忻（新）县"等全被毁了，只剩平遥古城。阮仪三多方奔走，古城才得以免遭拆除。在专家的建议下，1982年国务院公布了重点保护的24个国家级历史文化名城。1997年12月山西平遥古城被列入《世界遗产名录》，平遥古城每年旅游人次从1997年的10万人次，增长到2004年的350万人次。2011年平遥中国年从腊月二十三至正月十六，共接待游客65万人次，旅游综合收入7 300万元。如果当初没有对平遥古城进行抢救性、完整性的保护，今天也不可能有这样的经济效益。

[①] 娄靖. 阮仪三，一生奋斗为古城[N]. 人民日报，2010-11-11.
赵霄扬. 2011年平遥中国年接待游客65万人次 收入7300万 [EB/OL]. [2011-02-25]. http://news.hexun.com.

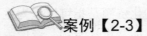

难以成为资源的文化遗产①

杨柳青木版年画的精湛技术被世人所称道，被列入了世界非物质文化遗产。但是由于城市化的建设、现代化的冲击，以往曾经居住在天津杨柳青镇的36村户户会点染、家家擅丹青的现象已经一去不复返了。杨柳青木版年画传承者霍庆有，生于1952年，艺名古一张，父亲霍玉堂老先生是杨柳青年画"玉成号画庄"的创始人。霍庆有从小跟随父亲学习年画制作，他是目前唯一一位掌握杨柳青木版年画全部工艺流程的老艺人。由于霍庆有对于传统工艺的坚持，"玉成号画庄"的年画渐渐做出了名气，家中的生意也有了些眉目，可熟悉霍庆有的朋友都知道，他家几乎没有什么积蓄，因为老霍只要有点钱都用来买老版画的板了。由于现代化的演进，传统版画的民间艺术在当今社会中已经退却于边缘地位。一个世纪前，这些人的手艺还算是体面的谋生手段，但是现在有谁愿再从事这样的职业呢？在现代社会中这样的传承者和学习者有没有在社会上体面生存的道路？怎样有尊严地继续自己的生活呢？这也是当前很多文化遗产无法再作为资源进行利用的原因。但是，这并不表明这些遗产就不重要了，作为民族文化记忆，这些遗产需要被保护、珍惜和传承。其中一些遗产如果能够建立较好的保护机制是完全能够让其复活的，其中的很多文化元素是可以作为我们今天发展文化的创意来源的。

第二节 文化遗产资源的基本特征分析

文化遗产成为文化资源是因为文化遗产具备了可以作为资源加以利用的属性。在一定的条件下，通过适当的途径成为可创造经济价值的文化资源。文化遗产的资源属性表现在文化遗产蕴含的精神内容的可移植和可衍生性、文化资源的可交易性、资源的耗竭性和可再生性。

---

① 根据凤凰卫视《走读大中华》节目2011年6月24日整理。

一、文化遗产的资源特性

（一）文化遗产的精神性

文化遗产通常都由两部分组成，一是构成文化遗产的精神内容，二是这一精神内容所呈现给人们需要借助的物质载体或者传播媒介。文化遗产的精神性是指文化遗产是人类创造的精神财富的积累。文化遗产本质上是精神劳动的创造物。文化遗产作为资源被加以利用，主要是对其精神内容的开发和利用。例如，以古建筑为形态的文化历史遗迹和可移动文物，是对物质载体依赖性最强的文化遗产。用现代技术完全地去复制这样的古建筑和文物却并不难，在材质和工艺上甚至可以做到比文物原件更加完好和精细，但是复制品也只能复制出文物的基本造型和样式，永远无法创造出新的精神内容和文化价值。文化遗产中的精神内容包含着我们再也回不去的遥远年代中那些创造者的思想、技艺，包含着属于那个年代的气质、精神和韵味，这些精神要素是文化遗产的价值决定因素。

（二）文化遗产资源的可衍生性

文化遗产的精神内容可以被加以复制和移植，与其他物质载体结合，形成新的产品形式。文化遗产的衍生性就是指文化遗产中的精神内容具有这样的特征，它可以被提取、分离，并和其他物质载体结合，可以形成新的文化产品。这种衍生性使得我们可以在不破坏文化遗产原有状态的情况下，对文化遗产的精神内容加以开发和利用。将文化遗产中的精神内容加以提取、转化和移植的难易程度，决定了文化遗产作为资源加以利用和开发的可能性。

文化遗产中精神内容和物质载体的不同结合方式，决定了文化遗产的存在状态和类型，也决定了文化遗产的精神内容可以被提取并加以利用的方式。例如，历史文化遗迹属于不可移动的文化遗产，通常最直接的利用方式是通过历史文化景点开发，打造成为文化旅游产品。由于历史文化遗迹与其所依附的建筑实体难以分割，具有文化的在场性特点，即游客需要到现场才能对历史文化遗迹进行实地的观光和体验。因此，其精神内容提取，无论是文化旅游纪念品，还是其他方式开发的衍生产品，都会与建筑物实体的造型、结构有关。再如，手工艺类非物质文化遗产，需要特定传承人作为活的载体。传承者与手工艺精神内容相结合，展现为手工技艺过程和传承者制作的手工艺品。手工艺品可以脱离传承者这个活载体，出现在纪念品商店里被销售。大多数消费者只是掏钱将手工艺纪念品买回去，对于那些真正传承手工技艺和传承者本人可能了解甚少；对于民间传说故事类的非物质文化遗产，具有明确的故事内容，并无固定物质载体，可以自由

地复制和移植,可见于纸质记载或者口传相承,因而也就容易被加以改编和再创造,正如美国好莱坞就直接将中国花木兰的传说故事改编成好莱坞的动画电影。

(三)文化遗产资源的可交易性

文化遗产作为资源具有使用价值,因而具有可交易性。文化遗产的可交易性是指文化遗产可以作为经济资源,在市场上进行交易。文化遗产的需求方通过购买产权或者经营权等方式,获取文化遗产资源的投资与开发权利。

对不可移动和可移动的文物资源,除了一些文物可以通过拍卖和买卖的方式获得,大部分文化遗产资源由于受到文化保护和传承的政策限制,其交易主要是通过经营权利授让的方式,获取投资开发权利。如一些古街、古镇、名人故居等古建筑在遵照国家文物保护法的前提下,可将其经营权售卖给私人,以鼓励个人维修、置换、购买古建筑。

对于非物质文化遗产来说,交易性是指传承者和非遗的生产机构可以非遗的相关产品进行市场销售。例如,手工艺品的市场售卖和表演类非遗售票观看等形式。

(四)文化遗产资源的耗竭性

资源耗竭通常是指资源逐步地被消耗殆尽的趋势,不再具有资源利用价值,或者无法可持续地加以利用。文化遗产资源同一般的物质资源一样,会随着开发与利用而逐步损耗,因此有耗竭的危险。文化遗产耗竭可能是因为自然环境的侵蚀、社会环境的变化、人为的毁坏等多种原因。无论何种原因,文化遗产的资源价值是以文化遗产的完好存在为前提,文化遗产本身的损害和灭失,直接威胁文化遗产资源的持续性发展的基础。文化遗产的资源损耗和耗竭,可以表现出多种形式。

第一种是文化遗产的物质载体因长期损耗而耗竭。物质载体的损耗,如果不是因为战争和人为造成的突发损害,一般都是在长期中因为各种因素,逐步对文化遗产物质载体的损耗累积而成。如古建筑和大型露天雕塑受到自然环境因素的侵蚀,文物受到空气潮湿气候的侵害等。

第二种是传承者的耗竭,即非物质文化遗产传承人因为后继无人,现有传承者老去和去世,造成非物质文化遗产失传。传承者老去现象通常容易受到政府的重视,各地政府通常也给予传承者生活补贴以改善其生活条件。非物质文化遗产传承面临后继无人的现象,却常常不易被人们关注。很多传统手工艺、传统戏曲、民间演艺等非物质文化遗产,因为不再有较大规模的观众或者用户需求,难以通过收入维持生计,加之学习艰苦,学习过程长,很少有年轻人愿意学习,是造成非物质文化遗产失传的主要原因。

第三种是精神内容的耗竭,即文化遗产的精神内容损耗和失传的情形。通常文化遗产所依赖的建筑石材、墙面、纸张等物质载体依然存在，但是色彩、绘画等会逐步褪去和消失，例如，很多壁画得不到较好的保护，绘画褪色和损失的情形；对于非物质文化遗产，虽然很多传统戏曲和手工技艺有很多传习者，但是很多传统剧目散失、技艺与绝活失传造成非物质文化遗产传承中的内容缺失和原真性不足。

第四种是最为严重的情况，就是文化遗产资源整体的灭失。这是文化遗产物质载体连同精神内容全部灭失，精神内容信息也没有用文字或者影像记录，造成文化遗产无法复建和再生的情况。例如由于战争和种族冲突对一些世界级文化遗产的破坏和毁灭，造成一些珍贵的历史文化遗产彻底灭失。

第五种情况是资源使用价值的耗竭。即文化遗产虽然还存在，但是已经不能作为资源加以利用。这种情况又可以分为几种不同类型：一是出于文化遗产保护的目的，遗产已经不宜再进行开发。例如，一些文化遗址如果过度地进行文化旅游开发将会面临损害和灭失的风险，或者现有技术条件不宜进行遗址发掘，需要加强保护，不能进行开发。二是文化历史遗迹由于过度的开发，使得其物质载体虽在，但是精神内容已经丧失，并且这种精神内容的丧失是难以恢复的。例如，原本以民族文化生活和习俗为特色的地区，由于过度的商业开发，造成原住民的离走，古街被开发成商业街，老房子被改造成酒吧，建筑中的民族文化精神内容被全部置换，甚至被戏称为"寻求一夜情的最佳去处"，文化遗产已经面目全非，造成了不可恢复的致命损害。三是文化遗产中的精神内容逐步与当下的社会文化和生活习惯脱节，逐步失去了大众需求，只能作为文化记忆的"文物标本"加以记录和保存。例如，很多地方都有长期积累的口传民间故事、文物遗址、民间工艺和民间习俗等，这些历史记忆往往并不能与现代社会发展需求相适应，其受众群体日益萎缩，逐渐失去资源利用途径，只能作为文化遗产的标本加以记录和保存。

（五）文化遗产资源的可再生性

文化遗产的可再生性，是指通过科学技术的保护和修缮措施，可以使得濒临灭失的文化遗产重新焕发生机。如上所述，文化遗产由精神内容与物质载体两部分结合而成，由于文化遗产的核心要素是其精神内容，因此，如果能够找到对文化遗产的载体部分加以科学保护，使之能够得到修复，那么文化遗产就可能再生。例如，一些因年久失修或人为因素遭到毁坏的古建筑和可移动的文物，通过采取现代科学技术和合理的文物修复方法，可以完成对古建筑的完好修缮。这些修缮后的文物可以重新恢复其文化旅游资源的价值。再如，昆曲曾经面临着严重的后继无人、剧团难以为继的现象，通过政府大力投入资助和保护，进行新人培养、剧目挖掘、改编新剧、市场培育、剧团改革等多种措施，使得昆曲重新焕发生机。

二、文化遗产成为文化资源的主要途径

如果文化遗产本身或以其精神内容开发的衍生品能够成为人们消费的对象，文化遗产就具有成为文化资源，并且创造经济价值的可能性。文化遗产中包含的精神内容代表了民族历史发展的记忆，对于国家和民族具有文化上的认同，表明了人们对文化遗产加以保护和传承的重要性的认可与共识。因而，文化遗产具有可以被大众接受、理解、观赏、消费的可能。这种可能性可以通过两种基本方式和途径变为现实。

第一，文化遗产本身可以成为被消费的对象。由于大众对文化遗产的认同，使得这一文化遗产成为大众喜闻乐见和趋之若鹜的需求对象，因此，这一文化遗产成为可以被直接消费的对象。例如，故宫、泰山等历史文化遗产，其独一无二的文化价值，使其成为著名的旅游景点，吸引了大量的观光游客，每年门票收入相当可观。还有很多文物资源，因其具有珍贵的历史文化价值和较高的经济收藏价值，而成为艺术收藏和拍卖的对象。

第二，文化遗产可被作为生产投入要素，生产出商品的经济价值。不同于上述文化遗产直接成为消费对象，有些文化遗产可以被作为一个经济项目和一种商品的投入要素对待，在生产中与其他生产要素结合，形成特定的产品和服务，提供给广大消费者，并创造出经济价值。例如，同样是文物，除了直接满足文物收藏需求的市场交易外，美术馆和博物馆通过将征集和捐赠的文物加以陈列展示，以艺术展览的服务方式，提供大众得以参观、学习，并收取一定价格的门票。这种展览陈列方式是将文物资源作为投入资源，与美术馆和博物馆的场地、人员服务等其他资源相结合，向公众提供美术馆和博物馆的艺术服务。再如，很多民间传说非物质文化遗产可以成为创意的素材，被改编成为图书、影视动画等文化产品，这是将非物质文化遗产资源的精神内容作为投入要素，生产出不同的内容产品。大多数文化遗产并不能被直接用于消费或者生产投入，主要原因如下：一是文化遗产由于其不可再生性，因此，如果过度地对其利用和开发，必然会造成遗产的损耗加剧，这对文化遗产的保护和传承都是不利的，因而在直接利用和开发方面会加以限制，例如用属于文物保护的建筑进行商业餐饮经营是国家法律限制和禁止的；二是很多文化遗产，因为其只是作为民族文化记忆的历史文化价值而必须加以保存，并不具备适应当下社会大众生活需求和消费需求的条件，例如很多传统戏曲等非物质文化遗产，观众群体日渐稀少。这些文化遗产虽然不具备直接成为创造经济价值的文化资源，但是，其中所包含的文化要素，可以被提取和加以利用。例如，剪纸艺术原本与百姓生活密切相关，逢年过节，家居生活，都会用作窗花和日常用品，但是随着社会发展，居住在高楼大厦中现代社会的都市人生活方式和习惯都已改变，剪纸已不再是日常生活的

必需品，变为一种偶尔看看玩玩的民间工艺，其原有市场日益萎缩。但是，剪纸的图案可以被运用到服装、围巾、首饰、茶具、家庭装饰等产品上，转化为现代社会生活的日常用品。这种将文化遗产中的要素加以提炼和移植，作为一种创意资源成为其他商品的生产投入原材料，从而为其他商品创造了附加值的方法，是文化遗产转化为文化资源，并且得以传承的一种重要方式。

三、文化遗产成为文化资源的基本条件

文化遗产转化为文化资源，需要具有一定的必要条件。这些条件与文化资产自身的特点、社会需求、文化遗产的所有权属性以及资源损耗情况都有关系。

（一）社会需求条件

上述社会对文化遗产消费或者生产利用的两类需求条件，是文化遗产成为文化资源的前提条件。例如，随着社会经济发展水平提升，人们文化休闲的需求日益增长，一些曾经不为人关注的名人故居和历史传说发源地具备成为文化旅游地的可能。一些古镇、名人故居和借助历史传说而打造的文化旅游景区取得了很好的旅游经济效益，于是各地竞相争夺对历史传说和名人故居的所属权。这些事实表明，社会大众的精神需求，总会在一定的条件下，促使社会生产部门提供出能够满足这种需求的精神产品。这些精神产品无论是何种形式，都离不开精神内容的创作和利用。文化遗产中包含的丰富历史信息、文化价值和意义，可以被用来满足这些社会需要。文化遗产的社会需求条件，主要从两个方面来考量：

第一，这一文化遗产所包含的精神内容，能否唤起消费者内心的认同和共鸣。人们对文化遗产的需求，主要是对其精神内容的消费需求。因此，一项文化遗产所包含的精神内容能否被消费者所理解、认同和产生共鸣，是决定文化遗产是否可被作为资源加以利用的基础。例如，很多传统戏曲，虽然是应当保护的民族文化遗产，但是由于不再符合现代社会的文化消费习惯，只是被一小部分当地老年观众所喜欢，无法被广大中青年观众所理解和认识，所以只能当作标本式的遗产加以保存和记录。再如，被评为世界级的文化遗产，由于其代表性、稀缺性和独特性，对于世界各国不同文化背景的人们都充满了吸引力，满足了人们对他国历史与文化了解、探究和体验的乐趣，因而在对其加强保护的同时，可以作为旅游观光的文化资源。同样是戏曲，昆曲艺术被评为世界遗产后，引起人们高度关注，昆曲通过进校园与广大青年学生交流，让青年学生和知识阶层了解了昆曲优美的唱词、精彩的表演艺术和深厚的人文积淀，加上通过遗产保护不断发掘和整理传统剧目、改编和创作新剧目等，昆曲逐步走出了困境，培育起一批昆曲爱好者。

如今，江苏昆剧院中的兰苑剧场，逢有演出，300个座位场场都爆满，很多外国游客到江苏南京旅游，都要专门去兰苑剧场体验中国昆曲传统文化。

第二，文化遗产所包含的精神内容，能否转化为当下生活的文化元素和符号象征。文化遗产中的精神内容，主要为历史文化信息，其形式、语义、符号大多表现为历史文化形态和民族传统观念，并不与当下的生活习惯和文化观念相一致，需要将文化遗产中的精神内容加以提取，并在表现形式、语言等方面加以转化和再设计，以符合当下社会生活习惯和审美观念。因此，对文化遗产的保护不等于文化遗产的利用，文化遗产的利用是在文化遗产保护前提下，对其精神内容的再设计。例如，昆曲是十分优美的传统戏曲和世界文化遗产，如果全本照搬演出，像经典的《牡丹亭》《长生殿》《西厢记》剧本等通常要长达近3个小时，表演形式传统，节奏相对缓慢，一般观众很难耐着性子观看全场。因此，以昆曲折子戏的方式，则可以让普通观众也能欣赏和接受。还有一些剧团改编了交响乐版昆曲和针对青年观众的青春版《牡丹亭》，还利用昆曲的服饰、人物故事等元素，开发了一些与昆曲相关的纪念品。

案例【2-4】

昆曲的传承与创新[①]

自昆曲被列为世界文化遗产后，近年来，国家设立了保护和扶持昆曲专项资金对昆曲加以保护和推广，昆曲正逐渐被大众认识和喜爱，并在世界各地掀起了一股昆曲热潮。昆曲文化需要传承，昆曲观众也需要传承。在吃透传统、大力发掘传统剧目和保持原真性基础上，在不改变原剧本质元素的前提下，对昆曲精神内容适当融入现代生活因素，可以较好地实现昆曲的创新，使得现代观众可以"无障碍"地品味古典的魅力。昆曲的传承人身体力行，推动着昆曲的创新。例如，传承人张军与流行歌星王力宏在上海体育场搭档演绎创意自古典名剧《牡丹亭》的歌曲《在梅边》。张军与黄豆豆、谭盾合作的园林实景昆曲《牡丹亭》，在新昆曲新年音乐会上，更是将昆曲元素融入电音、摇滚、爵士等时尚流行音乐，并将这种独创的音乐曲风起名"水磨新调"，希望能给观众带来全新的听觉享受，也让更多的年轻人有机会走近古老的昆曲音乐。江苏省昆剧院院长柯军也是坚定的"改革派"，先后推出了青春版《牡丹亭》、中日版《牡丹亭》。创新，让昆曲焕发了青春。在他看来，实验昆曲正是一个恰当的契合点，将传统与现代相结合。再如，苏

[①] 宋桂友. 昆曲传承中的市场因素探论——以苏州市兰芽昆曲艺术剧团为例[J]. 苏州教育学院学报，2014（1）：8-11.

州的兰芽剧团自2007年成立以来，挖掘了一些濒临失传的折子戏，兰芽剧团在高校开设昆曲文化选修课、举办校园昆剧社、组织校园课本昆剧演出，同时深入社区、博物馆义务演出，通过体验式互动环节，走平民化路线，让观众零距离感受昆曲艺术之美。在拙政园秫香馆的演出，兰芽剧团根据馆内黄杨木雕中的《西厢记》故事"张生跳墙会莺莺""拷红""长亭送别"等选择剧目、配合解说，将园景与昆剧结合在一起，并将"红娘"的来历贯穿其中，大大激发了观众兴趣。如今，园林昆剧、博物馆昆剧、校园昆剧、社区昆剧已成为兰芽剧团的品牌。

（二）文化遗产中精神内容的可移植性

文化遗产中精神要素的可被辨识、提取和转移性，决定了精神内容可利用程度。很多历史文化遗迹，因为长期遭到自然和人为的侵害，其物质载体的损害程度已经使其所承载的精神内容难以辨识和不完整。例如，一些古代雕塑、壁画、石窟等历史遗迹由于长期受到侵蚀而被毁坏，以致难以修复，无法利用；再如，一些非物质文化遗产，由于传承人日渐老去、后继无人，或者由于非遗得不到重视，缺少相关历史信息档案，现在要采集记录和保存已经十分困难。这些文化遗产，由于其精神内容的损坏而难以被加以利用。所以，在文化遗产领域，应特别重视对文化遗产的本真性的保护问题。如果对遗产本来的内容和意义没有完整的保存和记录，我们就无从对文化遗产进行进一步的研究、利用和创新。

（三）文化遗产资源的产权清晰度

文化遗产的产权属性，决定了文化遗产是否能够被许可加以利用，以及对文化遗产利用与开发之后的相关利益如何分配。通常在法律上拥有遗产所有权的一方，并不一定具有投资开发的资金实力、技术水平和商业运作能力。因此，在文化遗产的利用和开发中，常涉及财产权和经营权的转让和委托经营问题。特别是文化遗产中的精神内容作为可开发利用的文化资源，具有可复制性，其产权如果不清晰，必然会带来开发利用的难度。

对于大多数不可移动的历史文化遗迹和可移动文物资源，因为具有实物形态载体，所以财产的所有权比较容易界定。在对这类文物资源进行直接利用或者提取内容间接利用方面，与文物本身的关系比较容易确认。例如，对文物拍摄图片、拓片和有关文献使用需要得到授权许可时，可以对比图片和文物实物确认其出处；在文物保护单位进行影视拍摄是对文物场所的直接利用，需要得到管理部门或者产权所有者的许可，并需要支付相应的版权费用和场地使用费用。

文化遗产导论

非物质文化遗产通常没有实物形态载体，其主要以传说、手工艺、表演等形式存在的精神内容，较容易通过文字、录像的形式加以复制、传播和延伸开发。因此，如果非物质文化遗产产权得不到保护，或者对于非物质文化遗产开发的利益分配如果不考虑产权所有者（传承人）的利益，就很难得到产权所有者的授权许可，特别是对于手工艺人，更不会轻易将手工艺技巧和秘诀示人。

（四）文化遗产保存的原真度

对文化遗产资源的利用和开发，是对其原始内容进行研究、开发，必须保证这些原始内容信息的原真性，就是对文化遗产保护以免其内容失真。如上所述，文化遗产的耗竭性使得文化遗产具有损耗和最终灭失的风险。因此，文化遗产资源的开发必须以文化遗产的完好保存和保真为基础。如果文化遗产被损害得比较严重，也就是文化遗产的原真性已经不复存在，已经无法对其原始内容信息加以提取，那么文化遗产的利用与开发就成了无米之炊和无源之水。在文物展览中，必须要考虑文物保护和修复措施，在文化旅游景区的规划设计中，也要考虑到景区所能承受的游客规模。例如，西藏布达拉宫就采取了每天限制参观人数的办法，以防止过多的游客造成对文物的损害。通常，历史文化旅游区如果超过负荷就会对文物造成损害，长此下去就难以保障资源的可持续性，因此需要采取线路规划设计、人流限制、定期维护工作等。

案例【2-5】

敦煌石窟的保护措施[①]

敦煌莫高窟正式对外开放始于 1979 年，到 2012 年已经吸引了超过 850 万世界各地游客来参观，使敦煌当地经济发生了巨大变化，门票收入不断增加。近年来，莫高窟旅游人数明显呈上升趋势，而且主要集中在 5—10 月，2015 年游客接待量超过 100 万。

莫高窟虽规模宏大，洞窟众多，但每个洞窟的空间极其有限，其中 85%以上的洞窟面积小于 25 平方米。历史上每个洞窟都是供奉佛陀的神圣殿堂，为某个家族建造和拥有，进入窟内的人十分稀少，所以洞窟内的小环境长期处于恒定的状态，又加之敦煌地区气候干燥，莫高窟才得以保存至今。模拟试验表明，二氧化碳长时间滞留窟内以及窟内相对湿度增加，空气温度上升，都有可能侵蚀壁画，这对洞窟内十分脆弱的壁画、彩塑保

---

① 守望敦煌保护壁画 莫高窟明年将限制游客人数[N]. 兰州日报, 2007-08-23.
世界遗产地游客承载量研究与游客管理国际研讨会召开[N]. 中国文物报, 2013-05-05.

存将是严重的威胁,虽然游客过多对壁画的损害在短时间内看不出来,但会加速对壁画的损害这一点是非常肯定的。

为了合理利用莫高窟文物资源,减少人为因素对文物造成的潜在破坏,从20世纪80年代起,敦煌研究院就与国内外机构合作,对莫高窟的地质环境、气象环境,特别是洞窟小环境进行监测。与此同时,敦煌研究院对日益增多的游客开始实施干预。对每天的游客实行窟内分流,将开放的50个洞窟划分为10条参观路线,并参照布达拉宫的做法,实施游客参观预约制,估计会在明年逐步实行游客限量。

第三节 文化遗产的资源环境分析

文化遗产资源的生存、保护与传承发展,还受到资源环境因素的影响。文化遗产现有生存状态和资源所处的社会环境影响因素构成了文化遗产的资源环境。资源环境的分析是对文化遗产保护和利用的前提,是保证文化遗产资源得以科学利用和开发的基础。

一、资源环境的概念

文化遗产作为资源,通常具有文化资源总体规模、资源分布状况等特征,这些特征又受到一定的自然环境和社会环境的影响,前者可以称为资源存在的状态,后者是资源的外部环境。文化遗产资源环境是指资源状态和外部环境两方面的总和。

首先,文化遗产资源的类型、规模、分布等现存状态,表明了文化资源现有的存量状况,是文化发展的历史沉淀与积累的结果。通过对现有文化遗产资源存在数量、规模、分布、损害程度的全面调查、记录和分析,我们可以全面地了解现有文化遗产的生存状态。例如,各国各地区都会定期地对文化遗产进行普查和统计,记录文化遗产的数量、类型和状态,更为细致的专项调研还会对一项文化遗产做田野考察的方式,进行全方位的实地考察和访谈,对其历史传承状况做出全面分析。在这些调查的基础上,我们不但可以及时地把握文化遗产现存状态,而且可以进一步分析评估文化遗产的发展演变情况、损害状况、受损原因,以便为文化遗产保护政策与措施提供决策依据。

其次,文化遗产保护、传承和发展是在一定的自然、科技、经济与社会文化条件下进行的,这些社会条件构成文化遗产资源的外部社会环境。人类的社会活动往往首先作用于文化遗产的外部环境因素,外部环境因素的发展变化最终导致文化遗产生存状况的变化,影响到文化遗产资源存量。

二、文化遗产资源的环境要素分析

（一）文化遗产的资源存在状态

文化遗产自身的构成状况包括文化遗产的类型、规模、分布状况、完好程度、历史、谱系等。首先，应对不同类型的文化遗产进行统计，了解某一地区的文化遗产种类和数量。按照一般分类，文化遗产可分为物质文化遗产和非物质文化遗产，在物质文化遗产中，有可移动的和不可移动的文物，对不可移动文物，又可以分为古遗址、古墓葬、古建筑、石窟寺及石刻、近现代重要史迹及代表性建筑和其他等六大类文物；在非物质文化遗产中，又可以根据其形态和传承特点，分为手工艺、口头传说、表演艺术、礼仪节庆等形式。对于这些不同类型文化遗产的种类、数量信息的统计，可以了解这一地区的文化遗产的基本储藏量。例如，据统计，2013 年年末全国共有文物机构 7 740 个，比 2012 年末增加 1 616 个。全国文物机构拥有文物藏品 3 840.85 万件，比 2012 年末增长 9.6%。

其次，仅仅知道文化遗产的数量是不够的，还需要进一步了解每一种文化遗产的数量、历史生成和发展情况、脉络和谱系、地理分布状态、文化遗产周边的自然环境等。这些属性构成了更为详细、丰富的遗产特征。这些特征决定了我们所拥有的文化遗产的禀赋状况，决定了这些文化遗产是否具有被加以利用的可行性，或者说明了当前被作为资源加以利用和开发的文化遗产的状态如何，是否受到损害，损害程度如何等。

（二）文化遗产生存的社会环境

文化遗产的生存环境可以分为文化遗产自然环境和社会环境，文化遗产周边的自然环境和人文环境作为一个整体，是与文化遗产不可分割的。例如，水下的遗址所处的水下自然环境是与遗址实体本身难以分割看待的。再如，非物质文化遗产的保护不是只针对非物质文化遗产传承者个体所掌握的非遗技艺和知识的保护，要把非物质文化遗产传承者所处的人文环境和社会生活环境作为一个整体来考虑。我们将微观的文化遗产周边的自然环境放在上面文化遗产构成状况中讨论。在这里介绍的文化遗产社会环境，一般包含了文化遗产所处的社会宏观环境，如政治制度与法律环境、经济发展条件、社会文化环境、技术环境等。

1. 自然环境

总体、宏观上的自然环境，是指超出文化遗产周边的、微观的自然地理环境范围，表现为某一地区总体的自然地理条件。对不可移动的文物资源，自然环境变化造成的影响较为重要。例如，由于自然生态环境改变造成的沙尘气候和水土沙漠化会加速某一地区地表历史文化遗迹的损害；再如，由于修建水坝，造成某一地区水土环境的根本改变，直接影响到文化遗产的生存环境。20世纪60年代埃及因修建阿斯旺水坝，将淹没埃及南部努比亚地区的大批古迹遗址，联合国教科文组织提出了"努比亚是人类的遗产，是人类的财富"的倡议，呼吁全世界各国协力合作，进行努比亚文化遗产的保护抢救工作，对阿布辛拜勒神庙和菲莱岛在内的20多处文化遗产进行了安全转移，避免了这些文物古迹被水淹没的危险。

2. 政治与法律环境

文化遗产受到国家行政管理体制与相关法律规定等制度环境的影响。首先，一定的政治体制，对文化遗产中所包含精神内容的价值取向具有不同的政治态度、评判准则和意识形态导向，会影响到文化遗产的生存和发展。例如，不同的政治体制和意识形态下，对于文化遗产具有不同的态度，特别是涉及宗教、传说、礼仪等方面的内容。在很多西方发达社会和国家，少数民族与鬼神相关的传统风俗，常被视为陈规陋习和封建糟粕而加以限制和禁止；在一些采取政教合一制度或者种族冲突的地区，对于其他宗教、种族的文化遗迹、文物资源、文化习俗活动，常常会受到禁止、毁坏和冲击。再如，中国的中医在我国虽然是非物质文化遗产，但是在西方并没有得到学界承认，中医行医很难获得批准，甚至会被当作非法行医。

其次，世界大部分国家都制定了专门的文化遗产法律，各国文化遗产的法律和法规存在一定差异，相应地也会设置不同的文化遗产管理的行政体制，从而使得各国和地区对于文化遗产保护的范围、措施也会有所不同。欧美国家十分重视知识产权的保护，因此非物质文化遗产的保护和传承就会有比较好的政策环境。而在一些发展中国家和地区，由于知识产权不受重视，一些手工艺人利益得不到保障，不愿传授技巧，宁可将手工艺技巧带进棺材。特别是对于造形、图案等传统工艺，如果没有法律保护，就有被盗版和仿制的风险，这必然会影响对非物质文化遗产研究和开发的积极性。

3. 经济环境

经济发展水平会对文化遗产产生两个方面的影响：一是对于文化遗产的保护和传承的投入方面，随着经济发展，政府文化管理部门拥有更大的财政实力，可以对文化遗产保护给予更多支持，社会各界更加自觉地关注文化遗产保护，对文化遗产的保护的捐赠和资助也会加大。这一方面的经济因素可以通过地区经济发展的生产总值（GDP）、人均GDP、政府财政收入等经济指标观测。二是对文化遗产的消费需求方面，随着经济收入水平提高和国力的增强，人们的精神消费需求日益增加，对于本民族文化认同感和文化自信会增强，对于文化遗产保护、传承和合理利用的重视程度会不断提高。

当然，经济快速发展也会带来城市建设与文化遗迹保护的矛盾，形成现代文化娱乐消费冲击传统非遗文化的问题。例如，20世纪80年代我国城市建设进程中拆除了很多古镇、名人故居和古建筑，造成了不可挽回的损失。

4. 社会文化环境

文化遗产主要是关于历史记忆的积累，而社会与经济发展造成文化价值观、生活习惯都会发生变化。文化遗产在现今社会中，并不一定能够适应现代社会文化发展，因而一些文化遗产只能作为"标本"被保存在博物馆中或者记录在档案数据库里，以供研究和了解之用，无法作为资源加以利用和开发出经济价值。因此，社会文化环境中是否具有与文化遗产所包含的传统文化相衔接和融合的要素，决定了文化遗产是否能够融入人们的日常生活而成为文化消费的对象。例如，很多传统戏曲，随着现代文化消费形式的多样化和社会节奏加快，其观众已经越来越少，已经无法以剧场演出形式获得足够的收入以维持生存发展，一些已经面临没有观众和后继者的状态，只能通过录像资料加以保存。但是，在一些古镇、古街文化旅游景区，传统戏曲也可以以一定形式融入文化旅游，寻找到生存空间；在一些文化节庆活动中，传统戏曲也可以折子戏、片段和改编的形式成为节庆活动的内容。

5. 技术环境

技术进步为文化遗产传播和文化遗产衍生品开发提供了支撑和保障。文化遗产保护的一个重要难题是文化遗产物质载体会随时间流逝不断消耗造成精神内容随之消失。技术进步对文化遗产保护的支持在于以下两方面：一是可以使得精神内容通过数字化与其物质载体分离，可以十分方便地加以保存和传播，例如，数字博物馆、数字化遗产保护等；二是技术的发展为利用文化遗产开发出新的文化产品提供了更多选择方案。例如，用新媒体展示技术策划文化遗产的展览，文物可以通过数字化方式展示，这样不需要依赖文物原有的物质载体，就可以进行异地巡展和网络博物馆展示，还可以通过互动、游戏、动画等多种方式增强展示的趣味性和观众参与性。此外，通过数字化的方式，还可以进一步将文化遗产的精神内容元素加以改造与设计，以不损害文化遗产实体的方式，开发出大众所喜欢的电影、动画、游戏、纪念品等新形式的文化产品。

案例【2-6】

数字故宫[①]

从20世纪末开始，故宫博物院就开始了"数字故宫"的构想与建设。

---

① 李韵. 数字故宫：让文物"活"起来[N]. 光明日报，2015-01-17.

第二章 文化遗产资源论

1998年，故宫资料信息中心成立，其中心任务就是利用信息技术，突破古建环境及文物保护等方面的局限，打破在展示、收藏、保护等管理机制、工作方式上相对滞后的传统手工作业状态，使其尽快进入世界一流博物馆的行列。2001年7月16日，作为"数字故宫"建设的起点，故宫博物院网站开通。在利用数字技术展示故宫文化方面，除了在网站开设"虚拟展厅"，故宫还制作了一批精彩的影像作品。2003年，故宫博物院就与日本凸版印刷公司合作，共同成立了故宫文化资产数字化应用研究所，利用尖端的数字化技术，以虚拟现实作品为载体，全面、直观地记录古建筑及文物的三维数据，相继完成五部大型虚拟现实作品——《天子的宫殿》《三大殿》《养心殿》《倦勤斋》《灵沼轩》，从建筑场景的展示到非物质文化遗产的再现，再到文化氛围的表达，不断深入探索故宫的文化内涵。如今的故宫博物院网站，已是全世界博物馆中最强大的网站之一，故宫网站正在进行两个方面的提升：一是使外语的功能更加强大，让世界上不同国家的人们可以随时了解故宫文化；二是知识性和趣味性并重，增强对青少年的吸引力。在故宫研究所的演示厅里，在高4.2米、宽13.5米的曲面屏幕上，可以看到高清晰度的虚拟现实图像，操纵摇柄，我们就可以瞬间"飞"上太和殿的藻井俯视大殿，"钻"进大殿斗拱零距离观察彩绘，"坐"进龙椅体味君临天下的感觉。将于2015年开放的故宫数字博物馆设在端门城楼和大高玄殿，由于它们都位于故宫博物院院墙之外，所以博物院夜间闭馆后，它们仍可开放，继续向观众传播故宫和中华传统文化。

故宫博物院还推出了公众微信号"微故宫"和"掌上故宫"智能导览应用，文化信息、导览讲解等功能让观众的参观更加便捷、轻松。故宫爱好者足不出户就可了解更多古代建筑、馆藏文物、虚拟展览等方面的信息。随着手机终端的日益普及，故宫及时推出若干款App应用。端门数字博物馆开放后，《韩熙载夜宴图》将以8米数字长卷的形式展示给观众，届时将有更为有趣、震撼的交互体验项目，让大家眼前一亮。

第四节　文化遗产的资源可持续性

资源的耗竭性说明了文化遗产资源即使能够通过各种方式加以保护，但是仍然存在被损坏或者逐步流失的趋向。因此，文化遗产的保护与传承的核心任务，就是如何能够使得文化遗产被保存下来，并可以持续地被广大公众所认知和了解，在社会生活和社会发展中起到一定的影响和作用。

一、资源可持续性的概念

资源的可持续性,就是指既满足当前社会发展资源需要,同时也保障后代子孙的资源需求,通过对资源加以高效、节约使用,有效地延长资源存续时间和使用期限,或者通过维护资源生存环境,使得资源可以再生,从而可以被长期地持续利用而不至于枯竭。

资源的可持续性利用与资源的属性、资源环境之间具有内在联系。通常,自然资源可以分为可再生资源和不可再生资源。不可再生资源在被利用过程中会发生损耗,并且无法修复和再生,因而会逐步使用殆尽。可再生资源是指资源在一定条件下和一定时期内,可以循环地生成和积累的资源。因此,资源本身的可再生性,决定了资源是否具备可持续性利用的可能。

此外,资源的再生性是在一定资源环境条件下发生的。在一定时期内,具备了相应的自然条件和技术条件,资源才能重新再生和积累。例如,对于水资源的再生利用,需要在维持自然地质、气候等水资源生态环境基础上,实施污水处理与净化后可循环使用。资源再生与资源耗竭是资源利用中的主要矛盾,处理好这一矛盾关系,是资源可持续发展的关键。通过建立和维持能够使得资源降低浪费和适宜再生的资源环境,是决定资源再生和可持续利用的决定因素。对于不可再生资源,为了延长其利用期限或者保护其存续,也需要维护其最佳的资源生存环境,以消除或降低导致资源耗竭的因素。

二、文化遗产资源的可持续发展

文化遗产资源和其他类型资源一样也需要可持续地发展。由于文化遗产资源在被利用过程中也存在耗竭的趋势,所以我们在利用文化遗产的同时,需要注意保护遗产存续、传承和发展的问题。

(一)文化遗产资源的原真性保护

文化遗产资源的可持续利用是建立在对文化遗产原真性保护的基础上的。文化遗产是历史文化内容和物质载体的结合物。其中的物质载体会随着时间流逝而逐步损耗,依附于物质载体的历史文化内容也会随之消失。文化遗产资源的本质属性是这些历史文化内容是否能够保持原真和完整。因此,文化遗产资源可持续利用的前提条件是对文化遗产的完好保护和修复,以确保其物质载体和历史文化内容得以原汁原味、原原本本地保存下来,这种保护的目标是为了实现文化遗产的"原真性保存"。

第二章 文化遗产资源论

【资料】

原真性保护的国际原则[①]

1964年在威尼斯举行的第二届历史纪念物建筑师及技师国际会议,讨论通过了《国际古迹保护与修复宪章》(简称《威尼斯宪章》)。《威尼斯宪章》首次明确提出"使它们(历史古迹)能以充分完备的原真性传承下去",强调文化遗产的保护,不仅要保护"最早的状态"(the underlying state),而且要保护"所有时期的正当贡献"(the valid contributions of all periods),"不能改变布局和装饰","要保护古迹周围环境"。原真性可以被理解为那些用来判定文化遗产意义的信息是真实的,文化遗产"最初的状态"与"当时的环境"得以准确无误地加以保护和传达。因此,《威尼斯宪章》规定了对于遗产的修复的目的是保存和展示文化遗产的美学与历史价值,并以尊重原始材料和确凿文献为依据。任何不可避免的添加都必须与该建筑的构成有所区别,并且必须要有现代标记,各个时代为一古迹之建筑物所作的正当贡献必须予以尊重,因为修复的目的不是追求风格的统一。

1994年11月,日本文部省与联合国教科文组织、世界遗产中心、罗马中心、国际古迹遗址理事会在日本奈良组织召开"与世界遗产公约有关的原真性"国际专家会议并形成《奈良真实性文件》(简称《奈良文件》)。《奈良文件》第13条款指出:"想要多方位地评价文化遗产的原真性,其先决条件是认识和理解遗产产生之初及其随后形成的特征,以及这些特征的意义和信息来源。原真性包括:遗产的形式与设计、材料与实质、利用与作用、传统与技术、位置与环境、精神与感受。有关'原真性'翔实信息的获得和利用,需要充分地了解一项具体文化遗产独特的艺术、历史、社会和科学层面的价值。"

(二)文化遗产资源的可持续利用

文化遗产资源的可持续发展是指在保护的基础上,对文化遗产的精神内容加以活态发展,形成可以被利用的新内容和新样式。文化遗产的原真性保护并不是要拒绝对文化遗产资源利用、开发。原真性保护的意义在于为遗产的利用、开发和发展提供原料。文化遗产就如同一池洁净碧绿的湖水,原真性的保护是保障湖水不受到污染,保持其原有的洁净状态。对于遗产的利用和开发,不是往湖水里随意地加入墨汁和颜料,而是将一小杯湖水提取出来,与其他颜料和墨汁调和,创造出新的东西。

[①] 张朝枝. 原真性理解:旅游与遗产保护视角的演变与差异[J]. 旅游科学,2008(1):1-8.

因此，在原真性保护的基础上，我们可以准确地把握和理解文化遗产的历史文化信息，了解承载这一文化信息的物质材料。同时我们可以研究如何利用现代技术和手段，将这一历史文化信息加以发展，与其他的物质材料结合，形成符合现代社会大众文化需求的新形式和新产品。例如，大多以历史文化遗迹为核心资源的旅游景点，主要以提供原真性保护的历史文化景点为主。除了售卖观光门票外，还可以有配套的住宿与餐饮服务、图书、纪念品售卖等。所有这些产品和服务都是建立在保存完好的遗迹能够吸引大量游客的基础上。但是，一些景区在修缮中擅自改造古建筑和文物的原有状态，甚至返修一新或者建造很多仿造文物而破坏了遗产的原有状态，造成其历史信息的损失。这些破坏短期影响看似不明显，但是对遗产的文化价值破坏是持久的，不可修复的。

文化遗产成为可以被利用的文化资源，除了对文化遗产本身加以利用外，文化遗产还可以将其内容要素提取后进行创意开发，形成新的文化产品和服务。这种衍生性的资源利用方式，不会影响到遗产本身的存在状态。例如上述历史文化遗产旅游资源开发中，根据历史古建筑和文物的内容、寓意、造型而设计的明信片、旅游纪念品等，就是典型的衍生产品。资源衍生开发的途径，主要是将文化遗产中的历史文化内容与特定的物质载体结合，以一定的艺术形式表现为某种文化产品。由于文化产品的形式多样性，文化遗产的资源衍生开发也会有多种可能。值得注意的是，这种衍生开发不是对文化遗产本身所包含的精神内容的直接复制和照搬。因为这些精神内容是反映某一过去历史时期的特征，并不一定与当下的文化消费需求相契合。因此，在衍生开发中需要认真分析社会大众的文化需求，结合文化遗产的特定条件，进行创意开发，以保证衍生开发的文化产品能够满足当代大众的文化审美趣味和消费需求。

 ## 本章小结

文化资源包括了人类精神劳动所创造的一些知识成果，以及人类社会生产活动建立的信任、习惯、制度和社会关系，这些都可以作为人类经济生产活动的关键投入要素，提高人类生产的效率。文化遗产更多的是从历史与传承角度，定义一项人类创造的遗存物的认同、保护和传承。文化资源则更多的是从经济利用的角度，定义可以被当作投入要素加以利用的文化产出，包括除了文化遗产外的人类精神劳动创造的、可以被作为生产要素的所有成果。文化遗产具有精神性、可衍生性、可交易性、耗竭性、可再生性等特性。在一定的社会条件、技术条件和遗产产权相关法律条件下，文化遗产可以成为经济资源。文化遗产总是存在于一定的外部资源环境下，具备一定的资源分布和规模特征，

这两者构成了文化遗产的资源环境要素。文化遗产资源在原真性保护的基础上，才能得以可持续地利用。

思考题

1. 简述文化资源的含义，试举例说明文化遗产与文化资源的区别。
2. 简述文化资源有哪些基本特性，并举例说明。
3. 文化遗产转化为文化资源需要具备哪些基本条件？
4. 什么是资源环境？文化遗产的资源环境有哪些基本要素？
5. 简述文化遗产可持续发展的含义。
6. 什么是原真性保护？

参考文献与推荐阅读

1. 姚伟钧，等．从文化资源到文化产业——历史文化资源的保护与开发[M]．武汉：华中师范大学出版社，2012．
2. 牛淑萍．文化资源学[M]．福州：福建人民出版社，2012．
3. 姚伟钧．文化资源学[M]．北京：清华大学出版社，2015．
4. 王晨，章玳．文化资源学[M]．南京：南京大学出版社，2014．

第三章

文化遗产价值论

 学习目标

1. 理解文化遗产价值形成的基本社会与自然条件。
2. 把握文化遗产个体经验与集体记忆之间的关系，以及个体经验和集体记忆在文化遗产价值形成中的作用。
3. 了解文化遗产价值多元化构成。
4. 理解决定文化遗产时间和空间等基本因素。
5. 掌握文化遗产价值评估的基本原则、原理和方法。

 导言

关于文化遗产价值的决定与构成，经济学、社会学、历史学和文化学等学科从不同视角形成了多种理论。这表明关于文化遗产的价值形成不是一个简单的经济过程，而是一个复杂的社会过程和历史过程。我们在强调经济价值时，不能忽视文化遗产存在的社会意义和文化意义。文化遗产的价值论要从文化遗产价值形成过程入手，理解文化遗产的价值多重性和价值的决定因素，在把握文化遗产价值评估的原则下，针对不同情况采取适合的价值评估方法。

第三章 文化遗产价值论

第一节 文化遗产的价值构成

文化遗产的价值形成需要一定的自然和社会条件。文化遗产是人类社会实践的成果，离不开个体的参与和实践。理解个体、群体的劳动如何转化为社会文化成果，进而成为国家、族群和集体的身份象征和文化遗存，是文化遗产价值研究、分析和评判的基础。

一、文化遗产的价值形成

（一）文化遗产形成的基本条件

文化遗产是人类社会实践的产物。在一定的社会发展阶段和自然条件下，人类经由个体或者群体运用一定知识和技能进行的创造性劳动，将特定的精神内容与特定的有形载体结合，形成了丰富的物质和非物质的精神成果。这些成果是特定时期社会文化生产力的物化，它经历漫长历史岁月存续、积累和传承至今，形成我们今天所见的文化遗产。

但是人类所创造的精神产品有很多并不被人们所记忆和保存，并逐步被人们遗忘。例如，历史上名人经过的地方很多，但并不是名人住过的居所都可以成为名人故居；历史上发生历史事件的建筑也很多，但并不是所有的历史建筑、历史事件发生地都可以成为文化名胜；在民俗演变中创造的很多歌谣和传说并没有流传下来，即使流传下来，也不一定能够成为文化遗产。那么，文化遗产的形成到底需要具备怎样的条件呢？

1. 自然条件

文化遗产的形成需要具备一定的自然条件。首先，文化遗产存活下来与组成遗产的物质材料构成等自然因素有关系。文化遗产是能够被保存下来的文化创造物。文化创造物作为精神产品应该具有一定的载体，这些载体适宜被长期保存。例如，与木制、陶瓷器件相比，石器、青铜器显然更经受得起自然环境的侵蚀和冲击碰撞；同样是不可移动的建筑物，长城比阿房宫更容易在战火中幸存下来。

此外，民族生活习性和文化发展与其所处的自然地理环境具有密切的关系，也会形成在内容、风格、形式、题材、使用材料等方面不同特点的物质文化遗产和非物质文化遗产。

2. 社会条件

除了自然条件，更为重要的是社会影响因素。首先，文化遗产是在一定时期由劳动创造的物质或者非物质产品。这些人类创造物适应了社会文化需要，并承担了一定社会功能，要么是在历史上曾经具有较高社会认同度和文化艺术价值，或者是具有特定社会功能、符合大众审美的民间生活所需的用品、民间活动和传说，才能被以一定形式流传和保存至今。虽然在今天看来，文化遗产可能已经失去了当初的功能和用途，但是它已经成为具有珍贵历史价值的民族文化象征和传统文化遗存。

其次，一些历史时期的重大事件、突发事件、历史重要人物的活动等社会和人文因素，会赋予建筑物和地点特殊的历史意义，或者生成了一些流传至今的故事。这些社会与人文的因素是历史文化遗迹、故居和传说形成的主要原因。当然，社会因素也会导致一些文化成果的灭失，如战争冲突带来的对文化遗产的毁坏、"文化大革命"时期对文物的大量破坏等。

（二）文化遗产的价值形成机制

1. 精神内容是文化遗产价值来源

文化遗产中精神内容的独特性和差异性，是决定文化遗产价值的主要因素。文化遗产中的精神内容反映了其一定时期的劳动者素养、审美情趣、经济和技术发展水平等历史记忆，反映了特定时代、地域和阶层等文化特征，当精神内容以一定方式与物质载体结合形成稳定的存在形态，并得以流通、传播，这些精神内容就可以在长期中逐步积累和传承下去，使得其所附着的精神产品具有转化为文化遗产的可能，并决定着文化遗产的独特性、差异性和稀缺性。这种文化遗产的独特性、差异性和稀缺性正是其价值所在，其原因在于：

第一，不同时代文化价值观念和社会习俗总是以特定的形式加以表达，这些精神内容的具体外在表达被以图像、文字、语言、造物等多种形式保留和流传下来，形成了不同性质、不同形式的文化遗产。从时间不可逆的意义上，这种历史过程是无法复制和重来的，不同历史时期的遗存物因此具备了其所属那个年代的文化特殊性。虽然我们能够做一个完全一样的复制品，但是文物原件始终是唯一的、独特的。例如，不同时期的文学创作，题材、形式和内容都会不相同，具有明显的时代特征。在文学形式上，我国以有唐诗、宋词、元曲、明清小说等不同的文学形式而著称，这并不是说宋、元、清三代没有诗，元、清没有词，而是指某一时代文化价值上具有代表意义的文学资源。再如建筑，各个时代的建筑的风格、形式和结构特征也各有不同，虽然今天我们可以以仿制的方式做出很多的仿制品和仿古建筑，但历史时期和历史过程的稀缺性、独特性是无法复制和重来的，因此，仿制品和原始文物的价值不可相提并论。

第二，不同的社会阶层和文化群体创造的艺术内容，其审美情趣、形式和内容也不相同，从而形成不同层次的文化遗产，其文化艺术价值具有差异。例如，我国古代绘画以宫廷皇家赞助的宫廷职业画家为特点形成了院体画，主要迎合帝王宫廷需要，多以花鸟、山水、宫廷生活及宗教内容为题材，作画讲究法度，重视形神兼备，风格华丽细腻；区别于宫廷画家，文人、士大夫等代表知识精英阶层的绘画，不在画里考究艺术的功夫，追求文人情趣和格调，集诗书画于一体，画外流露着文人思想，形成了文人画；而世俗大众文化则形成了剪纸、年画、门画、灶头画、民间壁画等民间画特色。

第三，文化遗产中所蕴含的精神内容，其表现形式和艺术风格还与地域有关系，不同地域、不同民族受到其自然因素和社会因素影响，形成不同的文化传统和民族文化遗产。这种地域、民族等文化差异必然带来地域和民族文化遗产的差异性和独特性，是文化遗产价值的主要来源之一。例如，云南少数民族因其自然条件和社会历史因素的原因，形成了具有鲜明特色的云南歌舞、手工艺、民俗等民族非物质文化遗产。

2. 内容与载体结合方式是价值形成的必要条件

如上所述，文化遗产需要将精神内容和物质载体以稳定地、持续地的方式积累和传续，才能被保存和传承。精神内容和物质载体结合的方式是文化遗产形式的必要条件。

首先，精神内容与物质载体结合的方式，取决于一定时期的技术条件和可用的物质材料。如上所述物质材料的耐久性是保障文化遗产得以持久存续的基本物质条件。不同的技术条件下，精神内容与物质载体结合的途径也不同。例如陶瓷烧制、青铜器烧铸是古代日用器物主要制作方法，都需要一定的技术条件才能实现。中国的剪纸最早产生在纸发明之前，当时是利用树叶和皮革制作的，纸张发明之后，由于纸张更加便于图形加工，才逐步形成了现在所看到的剪纸。

其次，精神内容与物质载体结合后承载着的一定社会功能。精神内容和物质载体结合成为某种产品是为了满足某种社会需要，这些产品因为社会需要而在特定场合发挥出其社会功能。这种社会需要和社会功能总是受制于劳动者的观念、社会制度、风俗、法律等社会条件。例如，上述剪纸文化最早是用作祭祀和招魂等场合的载体，赋予了特定的社会功能和文化含义。后来用纸张做材料，逐步具有了窗花、家居装饰用品等日常生活审美功能；夏商周时期，礼制是社会最重要的制度，青铜器作为重要的礼器，承载着当时祭祀、供奉的政治和宗教功能。正是通过对这些文化遗产的研究，我们才能发现和了解过去产生这些文化遗产年代的价值观念、社会习俗、社会构成和技术水平，这也是今天这些遗产承载的文化价值。而且，这些文化遗产不但反映了当时的社会制度，同时也是精美的艺术品，其造型、工艺和铭文等都具有极高的研究价值。

（三）文化遗产价值形成的基本规律

文化遗产在今天看来是遗产，在历史上它是人类劳动创造的物质产品或者精神产品。

这种产品或者活动，是为了满足人们特定的物质需求和精神需求的社会劳动产品。这些社会劳动产品被人们接受、记忆、传播，得以被长期、广泛地使用，从而得到社会文化认同，成为某一民族和国家的历史记忆和身份象征。由于要经历较长的历史时期，会受到很多自然和社会因素影响。文化遗产的形成具有较大的不确定性，在此仅简要阐述不同类型的文化遗产价值形成的一般规律。

1. 非物质文化遗产的价值的形成

非物质文化遗产是在长期的社会生产和劳动中逐步积累形成的文化资源。非物质文化遗产的核心要素是其精神内容，这一精神内容是一种社会记忆和社会身份象征，是世代相传和积累形成的，如音乐、舞蹈、习俗、传说、制度、仪式、技艺、符号和概念等。非物质文化遗产在今天看来或许已经不再具有广泛的大众消费需求，但是在历史上，这些非物质文化遗产曾经被广泛地传播，是社会大众喜闻乐见、普遍需求的文化产品。

传承者作为一种活的载体，他们与精神内容结合，形成了非物质文化遗产的传承方式。非物质文化遗产是一种个体经验，其精神内容是以特定的传承者为载体，内化为传承者的个体经验和知识。非物质文化遗产的精神内容可以通过传承者以表演、手工艺、文学、仪式等形式呈现，并在特定社会场合中与社会大众交流，提供非遗文化的集体体验。这种社会大众对非物质文化的需要，为传承者提供了经济保障，使得这些文化传承形态得以不断地流传下来。例如，传统手工艺是通过世世代代的手工艺人学习和传承手工技艺实现的，其价值体凝结在手工艺人生产的手工艺品中。这些手工艺产品可以用于不同的场合和情境中，满足社会祭祀、家居、日用、鉴赏、收藏等需要。由于社会对手工艺品这种精神和物质方面的需求，使得手工艺技术成为手工艺人谋生之手段，手工技艺才借由历代工匠的技艺传承而流传至今。再如，传统的广大农村社会中，保留着婚丧嫁娶要请戏班唱戏的风俗，这种社会习俗形成了对传统戏曲的稳定需求，使得民间戏曲得以在民间生存和发展，保留至今成为表演类的非物质文化遗产。

案例【3-1】

昆曲非物质文化遗产的价值形成[①]

昆曲是世界非物质文化遗产，起源于苏州昆山腔，在明代主要由文人和绅士阶层私人家庭组织建立昆曲戏班，绅士、作家、演员、民间乐师、文化素养高的妓女的参与和

---

① 资料整理自：郑雷. 昆曲——中国非物质文化遗产代表作丛书[M]. 北京：文化艺术出版社，2012.

交往，形成了特有的社会文化心理，使得昆曲更多体现为文人雅趣。至万历年间，昆曲扩展到长江以南和钱塘江以北各地，并逐渐流布到福建、江西、广东、湖北、湖南、四川、河南、河北、北京等地，与各地的方言和民间音乐相结合，演变出众多的流派，构成了丰富多彩的昆曲腔系，具有宝贵的历史和文化价值。昆曲文化价值的形成，主要是在长期历史发展中，在每个时期都会有杰出的昆曲表演艺术家，他们对昆曲的发展作出了贡献。所以，昆曲即是一种经由个体创作者和表演者的个体经验传承和积累，并自明代以后在全国广泛流传，得到社会大众喜爱的表演艺术形式。在今天看来，虽然随着社会经济发展和现代文化娱乐产品日益多样化，作为传统戏曲的昆曲已经从大众文化逐步变为少数小众文化消费需求，但是昆曲作为中国戏曲的百戏之祖，具有十分重要的历史价值和文化价值，是宝贵的非物质文化遗产。

案例【3-2】

古希腊的历史文化传承[①]

荷马是古希腊盲诗人。古希腊的《荷马史诗》是当时古希腊游吟诗人的集体成果，根据民间流传的短歌综合编写而成。与世界上其他民族一样，古希腊上古时代的历史也都是以传说的方式保留在古代先民的记忆之中的，稍后又以史诗的形式在人们中间口耳相传。这种传说和史诗虽然不是真正的史学著作，但是它们保留了全体希腊人记忆中的历史，具有重要的史料价值，因此可以说它们已经具备了史学的某些功能和性质。

《荷马史诗》其实并非一时一人之作，特洛伊战争结束以后，一些希腊城邦的民间歌手和民间艺人就将希腊人在战争中的英雄事迹和胜利的经过编成歌词，在公众集会的场合吟唱。这些故事由民间歌手口耳相传，历经几个世纪，经过不断的增益和修改，到了荷马手里被删定为两大部分，成为定型作品。大约在公元前6世纪中叶，当皮西特拉图（Pisistratus，约公元前605年—公元前527年）在雅典执政时，它才被最后用文字固定了下来。我们今天所看到的《荷马史诗》，是公元前3至公元前2世纪由亚力山大里亚的学者们编订过的作品。1795年，德国学者沃尔夫沿着这一思路对史诗进行了细致的研究，从而断言，史诗的每一部分都曾作为独立的诗歌由歌手们演唱，后经多次整理加工，它才成为我们今天看到的样子。

---

① 魏杞文. 外国历史小丛书：荷马史诗[M]. 北京：商务印书馆，1982.

2. 不可移动文化遗产的价值形成

不可移动的文化遗产是指以不可移动的建筑物为载体的历史文化遗迹,包括古文化遗址、古墓葬、古建筑、石窟、石刻、壁画、近现代重要史迹和代表性建筑。这类文化遗产是在固定的地理空间范围,以一定技术手段将精神内容与特定介质结合,以特有形式将精神内容在特定地点固定下来,成为稳定的、持久的展现形式。因此,不可移动的文化遗产与特定地理空间关联,由于精神内容与特定地理空间的建筑物结合,使得地点具有了文化上的特殊意义。不可移动的文化遗产的价值形成主要来自于其特定地点凝聚的精神内容。

一是精神内容的稀缺性。精神内容的稀缺性,可以是技术上的复杂性、内容上的创新性,或者是存留在世的非常稀少、独一无二,造成建筑物成为具有珍贵文化价值的历史文化遗产。例如,都江堰由秦国蜀郡太守李冰及其子率众于公元前256年左右修建,是全世界迄今为止,年代最久、唯一留存、以无坝引水为特征的宏大水利工程,也是全国重点文物保护单位。

二是精神内容的年代性。通常年代越是久远,遗存下来的建筑就越少,因此,年代是决定不可移动文化遗产价值来源的重要因素。例如,唐代之前的建筑存世较为稀少,具有十分重要的历史文化价值。此外,特定年代的历史建筑,或者某些时期集中在某一地区的文化遗存,在文化史上具有重要的意义,也是价值主要的形成因素。

三是精神内容的艺术水平。例如,壁画、石雕、建筑艺术,除了受到年代因素影响外,主要取决于壁画和石窟造像的艺术水准。

四是精神内容在特定地点、特定形式的载体上不断积累。精神内容在特定的载体上不断积累,经历一定时期,形成了丰富的历史文化资源。例如,敦煌莫高窟开凿于前秦建元二年(公元366年),位于一片断壁山崖上,后经北凉、北魏、西魏、北周、隋、唐、五代、宋、回鹘、西夏、元等时代连续修凿,历时千年,不断积累,由历代艺术家和能工巧匠累积完成,因而也呈现出不同时代的风格,形成了具有独特民族风格的敦煌石窟艺术体系,现存石窟700余个,雕塑3 000余身,壁画4 500余平方米。窟内绘、塑佛像及佛典内容,为佛徒修行、观像、礼拜处所。敦煌石窟是融建筑、雕塑、壁画三者于一体的立体艺术,是中国古代艺术史的百科全书。

3. 可移动的文化遗产

可移动的文化遗产多指可移动的文物,即历史上各时代重要实物、艺术品、文献、手稿、图书资料、代表性实物等。这些文物有的是精神劳动所产生的文化精神产品,如艺术品、文献、手稿等,有的是历史上日常生活使用的实用物品,因其具备了历史年代的特征而成为文物。可移动文物的价值主要取决于其时间价值、艺术价值的历史重要意义，以及这一文物存世的稀缺程度。

首先，以艺术品为存在形式的可移动文物，其产生之初就包含了丰富的精神内容。同时，这一精神内容依托其物质载体而存续至今，在长期的历史时期中，积累了其所产生年代的历史文化信息。因为年代的久远和时间的积累，其精神内容的价值也显得弥足珍贵。例如，一件古代绘画作品，在其产生之初，会因其创作者的名声和绘画的艺术水平而显得珍贵，具有艺术价值。随着时间的流逝，经过几百年而保存至今，这件画作就因其年代的久远、存世画作的稀缺，而显得更加珍贵。

其次，对于那些原本属于普通的实物产品的文物，其产生之初或许会因其为皇家宫廷所用而价值略高，或许也会因其为日常所用并不具备艺术价值。随着时间流逝，可移动文物因为承载了丰富的历史信息和时代特征，即使它是一件瓷碗和陶罐，也成为珍贵、稀缺的文物。

（四）文化遗产的价值形成过程

综上所述，虽然不同类型文化遗产的形成过程和条件不同，但是文化遗产既是社会劳动的产物，也是时间的创造物，它们必须历经久远的时间，在当下与我们相遇。这些时间的创造物是精神内容与物质载体的结合。最初，这些创造物都是社会生产和劳动的产物。这些社会产品或为物质的，或为精神的，有的来自于日常生产活动，有的来自于专门的文化艺术创作和活动，品类繁多。上述这些人类创造物，作为时间生产的原料，在长期的历史进程中不断地积累时间价值，在历史中得以存续和传承，才可以成为文化遗产。

首先，对于普通日用品，必须在社会中被广泛地需求、传播、使用和消费，这些物品才能被大量生产，以巨大的数量优势得以在长期的时间淘汰中幸存下来；对于艺术品，虽然不能大量复制，但在长期中，文化的意义、艺术家的名声和才能等被社会认可，其作品被视为珍奇之物而成为收藏者追逐之物，从而得以被收藏和存续下来；对于不可移动的建造物，因其重要性被社会认可，才可以被不断修缮，最终保存下来；至于各类非物质文化活动，只有被社会大众广泛地需要和认同，成为日常生活之需要，才具有了世代相传的必要性，能够以家族血脉和师徒制度的方式传承下来。

其次，文化遗产的原初形态受到时间、技术条件和社会文化多方面的影响。人们在社会传播、保存和传承中，发生对文化意义认同的同时，也可能注入新的内容，使得精神内容不断地丰富，价值能够不断地积累。在精神内容传播和延续过程中，能够不断吸引新的内容的注入，同质的内容得以不断积累，异质的内容能够不断与原有内容融合统一。例如，非物质文化遗产最初产生于社会生产和生活中，并在世代相传中，不同历史

时期的文化信息不断地积累成为今日的文化遗产;对于不可移动的文物,会在长期的历史长河中遭受毁坏,也会对其进行修缮和维护,或者改造和加工,无论这些行为减损或者增加了原有建造物的艺术价值,都在原先建造物上增添了时代信息,在今天看来,都给予我们丰富的历史洞见,因而是珍贵的。即使是对可移动的文物,虽然大多在产生之初就已经定型,不会有太大的改变,但有些可移动文物在其保存过程中,也会发生新的变化,如不同历史时期的藏家和名人对某一画作的题跋,不但为这件画作提供了传承有序的历史信息,同时也增加了这件画作的文化价值。

 案例【3-3】

神女峰与神女传说的有机结合①

神女峰是三峡著名的自然与人文旅游景点。在重庆市巫山县城东约15千米处的巫峡大江北岸,一根巨石突兀于青峰、云霞之中,宛若一个亭亭玉立、美丽动人的少女。神女峰隔江相望的是神奇梦幻、深藏于大山之中的神女溪。传说中神女瑶姬及姐妹经常到溪中嬉水沐浴,故名神女峰。三峡大坝蓄水后,游人泛舟神女的石榴裙下,仍需仰头眺望,才能欣赏到神女的绰约风姿。神女峰闻名的原因一是神女瑶姬下凡助禹治水的传说,二是宋玉受到古老神话启发,神女峰地区雄奇壮美的自然景观赋予他诗情画意,给了他创作素材与神奇的想象,他创作了《高唐赋》《神女赋》,并在《神女赋》中虚构了一个楚襄王与神女幽会的故事,二赋问世之后,人们自然而然把他的名字同神女峰紧紧地联系在一起。其后,诸多名人都写了关于神女峰的诗歌,进一步强化了这一联系,并使之广为流传,如唐朝李白、刘禹锡、元稹、薛涛、李贺、李商隐,宋代陆游、范成大,明清黄辉、张问陶等。毛泽东的诗句,"神女应无恙,当惊世界殊"更是广为流传。这实际上是长期地、持续地通过名人诗词强化了神女峰与神女之间的关联,赋予其丰富的文化内涵。

二、文化遗产价值构成的多重性

文化遗产不同于普通商品或一般的经济资源,文化遗产的价值具有多重属性。一方面,文化遗产同其他资源一样具有可供开发的经济价值。另一方面,文化遗产具有其特

---

① 王晨,章玳,等. 文化资源学[M]. 南京:南京大学出版社,2014:49-50.

第三章 文化遗产价值论

殊的文化和社会意义,还具有文化价值。因此,文化遗产的价值具有多元性。

1. 文化遗产的经济价值

文化遗产的经济价值,是指文化遗产作为投入要素,被投入到文化生产中,转化为文化产品进行销售,最终可以获得的经济回报。

文化遗产包含了丰富的历史文化内容,这些精神内容有的至今依然得到社会大众的喜爱,因而文化遗产可以被作为文化产品提供给社会,并创造出经济价值。最为直接和普遍的经济价值开发方式是将文化遗产作为文化旅游资源,例如,对老街、古镇、历史遗迹、名人故居,以及泰山、黄山等文化遗产的旅游开发,使之成为游客向往的文化圣地,从而能够获取巨大的经济效益。

除了作为文化旅游资源之外,文化遗产还具备其他可被利用的经济价值,诸如展览、活动、节庆和手工艺纪念品等。例如,可移动的文物可被作为展品,通过展览获取门票收入;各种演出类的非物质文化遗产可与节庆和旅游结合,成为演艺活动产品;传统手工艺品可作为纪念品进行销售。

文化遗产的经济价值还在于,文化遗产中所包含的精神内容可以被提取出来,运用新的技术或者创意,与其他的物质载体结合,开发出新的产品。台北故宫博物院在其丰富的馆藏文物基础上,通过创意设计开发了大量的博物馆纪念品,创造了巨大的经济效益。

 案例【3-4】

台北故宫的"坠马髻"颈枕[①]

2014 年 10 月,台北故宫在文创产品开发上推出一款把人"一秒钟变'杨贵妃'"的"仕女唐唐"系列"坠马髻"颈枕,形象诙谐,一款多用,10 月 7 日一经网络开售,便被抢购一空。这款"坠马髻"颈枕的灵感来自台北故宫院藏《唐人宫乐图》,画中的"美女"都云鬟斜堆,梳着当时最时髦的"坠马髻"。而这个发型则成了台北故宫设计颈枕的"模特","坠马髻"独特的形状可以作为"边夹"用来固定人的颈部。整个颈枕黑红相间,黑色是仕女的"云鬟",红色是鲜艳的"发带",两侧还有发饰图案点缀。

当然,这款颈枕最让人"拍案叫绝"的是它另一个独特功能——一秒钟变"杨贵妃"。在网售商品说明上,设计者是这么介绍这款产品的:"可以在旅游、休憩时使用,也可作

---

① 孙乐琪. 台北故宫推出新颖纪念品 网友:看着都已经醉了[N]. 北京晚报,2014-10-09.

为趣味装饰品戴在头上,适合小孩、父母与朋友间同乐。"而与之搭配的宣传海报就不那么"含蓄"了:使用前,头梳"坠马髻"的唐代"美女"一脸疲容;使用后,"美女"拿下"发髻"卡在颈部,神情舒坦。前后对比,既让人对产品功用一目了然,又让人惊叹"万万没想到"。

除了卖到缺货的好销路以外,这款"坠马髻"颈枕在网络上再度引起热议,开售不到一天,便登上了新浪微博热门榜。7日,网友"@暴走中的谢金鱼"发布了该产品宣传海报图片,并辅以"台北故宫又病了(称赞意味)……"的评论,这条微博截至8日晚9时已被转发近1.7万次。评论中网友有的大呼"台北故宫的'脑洞'就没合上过",有的戏称"需要付版权给唐朝人吗",有的则要给"萌萌哒"台北故宫"点32个赞"。

2. 文化遗产的历史价值

文化遗产无疑具有较高的文化价值。一国一地区的文化遗产,代表着某一民族和国家地区的人们长期劳动和社会实践的成果,代表着国家民族文化身份,具有重要的文化价值。从保持文化多样性和民族文化生存发展的角度,我们需要对文化遗产进行保护和传承。

各国都非常重视文化历史遗迹和文物资源的保护,这些历史文化遗产并不是仅仅为了满足旅游观光的需要,而是对一国文化保存和传承具有重要意义。通过保存、展示和普及,使得一国和一民族的文化能够被更多的人认识,并延续发展下去。

正是因为文化传承和发展的需要,当前,非物质文化遗产也越来越受到重视,代表民族民间文化的传统手工艺、仪式传说、歌舞表演、传统戏曲等,因为受到现代文化娱乐和社会变迁的冲击,正面临着生存的危机,如其消亡,必然会造成民族和国家历史文化记忆的缺失。

案例【3-5】

剪纸艺术[①]

剪纸艺术是中华民族传统的民间工艺,它源远流长,经久不衰,是中国民间艺术中的瑰宝,已成为世界艺术宝库中的一种珍藏。那些质朴、生动有趣的艺术造型,有着独特的艺术魅力。其特点主要表现在空间观念的二维性,刀味、纸感、线条与装饰,写意

[①] 根据作者王晨等于南京艺术学院"文化遗产学"课程2010年的实践调研《剪纸艺术与南京剪纸生存情况调研报考》资料整理。

第三章　文化遗产价值论

与寓意等许多方面。剪纸艺术不但为大众所喜闻乐见，能够作为工艺品、礼品、观赏用品等，还可以根据剪纸的造型和技艺原理，开发出不同的衍生用品，形成经济效益。例如，将剪纸的图案运用于服装设计、装帧设计、家居装饰造型和饰纹设计等。不仅如此，剪纸艺术因地域不同，也呈现不同的文化特色，具有十分重要的文化价值，对于民间艺术研究具有较高的研究价值。

3. 文化遗产的文化研究价值

文化遗产还具有非常重要的学术价值。文化遗产中包含着丰富的历史信息，通过对文化遗产进行考证和研究，可以形成学术研究成果和发现。即使是普通爱好者，也希望对文化遗产增加了解和认识。诸如文学名著、各类艺术品、历史遗迹等，是学术研究、教育、大众文化普及的重要教育资源。例如，书法文化遗产具有非常重要的研究价值。书法技艺和历代大量存世的书法精品，是宝贵的中华传统文化资源，并被列入世界非物质文化遗产名录。研究书法的学者、书法爱好者都希望能有临摹、品鉴传世书法字帖的需要。再如，《红楼梦》是我国的文学遗产，不但产生了专门研究"红学"的学问，具有较高的研究价值，而且作为经典文学作品，《红楼梦》以图书的形式被大量地复制和广泛销售，以满足大众阅读经典的文化需求。

第二节　文化遗产的价值决定

文化遗产经历了很长的时间而遗存至今，因此受到与时间相关的因素影响较大。此外，地域文化、经济、技术等也是决定文化遗产的重要外部因素。

一、文化遗产价值决定的时间因素

文化遗产是经过长期筛选和淘汰而存留至今的人类创造物。时间因素是文化遗产的重要因素，体现在稀缺性、历史信息延续性、年代特征三个方面。

稀缺性是决定文化遗产经济价值的一般规律。在漫长的历史进程中，这些人类创造物可能因为风俗转变、社会价值观念发生变化、自然风化、物质载体的损坏等不可抗因素影响而湮灭。因时间的淘汰而使得这些历史遗留物在今天显得稀缺，也就愈加珍贵。

文化遗产在长期历史传承中积累和承载了一定的文化内容，不同历史时期，人类对这些文化遗存物或加以修缮和收藏，或加以改造和损毁，这些行为都会不同程度地增加或者减少其精神内容，因此不同年代、不同时期的文化精神内容得以通过文化遗产的传承不断地积累。文化遗产中文化内容的历史延续性、原真性、完整性是文化遗产时间价值的重要决定因素。

年代性是不同年代因其时间和年代在人类经济、政治、文化和技术发展方面的历史重要性不同,而决定了文化遗产的价值差异。纵观人类发展的不同历史时期,其所遗留下来的文化遗产,会因其所代表时期的历史因素而具有不同的年代价值。虽然大部分遗产会因其年代久远且稀缺而具有较高价值,如商周青铜重器,但是也会有文化遗产因其年代的特殊性而具有较高价值,例如元青花瓷、宋代官窑瓷器要比它们之前年代的瓷器价值高。

二、宗教与政治因素

宗教与政治因素直接影响着人类的物质和精神生产活动。在历史上,政教合一时期,宗教和政治因素融合,共同规范和约束生产活动。即使在政教分离后,政治和宗教因素也常常是相互交织、共同作用的。宗教和政治制度作为上层建筑受到经济发展条件的影响,同时也反作用于经济生产活动,制约着人类的精神生产活动。在大量遗留至今的文化遗产中,都反映了其相应历史时期的宗教和政治内容。例如,商周的青铜器,大多是作为封建礼制的"藏礼于器"的体现,反映着统治阶级的政治制度。典型如"鼎"作为祭祀和宴饮的器物,被赋予特殊的意义,西周中晚期形成列鼎制度,用形状、纹饰相同而大小依次递减的鼎,按奇数分组,每组代表贵族的不同身份。天子用 9 鼎,诸侯用 7 鼎,卿大夫用 5 鼎,士用 3 鼎或 1 鼎,成为礼制在器物文化层面的规范。

再如,欧洲历史上著名的大教堂,也是绘画、雕塑、建筑等宗教艺术的荟萃,是重要的西欧中世纪宗教文化遗产。科隆大教堂是位于德国科隆的一座天主教主教座堂,是欧洲北部最大的教堂。它集宏伟与细腻于一身,被誉为哥特式教堂建筑中最完美的典范。它始建于 1248 年,工程时断时续,至 1880 年才由德皇威廉一世宣告完工,耗时超过 600 年。大教堂是欧洲基督教权威的象征,是哥特式宗教建筑艺术的典范。它为罕见的五进建筑,内部空间挑高又加宽,高塔直向苍穹,象征人与上帝沟通的渴望。1996 年,在世界遗产委员会第 20 届会议报告上,科隆大教堂被列入《世界遗产名录》。

三、技术因素

技术进步是生产力提升的重要推动力。各个历史时代的物质生产和精神生产的水平和规模都受到技术条件的影响。例如,很多古建筑、雕塑和传统手工艺类非物质文化遗产,受到材料、工艺、生产技术、生产工具等多方面技术条件的影响,往往是在其形成和发展中不断地进行技术改良和技术创新的结果,就体现为一种技术和手工技艺的发展史,像造纸术、雕版印刷术等本身就是作为一种技术的非物质文化遗产。

案例【3-6】

钧瓷文化遗产[①]

钧瓷文化资源是我国古代劳动人民文化生产的结晶。钧瓷有着与众不同的深厚的文化蕴涵,它兼具历史、文学、艺术、美学等文化因素。

北宋时期,花釉瓷经过长期的探索,窑变技艺已经日渐成熟,经自然窑变形成的绚丽釉色玉润晶莹,已绝非唐时花釉瓷所能比拟。窑变釉以其惊心动魄的美丽震动了朝野,受到了文人雅士和王公贵族的喜爱。到了宋徽宗初年,终于引起了朝廷的重视,宋徽宗传下旨意,在禹州钧台附近建官窑为皇宫烧制贡瓷,这就为钧瓷艺术的全面发展提供了良机。

钧官窑为皇家烧制贡品,只求器物精美,可以不计工时,不计成本,使得工匠们得以长期投入,发明了结构合理、性能优良的双乳状火膛柴烧窑炉。这种窑炉火网面积大,能使柴质快速燃烧,升温迅速。火苗柔和,窑内温度分布均匀,有利于窑变效果的形成。同时,也研制了科学的钧釉配方,铜红釉的使用就是其中之一。钧红釉的创烧成功开辟了新的美学境界,对后代的陶瓷事业的发展产生了深远的影响。

宋钧官窑随北宋王朝的灭亡而同时解体,在之后至明初的一段时间内,地处中原的禹州受战祸兵灾之苦,几至十室九空的境地,制瓷业(包括钧瓷)的停顿败落也就十分自然了。入明之后,因为生活需要,生活日用瓷器的烧造得以逐渐恢复,但作为观赏瓷的钧瓷却没有复苏。清光绪初年,神垕陶瓷工匠受古玩商人高价求购钧瓷的影响,试图恢复钧瓷烧制,但因难度太大,大多一试即止。工匠卢振太及其子孙却百折不悔,屡仆屡起,甚至不惜典卖田产,立志恢复钧瓷。开始,卢氏家族用当地原料,以氧化钴为着色剂,在氧化焰中烧出孔雀绿和碧蓝相间的仿钧瓷器,后又创烧在天青器上抹红、飞红加彩仿钧制品,在仿钧的基础上,经过反复试验,最后用风箱小窑炉,采用捂火还原的烧成方法,烧制成功窑变钧瓷。至此,钧瓷窑变艺术得以重生。1949年,神垕解放不久,豫西行署五分署即派任坚着手恢复钧瓷烧造,当时是建设科科员的任坚回神垕接收、代管逃亡匪霸经营的瓷厂。在周总理的关怀下,李志伊、刘保平、任坚、卢广文等老一辈的钧瓷专家通过对钧瓷的理论研究、生产实践和科学实验,对钧瓷的恢复和发展作出了

[①] 杨金强,王志强,任星航说钧瓷:窑变无双 钧艺千秋[N].中华建筑报,2013-08-30.

重大贡献。从窑炉的设计建造到釉料的配制，最终于1958年，在倒焰形钧瓷窑炉中用还原焰烧制出了绚丽多彩、晶莹如玉的钧瓷制品，至此，钧瓷艺术在原产地神垕镇全面恢复。1964年，周总理参加日内瓦国际会议，向有关国家领导人赠送的礼品就有国营禹县神垕瓷厂钧瓷艺术品。

综上所述，钧瓷生产历经了不同历史时期，在每个时期，钧瓷制作的技术、创意等脑力劳动，都是与一定时期的物质生产条件结合，形成了一定时期的钧瓷文化生产的成果积累。在原料配方、釉色成分、工艺流程、温度控制、造型设计、创意等诸多方面都有较高的科技含量及严格的技术要求，是宝贵的非物质文化遗产。

四、经济发展因素

经济发展水平决定了生产力发展水平，也影响到社会文明发展的程度。经济发展促进生产技术与工艺、生产管理与组织的改进和生产规模的扩大，人们改造自然和创造物质财富的能力不断提升，这是文化遗产得以在久远的年代中生产出来的物质条件保障。经济发展使得人们物质和精神方面的需求也不断增长和多样化，拉动了物质生产和文化生产，形成了丰富多样的生产和创造成果。在长期中，这些物质和精神产品得以存续下来。经济因素的影响范围广泛和深远，包括了经济对艺术的赞助、商业和贸易带来的艺术生产和风俗流变而成的各类文化遗产。例如，清代盐商聚集淮扬，带动扬州经济与文化的繁荣发展，经济实力雄厚的盐商对艺术的资助和盐商奢侈消费，促使园林建筑、淮扬美食、扬州八怪绘画、手工艺、戏曲、茶楼与书院的发展，当时的风花雪月，随着盐商的衰落而没落，存续至今成为珍贵的文化遗产。

案例【3-7】

唐代手工业的高度发展[①]

唐代国家统一，长期安定，经济繁荣，手工业快速发展，手工业商品丰富多样，形制美观。经济发展促进了生产的规模扩大、生产技术改进和手工业内部分工机制的加强，使这一时期官营和私营手工业都获得了显著发展，制瓷业、造船业、造纸业、染织业、印刷业、金银加工业都得到较大的发展。手工业商品不断创新，花釉瓷、绞釉绞胎瓷、

---

① 王双怀. 盛唐手工业简论[J]. 陕西师范大学学报：哲学社会科学版，2000（1）.
陶希圣，鞠清远. 唐代经济史[M]. 太原：山西人民出版社，2014.

釉下彩绘瓷及三彩釉陶等,展现了唐代陶瓷装饰多样化的特点。瓷器普遍使用,各地多有制瓷窑,其中还有不少是名窑。邢州窑(包括《国史补》所说通行天下的内丘窑)与越州窑是唐朝南北诸窑的代表窑,绞缬、蜡缬、夹缬等印花工艺广泛使用,使唐代丝织品的纹饰色彩更加斑斓。精美富丽的金银器、铸造精良的铜镜等,都是具有代表性的唐朝手工艺文化遗产。

在经济因素中,生产力的发展水平直接决定了某一时期产品的生产方式、生产规模和产品质量,也直接决定了这一时期能够生产和遗存下来的文化遗产的种类、质量和价值。一定时期的文化生产力,取决于特定时期文化艺术发展水平、社会制度、文化生产组织水平、科学技术水平和文化生产者的素质。生产力中劳动者、劳动资料、劳动对象三要素是决定文化资源形成的关键因素。

第一,从事精神产品生产的劳动者的技能和知识创造能力,决定了精神内容的生产,而精神内容是文化遗产形成过程中的关键要素。

第二,劳动工具和劳动资料,是决定精神内容和物质载体结合程度和方式的关键要素。文化生产通过劳动工具对劳动资料和对象进行加工,使得精神内容与特定的物质载体结合,才能使得这些精神内容能够被物化为产品,创造出具有时代特征的产品,这些产品能够被不同时期的人们所喜爱、消费、传播、保存,从而能够满足人们文化精神消费的需要,在长期中被使用、保存、收藏和传承,最终成为今天的文化遗产。

第三,文化生产的劳动对象,即物质材料和精神内容,决定了文化遗产中能够凝结的内容。例如上述案例中,钧瓷文化资源经过了唐、宋、清、新中国成立后多个时期,是历代钧瓷生产者长期对钧瓷材料、工艺、技术、艺术创意的研究、生产和创新的积累而形成的。每个时期的钧瓷创作和研究开发者,表面上看是对钧瓷瓷器物质材料的烧制,而实际上是在历史经验的积累上,对钧瓷材料、技术、艺术的持续开发与研究。

文化遗产价值形成的主要动力,来自文化生产力的三个要素的不断提高与进步。生产力的提升促使人的创造性不断得到解放,生产技术不断进步,生产条件不断改善,生产技能不断提高,都为文化遗产的保护与传承提供了有利条件。例如,纸张和印刷术的发明推动了文化发展,大大地提高了与语言文字相关的文学、宗教、社科哲学研究等文化资源形成与积累的规模和速度,而进入20世纪90年代以后,随着互联网的出现,互联网的视频、音频、图书等知识资源的存储、积累和创造的速度则更加以几何级数的速度增长,人类所创造的精神内容不断以新的方式,形成新的文化遗产资源。例如,各个国家的博物馆、图书馆都已经将原本非常难以保存、濒临毁坏的纸质文化资源数字化,形成数字化的资源库。

五、人文因素对文化遗产的影响

人文因素包括人文艺术思想、观念、习俗等方面。除了宗教与政治因素之外，人文因素显而易见是对文化遗产价值形成的最为重要的精神要素。人文因素指导着人文艺术的创作和生产，亦会成为文艺作品的直接内容材料和最终作品。以绘画、雕塑、建筑、工艺等文物形式存在的文化遗产，都是历史上不同时期的文化艺术作品，反映了不同时期的价值观、审美观、创作方法。例如，文艺复兴提出以人为中心而不是以神为中心，肯定人的价值和尊严，人文主义精神成为文艺复兴艺术的主旨，形成了今天欧洲的文艺复兴时期的文化遗产，而作为起点的佛罗伦萨历史中心区，因其作为文艺复兴的摇篮而闻名于世，成为著名的世界文化遗产。

六、文化遗产价值决定的空间因素

空间因素是指文化遗产在漫长的历史长河中，受到的地理环境、区域文化、社会结构等空间因素影响。地理和物理上的空间因素是指自然地理的环境条件对文化遗产的影响。文化的空间因素，是指社会交往关系和社会结构形成的区域文化特征。空间因素不但对文化遗产的特质、内涵具有重大影响，使得文化遗产具有较强的区域性和民族性，而且空间区位因素对文化遗产在跨区域传播中的文化融合、演变和扩散具有重大影响。

（一）空间因素在文化遗产价值形成中的影响

不同区域的地理环境孕育不同的文化和风俗，造就了不同的文化遗产。地理的生态环境与人类文化发展具有密切的关系。地理环境对于不同民族的文化发展也是具有重要影响的。文化遗产是人们生产与生活状态的历史遗存，人们生产与生活受到自然环境条件的约束。水草、河流、山川、土壤、气候等地理环境决定了地区生产与生活的资源状况。在河流冲积的平原地带，土壤丰厚，利于种植，易于孕育农耕文化，其遗留的物质产品和非物质文化必然反映了农耕文化生活风俗、日用制品和审美习惯；在水草丰茂的草原，游牧民族终年随水草转移进行游动放牧，无固定住所，过着逐水草而居的生活，形成了不同于农耕文明的游牧文明。表现在音乐文化遗产方面，由于大草原的广阔空间，无论是草原上过去的匈奴、鲜卑，还是今天的蒙古族和牧区的藏族人民，他们所创作的诗歌，音域节奏悠长，声调高亢激越，苍凉悲壮，内容多与畜群有关，就连蒙古族的乐器也是反映牧区特点的马头琴。

第三章 文化遗产价值论

案例【3-8】

云南民族文化多样性与地理环境的关系①

云南是我国环境多样性与文化多样性最典型的区域。云南是一个多民族的省份,也是中国自然条件最复杂、生物多样性最丰富的地区。中国56个民族中,包括汉、彝、白、哈尼、壮、傣、苗、回、纳西、藏等26个民族在云南都有分布。少数民族1 000多万人,占云南总人口的1/3。云南境内,高山险阻,河流百转,山川俊美,林海茫茫。立体的地形和立体的气候,造就了生物的多样性、民族的多样性和民族文化的多样性。由于地理环境的封闭性,3 000年前中国的汉族祖先在中原开发出"文明时代"之后,惯于依靠优越的自然条件而又为多山的地理环境所封闭的云南古代民族,便开始落后于云南内地及中原民族的发展,并且各民族的发展速度也参差不齐。这种状况一直延续到20世纪50年代。有处于封建社会的傣族,有处于奴隶制的小凉山彝族,有处于原始公社形态的基诺、独龙等民族。在泸沽湖旁,还有处于母系民族阶段的摩梭人。云南高原跌宕起伏,高山峡谷相间排列,名江大川纵横交错,阶梯地势逐级下降,立体气候异常明显,在这样特殊多样的生态环境里,原来属于同一种群的人们,尽管其水平分布在同一海拔梯层,且居住区域的直线距离很近。但由于地理的隔绝和地形的"立体",便将他们分割到一个个相对封闭的"小"生态系统中。这样,他们几乎失去了与外界的经济文化以及婚姻交流,久而久之,各自在语言、经济生活、文化以及心理素质方面,形成了"不同于外界而内部相同"的特色,进而发展成为不同的民族。生活在相对封闭的生态环境中的少数民族,即居住在高海拔、高纬度地区的少数民族,其经济、文化发展较为缓慢;居住在地势较平及地形较开放的生态环境中的少数民族,其经济、文化相对发达。总之,云南生态环境的多样性和封闭性,既是云南形成多民族及文化的主要原因之一,又是影响到云南少数民族自身发展乃至造成云南少数民族经济文化发展极不平衡的一个重要原因。各种文化在这里长期并存,构成了一处世界上少有的多民族群体、多文化形态共生带。由于横断山脉和南向水系的分割,再加上各个民族"大分散,小聚居"的空间分布状态,形成了云南特有的"十里不同俗,百里不同音",山山水水各见人间千秋的奇特景观。

(二)地理环境改变对文化遗产的影响

地理环境并非一成不变,地理环境的改变会直接影响到人类社会的生活和生存条件,对

---

① 卢建林. 云南民族文化多样性与地理环境的关系[J]. 大众文艺,2008(6).

人口、经济、政治、生活方式、风俗等形成影响,进而影响到文化遗产的生存发展环境。

地理环境的自然改变会对农业生产、生活环境、建筑物等造成较大影响。诸如火山爆发、地震、河流改道等自然地理现象造成的生态失衡,会直接对古代人类生产和生活环境产生影响,造成部落和城市的毁坏,迫使人类迁徙,因而终止某一地区的文化遗产的形成和发展。例如,庞贝古城曾经是仅次于古罗马的第二大城,公元79年8月24日这一天,维苏威火山突然爆发了。厚约5.6米的火山灰毫不留情地将庞贝从地球上抹掉了。中国黄河中下游地区黄河的多次改道,造成村庄、城市毁坏和人口的迁徙,原有的村落和古城建筑被废弃,考古发掘在这一带已经发现了历史上因改道而被毁坏的古村落遗址。

地理生态环境的人为改变,也会对人类社会造成重大影响。一方面,人为改变可以带来地方经济文化的振兴和发展。例如,隋代大运河的通航,使得大运河沿线河南、山东、江苏、浙江的一批城市得到发展,促进了丰富多样的大运河沿岸不同地域的民俗民间文化的形成和发展,特别是江南地区的杭州、苏州、扬州、镇江等江南城市群的经济发展形成了江南地域特色文化。另一方面,人的活动也会造成生态环境的恶化,造成文化遗产受到侵害和灭失的情况。例如,蒙古草原地区因为忽视游牧民族长期以来形成的人与自然共生的生态关系,以围禁、开垦、开发等方式破坏了草原生态,草原沙化造成游牧民族文化所赖以共生的生存环境遭受破坏,直接危害了蒙古游牧文化遗产。再如,乡村在城市化和经济开发进程中,山林、水土等生态环境的破坏造成农村风俗、古建筑等民间文化遗产的消失。

案例【3-9】

鄂伦春族文化的传承困境[①]

世代居住在大兴安岭的鄂伦春族,衣食之源取自这片茫茫林海,住的是桦树杆搭成的"仙人柱",过着狩猎和饲养驯鹿的生活,创造出独具特色的民族文化。如今在现代化建设中,森林发生了变化,鄂伦春族虽然仅仅是一个几千人的民族,但在长期与自然界和人的斗争中,他们表现出勇敢和顽强的生命力。今天,他们以加倍的努力,加上政府的扶持和兄弟民族的支援,他们也和各民族一道迈上繁荣富强之路。问题是,当他们所处的生态环境发生了变化之后,有些文化观念变得逐渐淡漠,现代化和传统文化之间产生的矛盾如何解决?在大森林中唱出的情调悠长、山林应声的民歌还能继续创新吗?如

[①] 宋蜀华. 关于保护少数民族文化艺术遗产与保护生态环境的关系[EB/OL]. [2009-10-16]. 中国民族宗教网.

何在现代化过程中保持和发扬他们世世代代生活在大森林的环境中创造出来的文化优势？这涉及鄂伦春族及其文化的未来。这些问题都是民族学、民俗学工作者应当进行深入探索和研究的。

第三节 文化遗产的价值分析与评估

一、文化遗产的价值构成

文化遗产的价值具有多元属性，由此造成了对文化资源价值评估的复杂性。从经济学的价值理论角度，我们可以将上述文化遗产的多重价值归类为两种基本经济价值——使用价值和非使用价值。

所谓使用价值，主要与遗产的经济价值和市场价值相关联。文化遗产可能因为市场的需求而具有被利用和开发的商业价值，即文化遗产具有满足社会消费需求的特点而成为生产要素，并被加工转化为文化商品的使用价值。

所谓非使用价值，主要与遗产的文化价值、研究价值、社会价值等相对应。由上述可知，并不是所有文化遗产都可以进入市场，用市场价值来衡量。非使用价值又称作内在价值或者存在价值，就是事物本身内在固有的、不因外在于它的其他相关事物而存在或改变的价值。存在价值（Existence Value，EV）是非使用价值的一种最主要的形式。存在价值是指维持资产存在所获得的价值，尽管并没有要使用它的意图。文化遗产可以不具有商品的使用价值特性，但是文化遗产必定具有其存在的意义，具有非使用价值。

综上所述，文化遗产的总价值分为使用价值和非使用价值。在进行文化遗产的价值评估时，我们通常要综合评估一项文化遗产的这两类价值。非使用价值是文化遗产存在的基础，使用价值是在非使用价值存续的前提下，对文化遗产的利用和开发而满足市场需求的价值。如果非使用价值损失或者毁灭，也就无从谈起使用价值，即一项文化遗产存在的基础已经丧失，也就无法对其进行利用和开发。

二、文化资源的价值评估的目的和意义

（一）文化遗产保护的需要

文化遗产评估是对文化资源保护的基础工作。没有对文化遗产的调查、信息分析和评价，就难以有效地确定保护方法，也无从判断现有文化遗产保护的措施得当与否，保

护效果如何。

文化遗产评估就是要对文化遗产现存的状态、存续价值、保护措施的作用和效果等进行评估,包括文化遗产的种类、规模、数量、水平和等级等各方面的信息整理,在此基础上进行综合分析和评价,对其存续状态、完好程度、损害和影响因素进行评估,并决定采取何种保护措施,并对保护的方法和措施的效果进行预估或者审计评价。因此,出于资源保护的需要,对于文化遗产的非使用价值的评估是必不可少的内容。

(二)文化遗产科学开发、合理利用的需要

对一项文化遗产的开发并不是从经济开发利益多少来考虑资源的市场价值,而要本着遗产保护与传承的目的进行科学利用。对于文化遗产的开发要经过一系列决策程序,包括以下两方面:

第一,是否可以对文化遗产进行开发。在对一项文化遗产进行开发之前,我们必须综合地对一项遗产的使用价值和非使用价值进行评估。非使用价值是使用价值得以利用和开发的基础。我们在开发一项文化遗产时,应注意首先要最大可能地保护和延续其完整性、原真性。文化遗产的文化意义要远远大于其经济开发的意义,如果对于文化遗产开发将会极大地损害这项文化遗产的存在,使得其丧失其非使用价值,那么就不可以对其进行开发,而要首先考虑如何对其进行保护。

第二,采取何种方式进行开发,要综合考虑文化遗产的开发周期和投入规模、开发投入的经济回收期等。这些决策都是建立在对开发项目未来产生的收益的合理性进行科学评估基础上的。同时,还需要对影响遗产文化价值和经济价值的各种因素进行判断,对不同开发方案还需要进行比较评价,选择其中最佳的方案。这些都是文化遗产评价的内容,也是文化遗产科学利用与开发的基础工作。

三、文化资源评价的基本原则

(一)客观与主观相结合原则

文化遗产的评价应当以普遍认同的评价指标和标准为依据,以客观的、可以测量的数据进行价值评估。客观的评价原则还可以保证文化资源不会因人为主观因素而变化,产生不同的评价结果。例如,一个瓷碗是一件文物资源,对于文物爱好者来说可能价值连城,对于普通百姓来说,经常被当作不名一文的破碗。因此,一件文物在其进入市场前,应当有相对年代、尺寸、成色等方面的客观评价,并可根据市场的交易情况给出一个大致的估值。

但是，由于文化遗产中所包含的精神内容，对于精神内容的价值判断不可避免地存在主观性。因此，精神产品价值评估存在一定的不确定性。一是文化遗产的价值多元性，使得其文化价值、社会价值等很难有客观的数据加以评定，需要采取主观评价方法或者调查统计法来评估；二是在有关文化遗产的数据缺失或者没有市场参考数据的情况下，需要采取主观评价方法来加以补充，不可避免地需要借助一些主观评价方法。例如，利用专家的经验和知识，进行主观打分、赋予权重等方法，对文化遗产的价值进行综合评价。

（二）社会效益与经济效益相结合原则

对文化遗产的开发可以创造出可观的经济效益，对文化遗产的保护和利用会产生巨大的社会效益。文化遗产在社会效益方面的重要性往往要胜过经济效益。因此，在评价文化遗产时，要注意社会效益和经济效益的结合，不能因为过度地追求经济效益，就忽视了文化遗产的社会意义和文化价值。要通过对文化遗产的评估，促进文化资源的合理利用，实现经济效益和社会效益的统一。

（三）定性评价和定量评价相结合原则

定性评价是对文化遗产的价值属性和价值状态进行主观的性质评估。定性评估一般适用于对文化遗产的社会价值、历史价值等无法用数字加以衡量的属性和意义所作的评估。通常是利用专家的知识、经验和判断，根据评价者对评价对象的现状以及相关文献、资料的分析与比较，对文化遗产存在状态作出定性的结论，如文物等级评估、文物定性的评语等。例如，对于非物质文化遗产和文物保护单位，有国家级、省级、市级和县级不同等级。对于这些等级的评定，是由有关单位和部门对该文化资源进行调查、分析和考证，根据相关程序进行申报，提交有关该文化资源的资料，由专家根据这些资料对文化遗产的历史价值、艺术价值等进行评定。

【资料】

国家级非物质文化遗产的评定标准[①]

对非物质文化遗产价值的评定是按照项目申报审批制度进行评审。对于国家级非物

---

① 《国务院办公厅关于加强我国非物质文化遗产保护工作的意见》（国办发[2005]18号）。

质文化遗产的项目,应是具有杰出价值的民间传统文化表现形式或文化空间;或在非物质文化遗产中具有典型意义;或在历史、艺术、民族学、民俗学、社会学、人类学、语言学及文学等方面具有重要价值。有关评定的标准是定性评价指标,并规定了具体的六个定性标准如下:(1)具有展现中华民族文化创造力的杰出价值;(2)扎根于相关社区的文化传统,世代相传,具有鲜明的地方特色;(3)具有促进中华民族文化认同、增强社会凝聚力、增进民族团结和社会稳定的作用,是文化交流的重要纽带;(4)出色地运用传统工艺和技能,体现出高超的水平;(5)具有见证中华民族活的文化传统的独特价值;(6)对维系中华民族的文化传承具有重要意义,同时因社会变革或缺乏保护措施而面临消失的危险。

定量评价是运用客观数据对文化遗产的价值进行测量和评估,通常适用于文化遗产的经济价值评估、存在状态监测和遗产利用效益的评价等方面。一是在文化遗产的统计、普查工作中,需要定期收集准确的数据,以便对文化遗产保护和利用的效果进行评估,统计数据包括文化遗产的种类、数量、参与人数、年投入资金量等数据信息;二是对文化遗产利用的经济价值进行定量的评估和预测。这需要专门的财务人员进行投资测算,按照开发周期,采用一定的财务定量测算办法,核算财务成本和投资回收期。

在对一个文化遗产进行评估时,我们通常需要先进行定性研究,确定这一文化遗产的基本属性。定量研究为定性研究提供基础数据,并在定性研究基础上进行可靠的数据收集和考证。例如,对于一件文物资源,首先要定性对其年代、作者等加以判别,然后从各方面收集资料,或者进行相关实验探测,通过得出的数据进行综合评判。再如,对于文化遗产,各级政府部门都有定期的统计普查制度,就是对文化遗产进行客观的定量统计,但是如果没有定性评价指标作为评定标准和引导的方向,定量的数据就没有意义。

(四)静态评价和动态评价相结合原则

静态评价是根据相关指标对文化资源某一时间点的状况进行评价,而不考虑文化资源多个时期的价值动态变化,以及引起这些变化的原因和影响因素。动态评价是考察文化资源在不同时期的或者较长时期的价值动态变化趋势,并对影响文化资源价值变化的因素进行分析,从而评估文化资源未来价值的变动趋势。例如,我们在评价艺术品资源的市场价值时,可以将市场上同类艺术品的价格作为参考,评估这件艺术品的价格。同时,我们也可以根据艺术品市场的总体情况,比较这件艺术品在不同时期的价值变化,来推断未来艺术品市场上这件艺术品的价格走势。将静态和动态评价相结合,我们不但能够对文化资源现有开发价值具有较全面的认识,同时我们还可以根据未来市场变化情况,相机抉择地决定开发或者投资某一文化资源的适当时机。

四、文化资源的使用价值定量评估方法

文化遗产的使用价值是文化遗产具有被利用和开发,以满足人们的文化精神消费需求的属性。对使用价值的评估可以有成本法和收益法两种方法。成本法是根据对文化遗产加以利用和开发的投入成本来计算开发和利用文化资源,转化为人们可消费的精神产品的价值总和;收益法的原理是根据市场等价交换的原理,对其开发和利用可能带来的各种收益总和进行测算。

(一)成本法

把一定时期内对文化遗产利用和开发过程中所发生的费用,按其性质和发生地点,分类归集、汇总、核算,计算出该时期内生产经营费用发生总额,以此作为确定资源使用价格的依据。其基本任务是正确、及时地核算产品实际总成本和单位成本,提供正确的成本数据。例如,传统手工艺人通常按照生产一件手工艺产品所付出的材料、人工费用来确定一件工艺品的价格。传统戏曲是非物质文化遗产,通常也是按照剧团演出的场租、人员费用等演出成本来核算一场演出的票价。

(二)收益法

收益法的基础建立在资本的时间价值原理上。通常,等量的货币回收额度由于产生回报的时间不同,其对当前来说,价值也不相同。货币具有时间价值,来年的 100 元与今年的 100 元相比其价值量不同,如果利息是 5%,当前的 100 元,一年以后的价值应该是加上利息,值 105 元。而一年后的 100 元,在现今看来,应该按照 5% 利息,折算为现在的约 95 元。

在对文化遗产的投资开发中,经常要估算投入产出的经济效益。即将一项文化遗产作为一项经济意义上的资产,考察这一资产在一定的开发用途上,在一定时期不同阶段时间点上可以产生的经济回报。

收益法又称作现金流折算法,就是将文化遗产作为资产,将对文化遗产的利用看作是一项目,对被评估资产未来预期收益进行折现,去定量地计算这一项目在未来所产生的净收入(收入减去成本)在当前的价值。通常一个文化遗产开发和利用的项目,要经历较长的周期,通常都以一个会计年度为周期,计算每一会计年度产生的净现金流,即现金流出量和现金流入量的差值,作为每年度的回收量。再根据一定的贴现率,将这些现金流折算到当前,一次计算出资产项目的投资收益和投资回收期。

在资产未来预期收益具有特定时期的情况下,通过预测有限期内各期的收益额,以

适当的折现率进行折现，各年预期收益折现值之和，即为评估值 V，假设净收益每年不变，收益为有限年期的公式

$$V = \frac{a}{r}\left[1 - \frac{1}{(1+r)^n}\right]$$

式中：V——资源的价格；
　　　a——对资源开发每年产生的收益；
　　　r——折现率；
　　　n——开发期限。

在收益法中，关键是对每年的收益额、收益期限和折现率三项指标的确定。收益额是将文化资源作为一项资产，对其进行开发和使用带来的未来收益的期望值，是通过预测分析获得的。

折现率是将未来有限期的预期收益折算成现值的比率，用于有限期预期收益还原，确定折现率，首先应该明确折现的内涵。一般来说，折现率应包含无风险利率、风险报酬率和通货膨胀率。

收益期限由评估人员根据未来获利情况、损耗情况等确定，也可以根据法律、契约和合同规定确定。

五、文化遗产的非使用价值评估方法

（一）条件价值法

文化资源的非使用价值是指文化遗产不进入市场交易，没有市场的参考价格，也没有未来的收益测算的情况下，对文化资源的存在价值进行评估。此时，通常很难用上述使用价值的定量评估方法计算非使用价值的货币价。

条件价值法（Contingent Valuation Method，CVM）是评价非使用价值的主要方法。条件价值法又称为权变估值法、意愿价值评估法、调查评价法等，由 Davis 于 1963 年提出，1970 年以来逐渐被用于评估自然资源的休憩娱乐、狩猎和美学效益的经济价值。条件评估法是通过向公众询问因文化资源的保护与改善而愿意支付（Willingness to Pay，WTP）的价格；或者因文化资源损失和毁灭而愿意接受的赔偿数额（Willingness to Accept Compensation，WTAC）来计算文化资源经济价值的方法。这种方法的主要思想是基于特殊的假设市场，假设调查对象有机会购买文化资源使用权，而真实市场并不存在。

CVM 应用步骤通常分为三步：首先是建立假象市场，确定调查对象；其次进行市场

第三章 文化遗产价值论

调查，调查者通过调查工具（通常是问卷或者访谈）给予调查对象有关文化遗产的主要信息，让调查对象对文化资源进行评价，给出支付价格让调查对象选择；最后是将问卷数据输入效用函数和概率公式计算预测 WTP 或 WTAC。

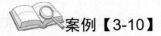案例【3-10】

CVM 在文化遗产经济价值评估中的应用——以南京明孝陵为例[①]

CVM 通常分为三步：建立假象市场、市场调查和预测。首先，调查者确定调查对象，本案例调查对象是文化遗产的使用者的愿意支付的价格，主要是市民和游客。其次，调查者通过调查工具（本案例采用封闭式问卷访谈）给予调查对象有关文化遗产的主要信息，让调查对象对文化遗产进行评价。封闭式问卷访谈具有可控性，是获取 WTP 的最佳方式，但时间精力花费较大。封闭式选择是给出单一的支付价格让调查对象选择同意(是)或不同意（否），这类回答被称为二项选择应答。最后将问卷数据输入效用函数和概率公式计算出 WTP。

明孝陵作为明清皇家陵寝扩展项目被列入《世界遗产名录》，入选理由是明孝陵代表着明初皇家建筑的艺术成就，是中国陵墓建筑和陵墓文化的缩影。明孝陵是南京市民游憩休闲的地方，同时也是南京吸引中外游客的代表性景点。但是，明孝陵建筑和周边环境正在逐渐遭受损坏，同时旅游服务水平一直不高。与此同时，保护和开发规划尚未成形，政府缺乏有效管理，门票价值制定缺乏科学和市场依据，明孝陵目前成人票价为 70 元（儿童票价为 35 元）。为了提高调查的准确度，首先调查组在 2011 年 6 月 10 日到 6 月 15 日针对 50 名国内游客进行了试调查，在试调查的基础上，正式调查在 2011 年 7 月 16 日到 7 月 30 日之间进行，调查对象为南京市民和外地游客，发放问卷数为 300 份，有效问卷数为 261 份（市民 56 份，游客 205 份）。调查地点在明孝陵及周边景区。整个调查过程由两名受过专业培训的市场调查研究人员指导监督，调查对象仅限成人（18 岁以上）。

问卷分为三个部分：第一部分旨在了解调查对象关于文化遗产保护的常识和看法。调查对象事先被告知目前明孝陵保护开发规划的调查对象，62%对该规划表示理解并认可。这个步骤的目的是获知规划是否会对调查对象的支付意愿产生影响。第二部分是价值评估，考虑到可视化辅助手段可以使调查对象提高注意力和加深对问题的理解以便做出正

[①] 张维亚，陶卓民. CVM 在文化遗产经济价值评估中的应用——以南京明孝陵为例[J]. 社会科学家，2012（10）.

确的评估，本次调查问卷在文字问题旁边附上相关图片。第三部分问题是关于调查对象的社会人口统计信息，包括性别、年龄、收入、受教育程度、家庭人口规模、文化消费频率等。

经过计算机模型计算，得出的结果是，文化高消费人群的WTP均值明显高于文化中低消费人群。文化高消费人群均值为104，文化中低消费人群均值为60，总体样本均值为84。超过当前票价，通过涨价获得的财务收益可以用于古建筑修复、学术研究、更新设施、提高服务水平、改善解说系统、加大宣传力度等。

研究发现是公众（至少部分公众）愿意在文化遗产商品上支付更多的花费。由此可以推论，当政府和开发商投入更多的资金用于文化遗产的保护与开发时，公众愿意在文化遗产商品的消费上支付更多的费用，文化遗产商品的收益会明显超过保护投入。因此，文化遗产的经济价值不仅体现在自身资源的文化价值上，还受交通可进入性、空间便利性、公众和私人部门的资金投入力度、规划和营销能力以及政策意愿等因素的影响。

（二）文化遗产的综合指标评价方法

1. 专家打分法

专家打分法是指通过匿名方式征询有关专家的意见，对专家意见进行统计、处理、分析和归纳，客观地综合多数专家经验与主观判断，对大量难以采用技术方法进行定量分析的因素做出合理估算，经过多轮意见征询、反馈和调整后，对文化遗产价值进行分析的方法。专家打分法一般按照以下几个步骤完成。

第一，选择专家。在专家的选择上，必须选择对所评估的文化遗产较为了解、具有评估经验的专家。同时，还要注意专家们不同的学科背景和学术观点，以保持意见多样性和评价观点的多元性，从而能够保证评价的全面性。

第二，确定影响文化遗产价值的因素，设计价值分析的征询意见表。这是定性分析法的最基本的环节，也是专家评分法能否成功的关键一步。要通过对文化遗产深入的调查、案头资料分析，找出影响文化遗产价值的一般因素，并设计出相应的指标。对每个指标设计相应的权重和分值，形成意见征询表。

第三，向专家提供文化遗产的背景资料，征询专家意见，要求专家在打分的同时，给出相关意见和评语。

第四，对专家意见进行分析汇总，将统计结果反馈给专家。通常，专家第一次的打分和意见都有较强的主观性。因此，要经过多轮的打分。在第一轮收集回专家的打分和意见后，可以对打分情况进行统计，并将统计结果和其他专家的观点反馈给专家，让专家在综合评估意见和结果的情况下，进行第二轮打分。

第五,专家根据反馈结果修正自己的意见。这样经过多轮匿名征询和意见反馈,形成最终分析结论。

2. 田野调查法

田野调查又叫实地调查或现场研究,是由英国功能学派的代表人物马林诺夫斯基(Bronislaw Kaspar Malinowski)奠定的。我国在这方面卓有成绩的是著名社会学教授费孝通先生,他最重要的研究手段之一就是参与观察。田野调查法要求调查者要与被调查对象共同生活一段时间,从中观察、了解和认识他们的社会与文化。田野调查工作的理想状态是调查者在被调查地居住两年以上,并精通被调查者的语言,这样才有利于对被调查者文化的深入研究和解释。传统的田野调查方法费时费力,花费的成本较高,另一方面,如果方法运用有不得当的地方,那么其信度和效度也会大打折扣。田野调查可分为准备阶段、调查阶段、整理和撰写评估报告阶段、补充调查阶段。

准备阶段:首先,选择文化资源的调查点。某一项文化遗产,可能其物理存在是某一具体的地点,但是,文化遗产的影响范围、周围环境、历史演变等往往会扩展延伸到较为广泛的地区,分散在几个不同地点。因此,选好调查点对成功地进行调查具有关键性的意义。其次,熟悉调查点情况。调查点选定之后,必须做好充分准备,熟悉当地情况,收集有关的文献资料和地方志资料。调查的重点在于收集新的、别人没有发现过的材料,或者从别人没有调查研究过的方面进行调查。最后,撰写详细的调查提纲和设计调查表格。有调查提纲和调查表格,收集的资料较为系统、全面,否则收集的资料将会残缺不全,许多问题将会漏掉。

调查阶段:首先,要到当地政府报到,取得当地政府的支持。到了所调查的县、乡,必须与当地各级政府联系,以获得他们的支持和帮助,进一步了解当地情况。其次,选好居住地,有利于调查。最后,进行访谈和观察分析。访谈有两种类型,一是结构型访谈,即问卷访谈。这种访谈又分两类:一是回答问题的方式,即田野作业者根据调查大纲,对每个受访人差不多问同样的问题,请受访者回答问题。二是选择式,即田野作业者把所要了解问题的若干种不同答案列在表格上,由受访人自由选择。另一种是无结构型访谈,即非问卷访谈,事先没有预定表格,没有调查大纲。田野作业者和受访人就某些问题自由交谈。

整理和撰写评估报告阶段:根据调查结果,应当每日记录调查笔记。不仅要做田野笔记,而且要边调查边整理。这样可以发现哪些方面调查不足,可以随时补充。在对调查笔记整理的基础上,根据调查研究大纲,写出文化遗产的总体调查和评估报告。

补充调查阶段:在做调查评估报告过程中,经常会发现新的线索和需要进一步论证的问题,需要进行补充调查。补充调查是为了提供更为完整的信息,或者为评估报告提供更为可靠的证据。

本章小结

　　本章从价值论原理阐述了文化遗产的价值形成过程中的社会和自然条件，并从时间因素和空间因素两个方面分析了文化遗产价值的影响因素、形成机制；分析了不同类型的文化遗产价值形成规律，总结了文化遗产价值形成的一般过程。由于文化遗产价值构成的多重性，文化遗产价值评估可以以成本法、收益法、条件价值法为主的经济价值（使用价值）的评估，以及以田野考察、综合指标评价文化遗产保护为目的的文化价值评估。所以，我们在评估时，需要明确评估的目的，把握好文化遗产价值评估的基本原则，将客观评价与主观评价、社会效益与经济效益、定量方法与定性方法、动态和静态评估相结合。

思考题

1. 举例说明文化遗产价值形成中受到社会条件和自然条件的影响。
2. 简述文化遗产价值形成的机制。
3. 简述不同类型的文化遗产价值形成的基本规律，并举例说明。
4. 什么是文化遗产价值构成的多重性？
5. 举例说明时间因素、空间因素是如何决定文化遗产价值的。
6. 什么是文化遗产的使用价值和非使用价值？举例说明。
7. 简述文化遗产价值评估的意义。
8. 简述文化遗产价值评估的基本原则。
9. 文化遗产评估有哪些方法？你认为这些方法各有什么优劣？在什么条件下适用？你能否举例说明。

参考文献与推荐阅读

1. 李东红，杨利美. 文化资源的价值评估、成本核算与经济补偿[J]. 思想战线，2004（3）：97-101.
2. 米子川. 文化资源的时间价值评价[J]. 中国文化产业评论，2004（5）：25-28.

3. 张维亚,陶卓民. CVM 在文化遗产经济价值评估中的应用——以南京明孝陵为例[J]. 社会科学家,2012(10):78-82.

4. 姚建云,黄安民,兰晓原. 基于 CVM 方法的文化遗产价值评估研究——以云冈石窟为例[J]. 经济研究导刊,2011(5):257-258.

5. 程振翼. 文化遗产与记忆理论:对文化遗产研究的方法论思考[J]. 广西社会科学,2014(2):39-43.

6. 蔡靖泉. 文化遗产价值论析[J]. 三峡大学学报:人文社会科学版,2010(1):76-86.

7. 王晨,章玳. 文化资源学[M]. 南京:南京大学出版社,2014.

第四章

文化遗产经济学概述

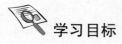 学习目标

1. 了解文化遗产的基本经济属性。
2. 能够用经济学的基本原理分析文化遗产资源的需求和供给问题。
3. 理解和把握文化遗产的公共性、成本、垄断的概念。
4. 理解区域文化遗产资源资本化、文化遗产开发与经营中价格策略等理论。

 导言

文化遗产是历史遗留下来的人类创造物,蕴含着较高的文化价值,具有高度的稀缺性和独特性。如果大众对文化遗产的这种稀缺性和独特性形成了稳定的和较大的需求,文化遗产的经济属性便会凸显。对于文化遗产经济属性的分析和研究,有利于我们回答以何种方式向社会大众提供文化遗产,文化遗产的价格如何确定,如何能够更好地保障文化遗产的可持续发展等问题。

第一节 文化遗产的经济属性

文化遗产的经济属性体现在以市场为中心的供求关系中,文化遗产的资源稀缺性和资源公共性形成了文化遗产的外部性特征,以及文化遗产作为经济投入资源,在生产中体现的成本特性。

一、文化遗产的稀缺性

经济学的核心问题是解决相对稀缺的资源如何科学加以利用,以创造最大的经济价值,或者实现社会福利的最大化。资源的相对稀缺性在经济学中的含义是指,相对于人类的需求来说,资源总是稀缺的。经济学假设人类的本性总是自利的,人类的需求是多样的和无穷无尽的,而可以用来满足人类不断增长的需求的资源总是有限的。因此,如何将有限的资源用于最佳的用途,以创造最大的经济价值,实现最大化的社会福利,就是经济学的根本问题。

文化遗产是人类历史上创造的物质和精神财富。这些有形的和无形的财产遗存至今,如同一个宝藏,既包含了丰富的文化价值,也具有很高的经济价值。文化遗产无论从资源和文化角度,都具有稀缺性和独特性,其具体表现在以下几方面。

一是文化遗产具有时间价值的稀缺性。文化遗产是长期历史中积累形成的,是在长期中,由特定历史时期的社会、经济、文化和技术等多方面因素共同作用而产生的。这些时间因素不可能再现,因而今天的文化遗产不可能再生。由于时间的不可逆性,文化遗产从时间意义上具有不可再生性,使得文化遗产具备了资产的特殊性和稀缺性。这是文化的特殊性造成的资源本身的稀缺性。例如,任何一件文物一旦毁坏,就不可能再生。20世纪80年代初期经济发展,在城市改造的高潮中,大量的历史文化建筑被拆除,造成了难以挽回的损失。由于文化遗产资源在时间意义上的这种不可再生性,使得文化遗产具有民族文化身份象征和历史记忆的重要意义。此时,文化意义和社会意义要远远大于经济利益。因此,文化的稀缺性要超过经济资源相对稀缺性。例如,大多数古城、古镇、古街和名人故居等历史文化遗迹,常常成为各地争相进行旅游开发的文化资源,然而大量的游客带来旅游景点不堪重负和过度商业化开发造成了历史遗迹的损害,形成文化保护与经济开发的矛盾与冲突。

二是文化遗产具有空间价值的稀缺性。因为区域的地理条件和区域文化的差异,形成的具有鲜明区域特点的文化遗产,具有不可替代性和稀缺性。例如,云南少数民族非物质文化遗产,以其独特的民族和地域特色,成为非常稀缺的文化遗产资源。

三是文化遗产作为经济资源的相对稀缺性。文化遗产的价值如果得到社会的认同,引起了社会的普遍需求,文化遗产就成为可以开发的经济资源。正如自然矿藏,一旦被人发现其可以利用的价值,就会成为人人争相获取的经济资源。此时,文化遗产资源与自然资源一样具有资源经济用途上的相对稀缺性。例如,随着名人故居和民间传说的价值被人们所认识,各地对名人故居资源和民间传说发源地的争夺,其实是出于经济功利角度，为地方争取文化旅游资源。

二、文化遗产的公共性

文化遗产资源不是一般的经济资源，而是关系到文化传承与发展的公共利益。因此，文化遗产具有一定程度的公共产品性质。

公共产品是相对于私人产品而言的。社会产品按照竞争性和排他性的属性，可以分为私人产品和公共产品。所谓竞争性，是指物品如果被某个人消费了或者占据了所有权，其他人就不能再消费该产品。所谓排他性，是指为使用某物品付费的人可以占有该物品并且排除那些没有付费的人消费该产品的能力。

私人产品是指那些既具有竞争性，也具有排他性的物品。例如，私人购买了一台电脑，就对这台电脑拥有了资产权利，别的人无法在同时购买这台电脑。购买者可以独占这台电脑的使用权利而排除他人使用。其他人若要使用这台电脑，必须得到主人许可。这台电脑具有完全的竞争性和排他性。

公共产品是指那些在消费过程中具有非竞争性和非排他性的产品，是任何一个人对该产品的消费都不减少别人对它进行同样消费的物品与劳务。例如，空气、国防资源，我们在享有时，并不能排斥他人同时享有。再如，当文物在国家博物馆免费展示，是为了向广大社会公众提供普及教育的公共服务，每个公民都可以免费参观，不具有竞争性和排他性。

在现实中，很多文化产品是具有有限的非竞争性或有限的非排他性的公共产品，如教育、政府兴建的公园、拥挤的公路等都属于准公共产品，即具有一定公共产品的性质，但是也具有一定的营利性。准公共产品营利性体现在一个人的使用不能够排斥其他人的使用，然而在消费上却可能存在着竞争或者"拥挤效应"，过度地使用会造成资源被毁坏，或者准公共产品具有明显的排他性，由于消费"拥挤点"的存在，往往必须通过付费才能消费，例如，像西藏布达拉宫、黄山这样的历史文化名胜景点，因为具有一定的旅游负荷量，需要以控制每天人流量的方式，保证文化遗产不被破坏。

文化遗产的公共性还体现在其文化意义和社会公益层面。一是文化遗产的价值首先体现在其文化价值上。很多文化遗产，特别是传统戏曲和手工艺等非物质文化遗产，已经与现代社会的生活方式、社会理念和生活习惯相差很远。大部分文化遗产很难再通过收费的市场方式获取可以维持其生存发展的资金，因而不能用普通私人产品的市场标准来衡量。例如，很多传统戏曲的观众已经非常少，难以像流行演唱会那样收取高价门票获得利润，这些传统戏曲剧团靠自身的经营不能维持生计，但是由于传统戏曲具有非常重要的历史文化价值,因而应当由政府投入加以保护。

二是虽然文化遗产有可能通过产业开发的方式获得经济收益,但是,文化遗产是不可再生的资源,不能因为过度开发而造成遗产的毁坏和灭失。例如,很多不可移动的历史文物是属于国家和全民族的历史资产,广大人民具有了解、认识这些遗产的权利。这些文化遗产可以作为旅游开发的资源,但是这些资源首先是文物,需要按照文物保护的要求确定其建筑结构、样式,建筑群的空间关系不可因产业开发而改变。很多地方在经济开发中,为了追求经济利益而擅自对历史建筑进行改造,引入商业经营,虽然创造了可观的经济效益,但是对文物造成了严重的破坏。更有甚者,将国家重点文物保护单位作为营利资产进行经营权利出售,或者变相出租给私人,作为会所和俱乐部等进行随意改造和商业经营,不但对文物资源造成极大伤害,而且也是对公众利益的侵犯。

三、文化遗产的成本属性

文化遗产的成本属性,是指文化遗产和一般经济资源一样,在经济利用过程中需要发生一定的成本,具有其成本特征。文化遗产的成本主要是指文化遗产资源在进行经济开发时,所面临的维护成本、开发成本。受到文化遗产本身的不可再生性影响,文化遗产的维护和开发不同于一般的经济资源,要兼顾到文化遗产的完整性和可持续性。

文化遗产的维护成本是指文化遗产进行存放、修缮、维护的投入成本。文化遗产在长期中存在被自然风化、侵蚀或者人为损坏的危险。作为不可移动的建筑、雕塑或自然文化双重遗产资源,在长期中会因受到自然因素的影响而逐步损耗,需要进行日常的维护、修缮工作。对这些文化遗产的修缮、保护措施,需要特定的技术和专业人员以及长期投入固定的维护成本;对于可移动的文物,需要在博物馆等固定的场所以特定方式存放和展示,并需适时加以修缮和维护,会发生场所建设投资、展示费用、修缮材料、修缮人员劳务等费用;对于非物质文化遗产资源,是依靠具体传承者进行传承和展示的,由于传承者会生老病死,因而需要对传承者和学习继承者加以扶持,包括生活补贴、培训投入等,这些投入是非物质文化遗产的维护成本。

开发和运营成本是指对文化遗产资源进行产业开发的投入费用。开发和运营成本视文化遗产的开发模式而有所差异,涵盖了对文化遗产进行研究的科研成本、对遗产进行开发的各项固定成本投入,以及文化遗产经营中发生的流动成本(包括人员费用、材料费用等)、管理费用、市场营销费用等。其中科研成本包括对文化遗产本身进行学术研究、技术研发的各项投入,这些投入有时候可以在财务上处置为投资,并将投资总额作为文化遗产的增值,转化为资产价值;固定成本是为了开发文化遗产所投入的各种设备、建筑物的建设投资；流动成本是文化遗产开发过程中的各项人员、材料费用。

通常对一项文化遗产进行产业开发，需要将开发成本和维护成本与文化遗产产业开发所能获得的收益相比较，来确定一项文化遗产进行开发后的经济效益。对文化遗产的经济开发必须遵循国家相关文物保护法律，重视对文化遗产进行保护和维修，不能因为追求经济效益而忽视或者减少文化遗产的保护和维修投入，只有在遗产可持续经营的原则下，才能正确评估一个文化遗产开发项目的社会效益和经济效益，实现对文化遗产的科学合理开发。

四、文化遗产的外部性

由于文化遗产具有上述的准公共产品性质，文化遗产在作为经济资源开发的过程中会面临外部性。"外部性"（Externalities）一词，在经济学文献中有时又被称为"外部效应"（External Effects）或"外部经济"（External Economies），是指一个经济主体（生产者或消费者）在自己的活动中对其他人的福利产生了一种有利影响或不利影响。这种有利影响带来的利益（或者说收益）或不利影响带来的损失（或者说成本），都不是生产者或消费者本人所获得或承担的。外部性可以分为外部经济（或称正外部经济效应、正外部性）和外部不经济（或称负外部经济效应、负外部性）。外部经济就是一些人的生产或消费使另一些人受益而又无法向后者收费的现象；外部不经济就是一些人的生产或消费使另一些人受损而前者无法补偿后者的现象。

文化遗产存在准公共产品的性质，当我们对文化遗产进行开发和消费时，会产生正的外部性（外部经济），或者负的外部性（外部不经济）。例如，对于非物质文化遗产的保护和扶持，使之能够得以被保存、展示和普及，社会公众能够以较低的价格甚至免费的形式了解、学习和欣赏非物质文化遗产，这是政府将文化遗产作为公共产品提供给社会大众，对社会具有正的外部性。

对于文化产业过度开发也会造成负的外部性。例如，历史旅游景点的客流量超负荷造成的卫生问题和旅游品质下降等负面影响，是对文化遗产的过度消费带来的外部不经济。此外，对文化遗产保护也会带来新的问题，例如，对历史古街的原真性保护理论提出要原封不动地保留原住民的生活，但是居住在街巷中的居民也存在要改善生活的要求，如果不对街区的卫生、排水、水电等设施进行合理、科学的改造，原住居民的生活质量就会受到影响。老街区的改造需要在保护与合理开发间取得平衡。

案例【4-1】

文化遗产的正外部性：南京博物院新馆的建成开放[①]

南京博物院新馆作为江苏文化重点工程，投资总额为10亿元。新馆自2009年4月开工，于2013年10月底完工，扩建后的南京博物院在原有历史馆、艺术馆的基础上，新增了特展馆、数字馆、非遗馆和民国馆。新馆修建前，南京博物院展出的文物有五千件左右，还有大量的文物存放在库房难以和公众见面。新馆建成后展出文物增加到四万多件。在办好基本陈列的同时，南京博物院每年还举办数十个临时展览，包括院藏文物专题展、其他省市的文物精品展、当代艺术大师的作品展以及国外有影响的文物及艺术品展等。此外，南京博物院也是众多学校、驻宁部队的素质教育基地，积极开展形式多样的社会教育活动。"我们的节日""南博元素，我的灵感"等主题活动每年举办近百场；儿童趣味体验室、国内首家残疾人数字体验馆满足了特殊群体的参观需求；定期邀请金陵剪纸、扬州雕版印刷、宜兴紫砂、秦淮灯彩、南京金箔等非遗传承人现场展示非遗魅力；小剧场和老茶馆安排有木偶剧、杂技、南京白局、苏州评弹等展演。所有服务或活动均注重对博物馆及藏品的宣传以及公众文物保护意识的提升，让观众特别是青少年在互动中体会中华传统文化精髓。

五、文化遗产的产权属性

文化遗产作为经济资源，对其利用和开发必须建立在文化遗产的所有权的基础上。只有对文化遗产拥有相应的产权，才能在法律上具有开发和利用权利。文化遗产的产权是指文化遗产作为资产的所有者对文化遗产的占有、使用、收益和处置的权利。

对于文化遗产的开发，首先要明确文化遗产的产权归属。文化遗产的产权归属根据遗产特点的不同而不同。对于不可移动的文物，有的是地上建筑或者自然与文化遗产，有的是考古发掘的地下文物，大部分为国有性质。

对于出土的可移动文物或者不可移动文物，地下遗存丰富的国家，一般都会规定地下文物为国家公共财产，在美国和英国一些国家，也有根据出土文物所在土地的性质归土地所有者所有。按现行中国的财产所有权界定分类来说，大致分三大类，即国家所有（全体人民所有）、集体所有或股份制所有（部分人民所有）、私人所有（个人所有）。

[①] 根据南京博物院网站官方宣传资料整理。

非物质文化遗产主要表现为传统技艺和知识等形式的精神内容，由于非物质文化遗产传承与传承人具有密切关系，其产权主要为传承者所掌握的知识产权。

宗教文化遗产的产权问题[①]

由于受所有制形式的制约，我国的宗教财产出现了比较复杂混乱的情况。宗教财产问题的复杂性，引发宗教财产中的文物问题的复杂性，特别是佛道教财产中的文物问题。在我国的汉族地区，佛道教寺观在历史上具有社会公共性质。僧道人员管理使用的寺观除少数由个人出资修建外，绝大多数是信教群众捐款修建的，所以除了宗教活动外，一般还具有庙会、读书、休闲、住宿等功能。在民主革命时期和新中国成立以后，个别机关占用了一些寺观为临时办公场所，寺观为中国革命事业尽了绵薄之力。由于寺观的社会公有性质，1952年11月中共中央转发的《中央宣传部、中央统战部关于成立佛教协会的指示》中规定：佛道教"寺庙产权为社会所公有，僧尼一般地有使用权，但不论僧尼或佛教团体均无处理寺庙财产之权。如确系私人出资修建或购置的小庙，仍可归私人所有。"（《宗教政策法律知识答问》，中国社会科学出版社，2005年12月增订本第165-166页）在同一时期，中央对天主教、基督教的教堂规定为"天主教基督教教堂为教会所有"，对伊斯兰教清真寺规定为"信教群众集体所有"。20世纪50年代就出现了五大宗教有三种财产所有制形式，一直延续至今。宗教财产中的文物，根据物权法的规定，首先它是宗教的财产，确定为文物并不能改变它的财产归属；作为宗教活动场所被确定为文物保护单位，不能改变其宗教活动场所的财产属性与宗教职能。因为确定文物或者文物保护单位，只说明宗教活动场所和宗教文物的历史文化价值，不能表明它的财产归属和宗教活动场所的属性和职能。

宗教财产中的文物，有不动产文物和动产文物的分类：不动产文物，就是被政府确定为"文物保护单位"的寺观，有全国，各省、自治区、直辖市，市、县级等不同级别的文物保护单位。这些文物保护单位保护的对象是寺观的土地、殿堂房屋建筑、壁画、碑、塔、墓、石刻、石窟、园林等。宗教文物中还有许多动产文物。例如，有历史文化价值的佛舍利、佛教祖师肉身舍利、各种佛神塑像、历史名人字画、名人题匾，宗教活动用的各种法器、香炉、鼎、钟鼓等。

[①] 徐玉成. 厘清我国宗教财产中文物问题的复杂性[EB/OL]. [2015-05-18]. 中国文物网.

第四章 文化遗产经济学概述

第二节 文化遗产相关产品与服务的需求和供给原理

人们出于对文化遗产的观光、鉴赏、收藏、学习、经济利用等多方面的需要,形成了对文化遗产及其相关产品和服务的需求。围绕着文化遗产的利用,可以形成文化遗产相关的产品和服务的提供。由于文化遗产在稀缺性、公共性、外部性和成本属性等方面的特点,文化遗产及其相关产品的供给和需求不同于一般产品。

一、文化遗产及其相关产品和服务的供给

(一) 文化遗产存量是影响供给的重要因素

文化遗产的供给,首先取决于可以提供的文化遗产种类和数量。由于文化遗产是历史遗存之物,只有达到一定的历史时期的时间标准,才能称得上文化遗产。虽然文化遗产可以通过不断地考古发掘、统计整理等被加以发现,每次文化遗产统计的时候,都可能发现和登记新的文化遗产,从而增加可供利用的文化遗产的数量。但是,总体上文化遗产现存的种类和规模是有限的,可以向大众提供的最大的数量(即潜在供给水平)是有限的。在短期中,文化遗产供给的实际能力和水平受到文化遗产所有权形式、文化遗产的具体形态,文化遗产维护水平、生产能力、消费者需求等多种因素影响。

同时,由于文化遗产的所有权性质有国有和私有的分别,文化遗产因其产权属性不同,产权所有者作为生产提供者的供给能力、服务水平都有较大差异,造成在供给的形式上也会有所差异。国有文化遗产供给,取决于国家授权的收藏部门和管理部门的管理措施,以及这些机构对文化遗产的收藏能力和维护能力。例如,博物馆虽然可能收藏的文物很多,但是由于服务设施、人员和能力所限,馆藏条件能够对公众展出的文物数量是有限的。地方上不可移动的历史文物是否对外开放,也取决于在不造成对文物的损害的要求下,这一文物保护状态和条件是否允许其能够对外接待大量的游客。例如,敦煌石窟经常因为维护和防止壁画的损坏会关闭一些洞窟。再如,大多以名山大川形式存在的自然与文化双重历史文化遗产,由于受到气候条件影响,通常在冬季会封山关闭,不对游客开放。

对于私人占有的文化遗产,其供给的水平还要取决于私人的供给意愿。例如,大部分文物资源的私家收藏者都只局限于自己或者小范围的鉴赏活动,平时则不示人。对一些不可移动的历史建筑,如果为个人所有,常常会修葺成为私家园林,只供自己使用或

者成为少部分亲朋好友的游乐之所。这种因为个人收藏而造成的文化遗产供给量减少,是由于文化遗产的私人产权性质和文化遗产所有者的个人偏好造成的。

对于非物质遗产来说,首先,一些属于个体掌握的手工艺类技艺,有的可能因为是国家级的手工艺大师而价值不菲,让一般消费者望而却步;其次,对于属于仪式类的文化遗产,有的因文化习惯和惯例,只在特定的节日和场合才举行。例如,作为中国传统节日的元宵节保留着观花灯的风俗,诸如南京秦淮灯彩等遗传下来很多彩灯制作的技艺,都被列入了非物质文化遗产,这些民间手工艺产品大多是在元宵节灯会才会大量供应;此外,非物质文化遗产传承者作为非物质文化遗产的产品生产者,其人数和生产条件决定了非物质文化的供应情况。如果某种非物质文化遗产的传承者和学习者很多,这类非物质文化遗产最终可以提供的产品数量就会比较多。而有的濒临绝迹的手工艺非物质文化遗产,传承者寥寥无几,其生产制作的产品数量就十分有限,供给的水平就比较低。

案例【4-3】

传统戏曲的市场培育①

现代社会的娱乐方式日益多样化和快餐化,对传统戏曲的生存空间不断挤压,造成传统戏曲的观看人群日益老年化。通过演出来培育市场,是传统戏曲在日益萎缩的观众需求困境下的生存策略。这种策略的基本思路是通过国家和社会的扶持,提高传统戏曲演出的供给,让大众能够接触、观看和欣赏到传统的戏曲艺术,逐步培养起观众的观演消费习惯,是通过提高供给创造需求的办法。这种增加供给的策略除了增加演出之外,还包括在中小学生中增设传统文化课程和与传统戏曲相关课外业余活动,在广大的农村通过送戏下乡和扶持民间剧团的方式,扩大传统戏曲剧团的演出供给等多种方式。昆曲、京剧、越剧等传统戏曲一度生存艰难,近年来,在政府、民间、专业团体几股力量的联合推动下,通过送戏下乡、演出补贴等多种方式增加演出场次,逐步培育了一些稳定的观众群体,对传统戏曲的保护和传承起到了推动作用。例如,江苏昆剧院以前一年只演四五十场戏,而现在,几乎每天都要在几个不同的地方演出,每年演出场次由2001年的100场增加到600多场。

---

① 有关材料来自南京艺术学院文化产业学院课程实践调研报告,由作者王晨本人整理。

（二）设计开发能力是文化遗产供给的决定因素

除了现存的文化遗产可以被用来提供给消费者观光、鉴赏、收藏、学习和娱乐之外。文化遗产中的精神要素也可以被提取出来，加以重新设计与利用，形成丰富多样的文化遗产衍生产品。从这一方面来说，文化遗产存量虽然是有限的，但是对文化遗产精神内容开发可以形成丰富多样的产品。此时，对文化遗产进行利用和开发的能力，决定了文化遗产相关产品和服务提供的规模和水平。

第一，对不可移动的历史文化遗迹，可以开发出丰富的文创产品。大多数不可移动的历史文化遗迹，可被用于历史文化观光资源，针对游客可以开发很多文创旅游产品和服务。例如，古城、古镇等历史文化遗迹，可以在较好地修复和保护的基础上，作为文化旅游的核心资源加以利用，形成地方旅游经济的支柱。面向大量的观光游客，可以进一步开发出以古城和古镇为特色的产品。这些产品和活动可以是围绕文化遗产资源的核心精神内容开发的文化旅游纪念品，也可以是以文化遗产为依托的活动。如既可以围绕古镇建筑和历史设计出服饰、日用品和文具等旅游纪念品，也可以像乌镇一样依托古镇建筑空间形成剧场，策划乌镇国际戏剧节活动。再如，围绕丽江民族文化观光旅游，以民族历史文化为核心内容开发的实景演出《印象·丽江》。上述这些依托不可移动的历史文化遗迹或者民族历史文化遗产开发的文创产品，都创造了巨大的旅游经济效益。

第二，对可移动的文物，除了可以作为博物馆展示、教育、学习和满足鉴赏收藏的需求之外，文化遗产的造型、结构、色彩、文本等内容与形式要素，可以被提取并加以利用，形成丰富多彩的文创产品。例如，台北故宫不仅因其主题鲜明、针对性强、布展精致的藏品展示吸引了大批游客，而且开发了四千多种文博旅游纪念品，比如印有乾隆"朕知道了"书法字样的胶带和"钦定一甲第一名"系列笔袋和笔记本等，一直深受好评。

第三，大量的非物质文化遗产通过文创设计，可以被激活并产生经济效益。例如传统的手工艺产品，不但本身就可以作为工艺品销售，而且还可以通过重新设计，形成符合现代时尚和社会生活口味的文创产品。例如，国家级非物质文化遗产云锦工艺，除了云锦工艺品销售外，还请国外知名设计师设计了云锦主题特色的时装；传统的剪纸工艺图案可以被移植到服装、家居用品。再如，民间的传说、传统戏曲等文本故事，可以改编为影视剧和动画片等新的文化产品。

（三）文化遗产供给管理

大部分物质文化遗产都是国家的文物，是公共文化产品，或者具有一定程度的公共产品性质。因此，文化遗产的供给管理通常采取四种方式。

第一种是公共供给，即由政府授权公共部门向社会供给文化遗产的相关产品和服务。公共供给是为了满足社会大众普遍的文化需要，具有公益性，通常是免费的，或者只是以极低的价格以弥补机构运转的必要成本。大部分公共供给的成本难以通过向大众收费弥补，需要政府从其财政资金中给予支持。虽然各国的经济体制不同，但是世界各国政府都设立了专门机构对文化遗产进行管理，并向社会公众提供相关的服务。这些机构的运作资金通常通过政府财政资金和社会捐赠资金来维持。例如，各国的国家博物馆建设及其在文物保护、展示和普及教育方面的投入，我国由国家认定的国家级和各省市级的重点文物单位对历史建筑的修缮和保护等，其运转资金来源都主要是政府的财政投入。

第二种是私人供给。公共产品并不一定都要由政府设立专门机构来生产和提供，政府也可以通过采购的方式，委托私人企业或者社会机构生产和提供公共产品的服务。这种方式下，政府并不直接生产提供，而是通过财政资金补贴或者采购的方式，由私人企业按照指定的标准和规范提供。由于私人企业是追求利润的，所以通常此种方式下，一种情况是文化遗产的相关开发和经营可以为企业带来利润，如文化遗产资源进行旅游开发的投资项目；另一种情况是通过政府提供的补贴方式，例如民营的传统戏曲剧团可以从政府获得演出的补贴。

第三种方式是允许私人企业或者非营利组织进入文化遗产开发领域，直接向社会公众提供文化遗产的维护、展示、教育普及和研究等相关服务。所谓非营利组织，是指这些组织不同于企业经营谋取利润的目标，它们的活动是不以营利为目的，组织经营所得应用于更好地提供文化服务。例如，国家博物馆可以在全年的展览项目中将私人展览机构或私人藏家的展览作为内容，以政府采购的方式用公共财政资金采购这些展览服务，使得公众能够欣赏到更为丰富的文物资源。同样，政府行政部门也可许可私人成立非营利性质的私营博物馆和文化遗产服务机构，开展各项服务，政府相应地会通过补贴、贴息和免税等多种方式给予私营博物馆资金扶持和政策扶持，以促使私人更好地向公众提供服务。

第四种是采取公共供给和私人供给混合的方式，以促进文化公共行政部门和私人供给者之间的良性竞争，以提升文化遗产提供的水平和质量。由于相对社会公众的多元的、规模巨大的文化需求，仅仅依靠行政部门的公共供给方式无法有效地满足。因此，采取通过私人和公共供给混合方式，可以有效地扩大文化遗产服务的规模，提高服务水平，更好地满足公众的利益。例如，在美国，政府主办的联邦、州、县等博物馆只占到 25% 左右，大量的博物馆是私人建立的非营利博物馆，占到 60% 以上。政府管理部门对这些私营博物馆进行审核和管理，并提供资金支持。这种公共提供和私人提供多元混合的供给结构，有效地保障了文化遗产的供给规模和服务水平。

案例【4-4】

英国对历史建筑文化遗产的管理[①]

大量的历史建筑属于不可移动文物,是重要文化遗产。然而这些历史建筑除了一部分重要的文物属于国家直接拥有和管理之外,很多是属于私人所有的财产。英国政府设有文化、媒体及体育部(Department for Culture, Media and Sports, DCMS),并于1984年成立了英格兰遗产委员会(English Heritage),英格兰遗产委员会管理着从巨石阵到铁桥等超过400多座英国历史名胜,其中有些建筑更是直接由英格兰遗产委员会持有。英格兰遗产档案馆也是由英格兰遗产委员会维护、运营的。英格兰遗产委员会的一项重要职能就是对历史文化建筑进行登录、注册和监督。与国家重要文物的在册管理不同,很多私人所有的历史文化建筑依据其文物价值采取登录制度。登录的财产所有人必须对这些历史建筑进行保护。通常大量登录的、属于私人的历史建筑的重要级别低于在册的文物,得不到委员会的资金资助,要依靠私人的投入来进行维护和再利用,政府通过减免增值税、收入税和遗产税的形式给予私人投资一定的优惠和补贴,以减轻其经济压力,鼓励其对文化遗产保护和利用的投资行为。

二、文化遗产及相关产品和服务需求

文化遗产的需求是指社会对文化遗产以学习、教育、收藏、鉴赏、娱乐、利用与开发等为目的,而产生的对文化遗产及其相关产品和服务的需求。对文化遗产的需求即符合经济学的一般物品的需求规律,也具备文化遗产的文化需求特点。

(一)文化遗产消费需求规律及其影响因素

经济学将物品的需求量和价格之间的反比关系视为需求的一般规律,意即对于某一物品的需求量,在其他引起人们需求变化因素不变的情况下,通常总是随着该物品的价格上升而减小,随着该物品的价格下降而上升。这一需求规律对于文化遗产同样适用。对于文化遗产的消费需求,不论是消费市场上普通消费者对文化遗产的消费需求,还是企业文化项目开发将文化遗产作为一种资源加以利用的生产要素需求,都会受到价格规律的影响。这里所谓文化遗产的价格是指,在获得某一文化遗产实物,或者其相关内容

[①] 刘爱河. 英国文化遗产保护成功经验借鉴与启示[J]. 中国文物科学研究, 2012(1).

的使用权，或者购买其衍生的相关产品和服务时，需要付出的资金成本。通常，当其他条件不变，价格升高，对文化遗产的需求量就会降低，价格降低，对文化遗产需求量就会增加。例如，博物馆的门票如果收费，那么参观的人数通常会因为门票价格上升而明显减少，如果作为公共服务收费较低或者免费参观，参观的人数就会很多，也就会让更多的民众享受到文化公共服务。在价格因素之外，对文化遗产的需求还受到多方面的因素影响。通常，对文化遗产需求的影响因素来自两个方面。

1. 消费者的需求偏好

文化遗产的需求受到消费者偏好的影响。所谓偏好是消费者个体对一种商品（或者商品组合）的喜好强于其他同类商品的程度，意即消费者根据自己的意愿对可供消费的商品或商品组合进行排序，这种排序反映了消费者个人的需要、兴趣和爱好。某种商品的需求量与消费者对该商品的偏好程度正相关：如果其他因素不变，对某种商品的偏好程度越高，消费者对该商品的需求量就越多。通常，消费者对文化遗产的需求来自对文化遗产中所包含的精神内容的向往，这种文化偏好形成了消费者对文化遗产鉴赏、学习、收藏的欲望和行为。通常，消费者对文化遗产的需求受到消费者在文化遗产相对于非文化遗产的偏好程度的影响。例如，一个消费者在戏曲、古典交响乐与影视剧、游戏之间的选择次序，代表着消费者对文化遗产和现代休闲娱乐活动之间的消费偏好次序。同样，文化遗产的类型多种多样，消费者喜好程度也是不同的。有的可能喜欢逛博物馆，了解文物知识和历史知识，有的只是喜欢游历文化遗迹。有的出于投资喜好进行文物投资收藏，还有的热爱手工而乐此不疲。

此外，文化遗产消费偏好的形成受到多方面因素的影响。文化遗产的消费是借助器物、建造物和活动等文化载体和活动仪式等，对文化精神内容的鉴赏、品评和体验，达到心理满足和精神愉悦。消费者文化偏好的形成，受到其人生经历、受教育程度、家庭环境、文化背景、经济实力等多方面因素的影响。通常，受教育程度越高，对文化遗产越容易产生持久而深厚的兴趣；优越的家庭环境使得个人从幼年能够接触到文化遗产的机会会较多，这些因素可以在早年就培养起一个人的文化兴趣和文化消费习惯，而习惯和兴趣一旦养成，通常会保持终生。例如，20世纪70年代以前的消费者自小的文化娱乐主要是听戏、说书、歌曲等，对传统戏曲接受和偏好程度就远远要大于20世纪70年代以后的消费者。随着经济发展和城市建设步伐加快，20世纪80年代以后成长起来的青年一代，从小接受的是现代文化娱乐消费方式，对传统戏曲、手工艺和民间活动接触得不多，更偏好现代的文化娱乐方式。此外，受教育程度越高，对文化的需求也会相应地增加，因而对于文化遗产方面的了解、学习和收藏的需求也会增加。

2. 社会经济发展总体水平

社会经济发展的总体水平，影响到人们的经济消费能力和文化消费需求，也对文化遗产的消费产生较大的影响。

第一，对于任何物品的消费取决于人们能够为占有和消费这一物品所能支付的能力。只有消费欲望，但是没有经济实力，是不能够形成购买力的。消费者的收入水平决定了消费者的支出水平，在消费者的收入中减去必需开支的维持生活基本费用之后，是消费者可自由支配的收入，这些收入决定了消费者的购买能力和消费水平。通常可支配收入与社会经济发展总体水平相对应。如果要了解某个地区的消费水平，我们通常从地区经济统计部门发布的统计公告数据中调查该地区的国民总收入或者地区生产总值，人均收入水平、人均可支配收入的水平，这些数据可从宏观上代表一个地区的总体收入水平和消费水平。

第二，消费者在一定可支配收入条件下，其支出的结构也是不一样的，即消费者的偏好所引起的消费结构差异。经济学研究表明，随着收入的提高，消费者支出的结构也会发生变化。经济学中著名的恩格尔定律表明，一个家庭的收入越少，家庭收入（或总支出）中用来购买食物的支出所占的比例就越大；随着家庭收入的增加，家庭收入（或总支出）中用来购买食物的支出份额则会下降，用于服装、交通、娱乐、卫生保健、教育方面的支出和储蓄占家庭收入的比重会上升。推而广之，一个地区和国家越穷，每个国民的平均收入（或平均支出）中用于购买食物的支出所占比例就越大，随着国家的富裕，这个比例呈下降趋势。即随着家庭收入的增加，购买食物的支出比例则会下降，对文化和文化遗产相关服务的消费，会随着人们收入的不断增加而扩大。例如，随着收入水平提高和生活条件改善，人们开始更多地关注如何提高生活质量，将收入和时间花费在历史文化观光旅游、文化教育、博物馆参观、文玩收藏等方面。

第三，研究表明，随着一国和一地区的人均收入的提高，当人均收入水平超过一定程度，对于文化的消费需求将会快速增长，文化产业将成为该地区的新兴产业和新的经济增长点。在这样的发展背景下，人们对文化遗产相关产品和服务的需求也会随之增长，与文化遗产相关的博物馆、美术馆服务、文化旅游、手工艺产品销售、文化活动等也面临着较好的发展机遇。例如，随着我国国民经济发展和人们家庭收入的提高，国内艺术品投资收藏市场迅速发展，兴起一股古玩收藏热。随着中国艺术市场扩大，中国艺术品在全球的认知度也已经有了显著的提高。国际主要拍卖公司也先后进入中国。2013年佳士得在全球共创造了71亿美元的交易额，其中在亚洲有近10亿美元，10亿美元中以香港春秋两季拍卖为主，而其中有60%~70%的客户来自内地。

（二）生产要素市场对文化遗产资源的需求

由于文化遗产具有较高的历史文化价值，随着世界各国日益重视保护和传承文化遗产，以及人们在经济条件改善后对文化遗产越来越感兴趣，文化遗产的相关服务和产品在市场上受到欢迎，对文化遗产的利用和开发也越来越多。文化遗产资源开发的需求，是将文化遗产作为生产投入要素而产生的对文化遗产使用权、收益权的需求。

文化遗产资源的开发需求可以因生产者和投资者的开发方式和经营模式不同而具有不同的需求特点和交易方式。例如，展览公司和美术馆通过展览、纪念品等形式向公众提供文化遗产相关的产品和服务，这些藏品多为可移动的文物资源，这些机构通常需通过拍卖会公开购买，或者通过画廊、个人等多种渠道的投资收藏活动获得这些藏品。博物馆和美术馆之间也会经常通过租借的形式互借藏品举办专题性的展览。对于一些文化产品制造业企业对文化遗产资源的开发需求，往往是对文化遗产精神内容资源的派生需求。企业往往需获得相关图案、文字、设计等授权使用后，进行纪念品、玩具和日用品的开发，这是对文化遗产中精神内容的再利用而形成的生产需求。例如，生产制造业将古代绘画、工艺品等图案、文字和造型等运用到家居日用品和装饰品的造型图案设计中。企业也可以与文化遗产产权的所有机构采取合作开发的方式获得文化遗产的开发权，如台北故宫博物院与专门的创意设计公司合作进行的台北故宫纪念品的开发。

对于不可移动的文物资源，其需求规模取决于这一资源的稀缺性和开发后的预期经济价值。如果资源稀缺程度较高，开发后的预期经济效益较好，那么投资者也就会多。反之，则较难有需求。例如，各地对名人故居的文化旅游开发，是以名人资源为核心的不可移动历史建筑，名人的名声越大，稀缺性越强，越能吸引游客，相对投资开发者就会较多。再如，近年来的古镇、老街和古城开发热，正是基于这类文化遗产资源的不可复制性和稀缺性，可使得这类资源的开发利用后可以带来文化旅游相关产业的发展。此外，对于这些不可移动文物资源的开发，还取决于国家政策和法律的有关规定是否允许开发。投资生产者开发文化遗产，首先要得到相关管理部门的许可，获得对不可移动文物资源开发投资权利和经营权利，在文物得到良好保护的前提下进行开发利用。

可见，对于文化遗产开发而产生的对文化遗产资源需求，其核心是对文化遗产中精神资源的利用和开发，并不一定像一般制造业那样要完全地占有资源，可以通过授权、租借、合作经营等多种方式获得文化遗产的开发权、使用权和经营权。

（三）国家文化传承保护的需要

在宏观层面，文化遗产代表着国家和民族身份和历史记忆，文化遗产的保护和传承是国家和民族要面临的文化任务，国家部门对文化遗产的发掘、追缴、收藏等保护传承

第四章 文化遗产经济学概述

工作,形成了目的性较强的需求。国家设立的博物馆、美术馆、非物质文化保护机构等公共文化机构,在接受政府资助的条件下,开展文化遗产的发掘、收集、整理、研究、展示、教育普及等公益性的事务。这些文化遗产有的是未曾发现,有的是濒临灭绝,或者是流失海外。这些文化机构通过登记、购藏、追缴、设立文物保护单位等多种方式获取和回收这些文化遗产,对其进行保护和整理。例如,很多流失国外的文物需要回归祖国,政府文物部门一般不能直接出面采购,通常需要通过民间和相关文化机构在海外从私人藏家捐赠或交易、拍卖会购买等以市场交易的方式回流祖国。再如,对于濒临灭绝的非物质文化遗产,政府会成立专门的保护机构,搜集非遗的信息,通过研究整理建立文献档案,并对非遗传承人登记,采取扶持保护政策等。上述这些政策,都是国家部门文化传承目的和行动对文化遗产的需求最终体现的具体行动。

案例【4-5】

埃及政府和文物部门对流失文物的追缴[①]

2011年1月,埃及爆发大规模反政府游行示威活动,整个国家处于无政府状态,安全防范松弛混乱。埃及国家博物馆54件珍贵的馆藏文物被盗,金字塔地区两座文物仓库被武装分子抢劫,萨卡拉、阿布·希尔和米特·拉黑那地区文物保护地被侵占严重,上埃及地区古墓频频被盗。联合国教科文组织近期在对埃及博物馆和古迹考察后指出,所有对古迹和文物保护地的改变,都是对人类历史和埃及文物的野蛮犯罪,必须予以纠正和根治。

之后,新政府表示将加强对埃及文物场所的保护,采取各种必要措施,加大被盗文物的追缴力度。同时,埃及文物部会设立80万美元专项奖金,直接发给那些归还埃及博物馆被盗文物者,或发给能提供任何被盗文物准确信息的公民。

为追讨散落于瑞士境内的文物,埃及政府甚至不惜威胁中断与瑞士大学、博物馆际的科技与文物交流。最终,瑞士巴塞尔博物馆归还埃及一幅第五王朝时期的石灰岩壁画,该壁画有着4200年的历史,是通过非法途径离开埃及的。而针对流失到德国的埃及胡夫大金字塔工程师"哈姆·尤努"塑像,埃及政府表示仍将付出不懈努力与德国方面磋商,直至塑像回归埃及。这尊塑像有真人大小,具有极高的艺术价值,是前政府赠送给德国考古学者的,这位考古学者曾参与了20世纪在大金字塔西侧的考古发掘工作。这座塑像

[①] 埃及新政府加大流失文物追缴力度[N]. 中国文化报, 2011-05-24.

现存放在德国海德海姆，埃及一直坚持要求德国归还这座塑像，并要求各国归还所有非法离境的埃及文物。

此外，埃及还与美国会谈，就一系列合作计划提出建议。其中包括：美方向埃方提供卫星传送影像，帮助埃方监测闯入考古区的非法活动；美国政府限制对埃及文物的临时进口；通过培训计划和提供资金支持来提高埃及文物保护区的安保水平；提供高质量的地图、调查和监测文物区的技术等。美方为埃及所有文物区提供培训和资金支持，通过国际微型贷款的方式，鼓励在文物景区附近的小型企业的发展；鼓励使用环保技术，把文化遗产地打造成"绿色环保景区"等，建设文物库房。

（四）文化遗产消费的培育

文化遗产的需求培育主要是指如何在广大社会大众中培养其对文化遗产的学习、欣赏、传承的需求。因为文化遗产只有通过被大众所认识、记忆、传播和学习，才能被传承下去。随着经济社会发展，各类新的文化娱乐方式不断涌现，很多文化遗产的精神内容多为久远的历史记忆，很难与现代文化娱乐和文化内容消费相适应。所以培育文化遗产的消费需求，是文化管理部门的重要目标。

一是出于长远的考虑，培养社会大众对文化遗产的消费偏好。文化消费偏好是长期中不断地、反复地接触文化遗产相关文化内容，从而养成的一种文化兴趣和消费习惯。例如，从小接受传统戏曲或书画训练的人，在不断地接触、学习中，养成了对传统戏曲和书画的特长技能和兴趣爱好，自然会形成稳定的消费习惯。即使是非专业的普通大众，长期接触和欣赏某一传统文化艺术，也会逐步形成对某一艺术形式的鉴赏能力和消费习惯。很多文化遗产之所以到了濒临灭绝的危险境地，一方面是人们对文化遗产的重要性不了解造成主观意识上不够重视，容易被经济建设利益驱动而造成对历史文化遗迹的破坏；另一方面是因为消费者对文化遗产所包含的精神内容较为陌生，对文化遗产的相关产品和服务不感兴趣，使得文化遗产保护和传承较难获得社会销售收入或者公众赞助。因此，通过对文化遗产的宣传和教育普及，使得大众能够长期地接触、鉴赏，乃至动手学习和研究某一文化遗产，是培育文化遗产消费市场，实现文化艺术传承的重要措施。这方面需要国家在文化遗产的普及教育和文化遗产的公共服务等方面大力投入。例如，政府通过扶持博物馆、美术馆、剧院对公众的公共文化服务，让大众能够以较便宜的价格，甚至是免费的机会，获得文化遗产相关的服务。再如，文化遗产的教育和传习机构通过传统艺术进校园等方式，在中小学和大学开设传统文化的公共选修和兴趣课程等，这些措施可以在长期中提高全民族的文化遗产传承意识、文化兴趣和消费习惯。

二是在保护的前提下，应注重不断提升民众文化消费水平，加大文化遗产相关服务业的发展。如上所述,随着经济水平发展,人们文化消费需求不断扩大,对文化遗产的消费需求也存在上升可能。对文化产品和服务需求不断扩大,文化产业面临较好的发展前景,为文化遗产的利用和开发提供了良好机遇。培育文化遗产的相关产品和服务的消费需求,就是要充分地利用市场发展的机遇,对文化遗产进行合理的利用,使得文化遗产资源所包含的精神内容得到科学和合理开发,通过提供文化遗产相关的产品和服务,扩大文化遗产的消费市场,获得较好的经济效益,同时使得文化遗产重新回归到人们的生活中,让大众通过消费的方式更多地接触和了解文化遗产。例如,博物馆除了举办展览之外,还可以通过举办沙龙、公开课、开发博物馆纪念品等提供多样化的产品和服务;历史文化建筑可以通过文化旅游、文创纪念品等多种方式提供旅游观光产品和服务;传统手工艺可以通过纪念礼品开发进行现代时尚化的再设计,成为人们家居生活的生活时尚用品。

三是做到文化遗产的利用和开发与保护的平衡。虽然经济发展为文化遗产的开发带来了有利条件,但是也要防止过度开发导致对文化遗产的篡改、歪曲和毁坏。例如,一些地方以开发为名,将原有文物拆除并造出成片的新建仿古建筑,新建筑千篇一律,缺少历史内涵和年代层次,对文物遗址造成不可挽回的破坏,不但没有让人们深入了解认识文化遗产,反而让人们形成了肤浅刻板的认知;还有一些影视剧对历史传说和故事以戏说的方式加以编造,歪曲历史或对内容生搬硬造的庸俗化,让消费者形成了错误的理解和认知。这些都是一味追求商业利益而对文化遗产的破坏。

三、文化遗产的垄断问题

文化遗产在保护、利用与开发中,涉及遗产产权的所有问题。由于文化遗产是稀缺性、不可再生性的资源,容易形成对文化遗产的垄断,并对文化遗产及其相关产品和服务的供给和需求产生较大的影响。所谓垄断,就是资源集中在少数几个大的机构和私人手中,由少数几个机构和个人决定整个市场和社会的生产供给、消费和价格。由少数几个机构或者私人垄断资源,对资源的垄断和集中,容易造成资源使用效率的降低,形成定价过高损害消费者的行为。

垄断的形成有多种原因,对于文化遗产的垄断,主要表现为对稀缺性的文化遗产资源的经营开发权的独占经营。这种独占经营一是因为政府对文化遗产资源经营权具有独家许可授权,如国家博物馆、重点文物保护单位、国有单位专营的文化景点等,大量文化遗产属于国家所有的历史文物,由国家授权的特殊部门进行收藏、保护和经营。这些资源的垄断经营,带来的问题是经营者具有较强的价格制定权,消费者处于被动的价格接受者地位，容易造成价格制定偏高而损害到消费者享有民族历史文化遗产的权益。例如，世界级文化遗产、著名的历史风景名胜和古城，都是国家部门垄断性的文化遗产，向游客收取门票价格之后，还要收取一定的古迹维护费，但是如果服务水平和服务设施并不提高，就难以使得游客满意。

第二种造成垄断的原因是对于文化遗产的私人垄断。一些文物因为存世数量较少，被私家大量收藏后，容易形成对该文物资源的私人垄断。此外，非物质文化遗产需要通过具体的传承者习得掌握而传承下去。由于传承者以此为谋生手段，通常独占了某一文化遗产的诀窍和技艺而不传授给他人。随着社会发展，这些文化遗产难以作为传承者的谋生手段，无法挣得较好收入，愿意学习和继承者也越来越少，传承者也很难轻易将这些技艺和诀窍公开，从而造成非遗濒临人亡技亡的困境。

第三节　文化遗产的经济利用

文化遗产总是在一定区域的地理环境和文化环境下形成。文化遗产的经济利用也是在特定的空间经济范围内展开。因此，文化遗产在特定区域中的经济现象和问题包括区域文化遗产的资源配置、产业利用和集聚效应等。

一、文化遗产经济利用的影响因素

（一）文化遗产的禀赋条件

文化遗产在以下三方面的禀赋特征，构成了一定地区文化遗产遗存，形成一定地区的文化遗产禀赋条件。

首先，在地理分布上，某一个地区的文化遗产在数量上会有一定规模，这是文化遗产的存量水平。通常文化遗产规模较大，可供选择利用的文化遗产数量也就越多，文化遗产的资源优势就越大。

其次，现存文化遗产的资源状态（包括数量、种类）决定了资源可被利用的可能性，以及这些资源的完整性、原真性和历史性，决定了文化遗产的文化价值，是资源得以被科学利用的保证。文化遗产的完整性、原真性和历史性越高，文化遗产的文化价值也就越高，文化遗产对市场的吸引力也就越大。

此外，文化遗产通常都带有一定的区域文化特色。文化遗产的区域文化特色则决定了文化遗产的特殊性，具有浓郁区域文化特色和民族特色的文化遗产，往往具有较强的独特性和吸引力，可以带来较大的市场需求。

（二）区域社会、经济与技术发展环境

区域社会、经济与技术发展环境，为文化遗产利用和开发提供了客观的技术条件和经济基础。稳定和较为发达的经济发展水平，为文化遗产开发提供了坚实的设施基础和较好的投资环境。社会、经济和技术发展水平较高的地区，通常都具有较好的法律与政治环境和人口受教育程度，不但为文化遗产的保护与可持续利用提供了较可靠的制度保障，而且为文化遗产保护与利用提供了所需的相关人才和技术支撑。

（三）文化市场消费需求

文化市场的消费需求决定了对文化产品和服务的需求偏好、需求规模和需求的多样化程度。随着社会经济发展，人们精神需求普遍增长，文化消费需求日益多样化，会对文化遗产需求带来两方面不同的影响：一方面，人们对历史文化观光旅游、文化遗产的鉴赏和收藏、文化遗产的衍生纪念品等需求会持续增长；另一方面，文化消费需求的日益多样化，使得一些传统戏曲、口传文化、手工艺等逐步失去市场，面临困境。

二、文化遗产经济利用的基本驱动力

政府、市场、科技和文化等不同方面的因素共同推动文化遗产的经济利用。这些驱动力是保证文化遗产资源得以持续发展和有效利用的保障。

（一）政府政策推动力

文化遗产是特殊的历史文化资源，具有公共性。关于文化遗产的保护与传承方面，政府部门不可推卸地要发挥重要作用。

第一，在文化遗产保护和可持续发展方面。文化遗产完整性、历史性和原真性的保护，是对文化遗产资源利用与开发的前提。对文化遗产保护的投入成本通常较高，需要具有持续性，不具备营利性，不可能由企业去独立承担，需要政府发挥更大作用，从政策与资金方面给予扶持。

第二，在文化遗产资源利用中的产权保护问题。在文化遗产得到较好保护的前提下，在文化遗产资源的利用与开发中，还需要政府部门在产权保护、产权交易等方面制定相关政策，建立相关支持体系。特别是对于不可移动历史文化遗迹的投资与经营权、可移动文物交易法律与政策、非物质文化遗产的知识产权保护、文化遗产相关内容的授权等方面，应当具有明确和完善的法律政策体系。

第三,政府在文化遗产资源的利用与开发中,也发挥着重要的推动作用。在利用与开发过程中,更要加强对文化遗产的保护,平衡好文化遗产保护与经济发展的关系。例如,一些大型历史文化遗迹、古镇、古建筑在文化旅游方面,都需要政府在拆迁安置、整体规划、配套设施、经营定位、招商引资、旅游宣传等方面给予很大的政策与资金扶持。

(二)市场需求驱动力

对文化遗产的市场需求是拉动文化遗产经济利用与开发的根本动力。这些需求不但来自大众对文化遗产的观光、鉴赏、收藏和学习等直接需求,还包括与之相关的历史文化资源的衍生纪念品、文化活动的需求。随着人们经济收入的增长和生活水平的提高,人们对生活美学的审美需求将会不断扩大,生活用品和日常消费品的历史文化元素的运用,能够凸显出个人的趣味和品质,日益成为产品附加值的重要来源,这一市场需求可以有效地推动文化遗产的利用与开发。所以,对文化遗产的精神内容加以提取,运用到日常生活用品的设计开发中,具有十分大的市场空间;此外,围绕文化遗产的精神内容,也可以开展丰富的群众性和社区性文化活动。

(三)文化发展驱动力

文化遗产的可持续利用是国家和民族文化传承与发展的重要方面。文化发展的驱动力来自政府、企业、非营利组织和社会大众等多个层面的合力,主要包括政府部门发展文化公共事业和非营利文化组织参与文化建设的重要推动力量,以及企业对文化赞助和大众参与文化建设等。这些社会文化发展与文化事业建设的参与者,可以为文化遗产的经济利用与开发提供信息、资金、项目、人才、管理等方面的支持,形成促进文化发展和推动文化遗产保护与传承的重要驱动力。

(四)科学技术驱动力

技术进步为文化遗产的保护、利用带来了更多的方法、手段和途径。通过数字化技术,可以有效地对文化遗产进行保护,包括数字扫描、数字档案、文化遗产数字修复、数字博物馆等,已经成为文化遗产保护的重要技术手段。在对文化遗产的经济利用方面,数字化、交互式文化体验,数字遗产展示、传播等,正成为未来发展的主要趋势。

三、文化遗产经济利用的基本模式

第一,成功的文化遗产经济利用模式,应当是在保持文化遗产的原真性、历史性和完整性的基础上,将文化遗产转化为文化资源。这些文化资源可以作为文化项目的生产要素,在文化资源开发的项目中与资本相结合,转化为文化资本,从而可以持续地创造经济价值。

文化遗产的原真性、历史性和完整性是文化遗产文化价值存续的基本前提。因此,文化遗产的经济利用,首先要以文化遗产原真性的保护为基础,即对文化遗产文化价值的保护,保存和维持好文化遗产原本的样子,使得其历史脉络和纹理能够完整地、清晰地被保存下来。

第二,在保护的基础上,除了对文化遗产加以展示、传播和宣传之外,能够利用市场、政府、科技和社会文化发展等方面的驱动力,促使文化遗产能够与社会生活和大众的文化需求相契合,成为可以加以利用的文化经济资源。将文化遗产转化为文化资源,并不是要将文化遗产改头换面,而是要能够发现文化遗产的历史文化价值与现代文化需求之间的关联性,并找到将文化遗产以某种产品和服务形式满足大众需求的路径。例如,历史文化遗迹在保护完好的前提下,作为文化旅游资源加以利用;历史传说非遗可以改编成影视剧或者转化为某种消费者日常使用的实用纪念品等。当文化遗产能够与某种市场特定人群的文化需求和生活需要相结合,文化遗产的文化价值就可以转化为满足市场需求的文化产品经济价值。因此,文化遗产的经济利用,自然要尊重基本的经济和市场规律,即找到特定的细分市场需求和目标受众,制定出能够满足目标市场需求的产品策略、价格策略和分销渠道策略。

第三,在文化遗产作为文化资源加以利用的过程中,如果我们希望这一过程能够持续地进行下去,就希望这一文化资源能够被可持续地投入到文化产品和文化项目中,与资本、创意、人力、技术等其他生产要素结合,形成一种文化生产的模式。此时,文化遗产与其他生产要素结合,可持续地创造经济价值,已经是从文化资源进而转化为文化资本。例如,意大利、法国等欧洲国家文化遗产的旅游观光,是将文化遗产作为核心要素,在政府和各界合力加强修复和保护,保障文化遗产的完整和原真基础上,进行旅游业的利用,为当地带来旅游业的机会,旅游业进而带动文化衍生品以及与旅游相关的餐饮、住宿、零售等产业的发展,不但促进了当地的经济发展,增加了当地居民的收入,而且也为文化遗产保护提供了资金的来源。这使得文化遗产得以可持续地利用,转化为当地社会经济发展得以依赖的重要的文化资本。

四、文化遗产经济利用的基本策略

文化遗产经济利用可以由来自政府、市场、文化与科技等方面的驱动力推动,在对文化遗产进行利用与开发的过程中，通常有政府、企业、社会非营利部门重要的主体，也就形成了不同的文化遗产利用与开发策略。

（一）以政府为主导的模式

很多重要的文化遗产，尤其是那些世界遗产和国家重点文物保护单位，需要在政府部门的统一协调和规划部署下，才能得以实施。这种以政府为主导的模式，通常是因为文化遗产具有很重要的文化价值，对文化遗产完整性和原真性保护的要求十分高，私人无法承担文化遗产保护投入成本，因无利可图而不愿意投入。而且，如果任由私人进行商业开发而不顾及文化遗产的保护，会由于过度商业化而造成遗产的破坏。例如，对于古镇的开发，是一个较为复杂的文化工程，要求对古镇进行完好的保护，一方面，企业很难承担巨大的古镇保护的成本；另一方面，如果放松对古镇保护的条件，为了商业盈利而任由商业开发，必定会对古镇造成破坏。所以，对这类文化遗产的开发，必须由政府进行古镇的完整性和原真性保护、古镇居民安置、古镇经营业态等工作的统一规划，再将可以经营的空间委托给企业按照规划的商业业态经营，从而做到文化遗产保护与经济利用两方面利益的平衡。

在政府主导的模式中，政府可以通过财政补贴、财政专项拨款设立专项资金，也可以用发行债券、抵押、担保等多种方式，为文化遗产的保护与利用进行融资。

此外，政府也可以采取公私合营的方式，给予私人投资者相应的政策扶持作为补偿，如税收优惠、贷款担保，给予民营企业沿线土地优先开发权等。通过实施这些政策与私人企业合作共同开发文化遗产。这种方式通常叫作 PPP 模式（Public Private Partnership，公共私营合作制），使政府部门和民营企业能够充分利用各自的优势，即把政府部门的社会责任、远景规划、协调能力与民营企业的创业精神、民间资金和管理效率结合到一起。

（二）以企业为主体的模式

企业为主体投资进行文化遗产的开发，也是一种常见的方式。企业是独立经营、自负盈亏的投资主体，要独立承担投资风险。首先，企业作为投资主体需要按照政府规定程序，获得文化遗产开发与经营权利；其次，要进行整体的规划与设计，并按照管理部门规定报批开发规划；再次，由于独立开发一个大型的文化遗产项目要承担很大的投资风险，企业通常会联合一些合作企业共同投资，并从缓解资金压力和降低融资成本方面，从政府争取资金和补贴，或者从银行获得抵押贷款等；最后，企业要完成整个开发项目的执行和交付过程。在文化遗产项目建成交付后，企业还应该考虑如何进行营销、宣传等运营管理,以保证项目可以获得可持续的收入。

(三)以非营利部门为主导的模式

博物馆、美术馆、剧院、艺术基金、非遗传承研究、图书馆所等机构,是非营利性的公共文化服务部门。这些部门拥有很多可移动文物和非物质文化遗产资源,对这些文化遗产的保护、展示和利用,是这些非营利部门的主要职责。例如,博物馆大量的馆藏文物资源,除了定期通过文物展览的方式提供社会服务外,还需要通过数字化手段对文物进行数字化保护和数字博物馆的建设。此外,博物馆除了获取政府拨款和社会赞助外,对博物馆的文创产品的开发也已经成为博物馆获得收入来源的重要渠道。

本章小结

本章运用经济学的基本原理,分析了文化遗产资源所具有的稀缺性、公共性和外部性。文化遗产资源在经济利用中会发生维护成本和开发成本,其成本特性与文化遗产类型和特征有关。文化遗产使用权、收益权的归属,对文化遗产的经济利用与开发的可行性、开发方式有直接影响,国家和私人对文化遗产的不同垄断形式,会影响到文化遗产要素的供给和开发模式。文化遗产的供给受到存量规模、对遗产精神内容的开发能力等因素影响。通常受到遗产公共性、外部性的影响,文化遗产的供给可以有政府、非营利组织、私人企业、政府与企业混合等多种方式。文化遗产的需求来自市场消费需求和作为生产要素的需求两个方面,除了满足一般的市场需求规律外,主要受到消费者偏好和社会经济发展条件等因素的影响。文化遗产的经济利用与开发通常有来自政府、市场需求、科技进步和文化发展等四方面驱动力,形成了政府主导、企业主导、非营利部门主导的三种不同经济开发模式。

思考题

1. 什么是稀缺性?文化遗产的稀缺性有哪些特征?
2. 什么是公共产品?简述文化遗产的公共性。
3. 什么是外部性?文化遗产的外部性有哪些表现形式?
4. 文化遗产经济利用的成本包括哪些?这些成本有什么特点?
5. 简述文化遗产产权的含义。文化遗产产权所有性质会对文化遗产的经济利用产生什么影响?

6. 影响文化遗产及其相关产品供给的因素有哪些？文化遗产的供给通常有几种模式，具有什么特点？

7. 对文化遗产的市场消费需求和作为生产要素的需求有何不同？对文化遗产的需求受到哪些因素影响？

8. 举例说明如何培育文化遗产的市场需求。

9. 什么是对资源的垄断？对文化遗产资源的垄断形式有哪些？会产生什么样的后果？举例说明。

10. 试述对文化遗产经济利用和开发的驱动力。通常这些驱动力会形成几种不同的开发模式，各有什么特点？举例说明。

 参考文献与推荐阅读

1. 王登杰，周锦. 文化遗产经济学研究综述[J]. 文化产业研究，2009（6）：227-239.
2. 顾江. 文化遗产经济学[M]. 南京：南京大学出版社，2009.
3. 周锦，顾江. 文化遗产的经济学特性分析[J]. 江西社会科学，2009（10）：75-78.
4. 王云霞. 论文化遗产权[J]. 人民大学学报，2011（2）：20-27.

第五章

物质文化遗产的保护与开发

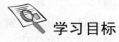 学习目标

1. 了解文物的概念与分类。
2. 了解国内外可移动文物收藏的主要历程与经验。
3. 理解可移动文物追索的主要手段与方法。
4. 了解国外文物古迹修复的主要理论。
5. 理解中国不可移动文物古迹保护的主要机制与原则。
6. 理解中国历史文化名城保护的主要手段与规划。
7. 理解中国历史古村落保护遇到的问题。
8. 理解物质文化遗产商业开发的主要模式与存在的问题。

 导言

物质文化遗产是相对于非物质文化遗产而言的，主要指有形的文化遗产或文物。世界遗产保护运动从有形文化遗产的保护起步，继而逐步延展到无形的，也就是非物质文化遗产的保护领域。而综观物质文化遗产的保护，不仅涉及可移动历史文物的保护，更大量涉及不可移动文物的保护，除古建筑、古遗址、古迹等方面的保护，还包括了历史城镇、街区与古村落的保护。

文化遗产导论

第一节　可移动文物的保护

可移动文物的保护，是物质文化遗产保护的重要方面。从世界各国对可移动文物的保护经验看，除文物修复外，主要涉及文物收藏、文物资源普查与流失文物的追索工作。

一、文物与可移动文物的内涵

"文物"一词是一个在中国使用比较广泛的概念，有时经常被人们与"文化遗产"一词混用或交替使用。《中国大百科全书》将"文物"界定为："是人类社会历史发展进程中遗留下来的，由人类创造或者与人类活动有关的一切有价值的物质遗存的总称，文物也是我国对文化财产和文化遗产的一种特殊称谓，一般译为'antique'或者'cultural relics'。"

中国自古就有"文物"的概念。查阅古代典籍文献，较早使用"文物"一词是在战国初期，当时主要指礼乐典章制度；唐代时，文物主要指前代遗物；北宋时期，出现"古器物"和"古物"的称呼，主要指青铜器、碑帖、石刻等古代器物；明代至清代初期，"古董""骨董"的提法比较普遍；清朝乾隆年间，又出现了"古玩"的称呼。这些概念与"文物"一词经常被交替使用，内涵略有区别，但语义基本一致。

1930年，民国政府颁布了《古物保存法》，以法律的形式对"古物"的概念予以界定，即"与考古学、历史学、古生物学及其他与文化有关之一切古物而言"，主要指古代各类器物等可移动的文化遗留。除"古物"外，当时广泛使用的还有"古迹"一词，主要指不可移动的古建筑、古遗址、古墓葬、石窟寺等文化遗存。到了民国后期，这两个词的内涵逐渐被"文物"一词囊括，指"文化建筑、古物、古迹、美术"等。[①]

1949年新中国成立以后，"文物"一词成为法定概念。1982年11月19日第五届全国人民代表大会常务委员会第二十五次会议通过《中华人民共和国文物保护法》（以下简称《文物保护法》），指明在中华人民共和国境内，被列为"文物"并受到国家保护的对象包括：（1）具有历史、艺术、科学价值的古文化遗址、古墓葬、古建筑、石窟寺和石刻；（2）与重大历史事件、革命运动和著名人物有关的，具有重要纪念意义、教育意义和史料价值的建筑物、遗址、纪念物；（3）历史上各时代珍贵的艺术品、工艺美术

[①] 李晓东. 民国时期的"古迹""古物"与"文物"概念述评[J]. 中国文物科学研究，2008（1）：54-56.

第五章 物质文化遗产的保护与开发

品；（4）重要的革命文献资料以及具有历史、艺术、科学价值的手稿、古旧图书资料等；（5）反映历史上各时代、各民族社会制度、社会生产、社会生活的代表性实物。与此同时，具有科学价值的古脊椎动物化石和古人类化石同文物一样受国家的保护。可见，"文物"一词指代的范围非常广，既有不可移动遗存，又有可移动遗存，并且主要都指实物。

1982 年以后，《文物保护法》历经几次修订（1991 年、2002 年、2007 年、2013 年），文物的内涵基本不变，但对文物的类别有了进一步区分。2002 年修订颁布的《文物保护法》对文物的类型使用了"可移动文物"和"不可移动文物"的提法。其中"不可移动文物"主要包括：具有历史、艺术、科学价值的古文化遗址、古墓葬、古建筑、石窟寺和石刻、壁画；与重大历史事件、革命运动或者著名人物有关的以及具有重要纪念意义、教育意义或者史料价值的近现代重要史迹、文物、代表性建筑。而"可移动文物"则包括：历史上各时代珍贵的艺术品、工艺美术品；历史上各时代重要的文献资料以及具有历史、艺术、科学价值的手稿和图书资料以及反映历史上各时代、各民族社会制度、社会生产、社会生活的代表性实物以及具有科学价值的古脊椎动物化石和古人类化石等。

二、可移动文物早期收藏的历史实践

文物收藏是对文物的有效保存和保护。世界各国都有悠久和丰富的可移动文物收藏历史与经验。

（一）国外文物收藏的历史与发展

欧美国家的文物收藏经历了从私人收藏向博物馆收藏的演变过程。

在博物馆产生之前，文物收藏呈现为私人收藏。早期主要表现为人们自发的艺术品收藏行为，其收藏和保护的动机更多地与人们对特定历史时期的文化或艺术的偏爱和价值肯定有关。

公元前 4 世纪，马其顿之子亚历山大继承王位，他是古希腊最博学的亚里士多德的学生。亚历山大在不断扩充自己版图的征途中，搜集、掠夺了许多各地稀有之物和战争纪念品，回来交给他的老师亚里士多德进行整理和研究。公元前 4 世纪至公元前 3 世纪，托勒密一世在亚里山大城的宫殿里建立了科学和艺术中心，其中的缪斯神庙就存放着亚里士多德遗存的珍品。这个收藏了珍品的缪斯神庙就成了现在人们所说的最原始的博物馆。[①]

古罗马时期，收藏之风渐盛。罗马皇帝维斯佩基安的"和平神殿"因收藏了许多艺

[①] 苏东海. 博物馆演变史纲[J]. 中国博物馆，1988（1）：10-24.

术瑰宝而成为当时的艺术中心。很多贵族专门在自己的府邸、别墅中开辟陈列室供客人观赏。至中世纪时，欧洲的法国、意大利、德国、俄国等许多国家的大教堂都专门开辟"奇珍室"保管和陈列珍奇物品、法器、圣像、写本、教主遗物。教皇所在地梵蒂冈就有收藏天主教历史文物、珍品、香客礼品的地方。当时，威尼斯的圣·马克教堂、德国的哈雷中心教堂、瑞士的圣莫里斯修道院都以收藏宗教文物享誉盛名。而除了宗教文物收藏，当时的王室、贵族也十分热衷于世俗文物的收藏，收藏场所也多是在其府邸住宅之中。

15、16世纪，随着文艺复兴运动的兴起，社会对古希腊、古罗马时期的文化再次燃起热情，收藏古典文化珍品的风气更盛。这一时期，除了王室、贵族、教会，市民阶层也有人纷纷加入进来。有学者统计，那时仅德国、意大利、法国、荷兰四国就有收藏家多达千余人。而在古物收藏上，比较著名的有教皇保罗二世、意大利佛罗伦萨的美第奇家族、曼图亚的冈萨加家族、费拉拉城的伊斯特家族、米兰的斯福尔扎斯家族、法国的让·贝里·布隆迪公爵、德国的奥古斯都一世等。[1]

15世纪时，罗马的彼得罗·巴伯主教，即教皇保罗二世（1464—1471年）拥有最大规模的早期古代遗物和早期基督教遗物的收藏。他建造了威尼斯宫并将其作为画廊以陈列这些收藏。后来，西克图斯四世将这些收藏品一部分卖给了美第奇家族，另一部分捐给了位于卡匹托林山的保护大厦，并于1471年在保护大厦开设了有关文艺复兴的第一个公共博物馆。[2]

作为佛罗伦萨最负盛名的美第奇家族，热衷于收藏各种古代艺术珍品。1565年，艺术家瓦萨里按照科西莫一世·德·美第奇的旨意建造了乌菲齐博物馆，即最早的现代意义上的博物馆，其中收藏的物品可谓包罗万象，甚至被视为拥有"一种以微观方式笼阔万有、便于君主据之、可以象征性地声称对整个自然和人类世界拥有统摄权的企图"[3]。1581年，科西莫之子弗兰西斯一世将乌菲齐博物馆的顶楼改称画廊向公众开放。其后，乌菲齐博物馆以美第奇家族藏品为基础，增加了佛罗伦萨艺术协会、银行家协会、教会、修道院和许多私人收藏家捐献的艺术品，使得该博物馆成为收藏文艺复兴艺术品最为丰富特色的机构。[4]后来，冈萨加家族、伊斯特家族、斯福尔扎斯家族也效仿美第奇家族，收集藏品并建造家族的奇珍室，而这时的奇珍室还只是社会精英阶层文物收藏和私人欣赏的场所。

17、18世纪，一些收藏机构开始向社会开放。1660年，英国伦敦塔的皇家军械库向

---

[1] 苏东海. 博物馆演变史纲[J]. 中国博物馆, 1988（1）：10-24.
[2] [芬兰] 尤嘎·尤基莱托. 建筑保护史[M]. 郭旃, 译. 北京：中华书局, 2011：32.
[3] 李军. 从缪斯神庙到奇珍室：博物馆收藏起源考[J]. 文艺研究, 2009（4）：124-133.
[4] 王纪潮. 美第奇家族与意大利乌菲齐博物馆[J]. 中国文化遗产, 2010（5）：94-102.

第五章 物质文化遗产的保护与开发

公众开放。1671年,瑞士巴塞尔的阿梅巴赫内阁向公众开放。1694年,法国市立艺术馆成立并向公众开放。①1793年8月10日,卢浮宫建立了中央艺术博物馆向公众开放。②继卢浮宫向社会开放后,欧洲一些其他国家也纷纷建立国家博物馆。与此同时,一些私人收藏场所也向社会开放。只是其开放是有限度的,一般社会群体仍然无法进入,观众进入首先需要获得博物馆的事先允许。但是,不能否定的是,这一时期,博物馆对收藏文物珍品确实起到了重要的保护作用。1793年,法国政府颁布的一项法令中规定:博物馆可用作为可移动文物提供保护的庇护所。

而博物馆真正向全社会开放是到了19世纪和20世纪。伴随着工业革命,工业文明广泛发展,在资产阶级提倡知识开放和教育改革运动中,博物馆应当具备社会教育职能逐渐成为共识,于是博物馆向全社会开放逐渐成为常态。

发展到现代社会,博物馆收藏对文物保护发挥着更为重要的作用,并且随着博物馆数量不断增加,其类型也不断丰富。除了综合性博物馆,又不断产生了艺术博物馆、考古博物馆、军事博物馆、海事博物馆、工业博物馆、科学博物馆、地方历史博物馆、主题博物馆,如乐器、邮票、书籍、声音、铁路博物馆等。

(二)中国文物收藏的历史与发展

中国很早就有藏书、藏画、藏中鼎古器物的历史。《周礼·春官·天府》中记载:"天府掌祖庙之守藏,与其禁令,凡国之玉镇、大宝器藏焉。若有大祭、大丧,则出而陈之。既事,藏之。"也就是说,天府是掌管始祖庙中的收藏以及有关禁令的地方。凡王国的玉镇和大宝器都收藏在祖庙中。如果有大祭祀或大丧事就拿出来陈设,事毕后再收藏起来。而《周礼·天官·玉府》也记载:"玉府:掌王之金玉玩好兵器,凡良货贿之藏。共王之服玉、佩玉、珠玉。王齐则共食玉。"这里的玉府是专门管玉的机构,掌管国家大典和宫廷重大礼节所需的仪仗用品。各地凡是发现稀有贵重的玉器须上缴玉府进行保管。可以说,西周时的玉府是我国历史上第一个有文字记载的专司玉器保存管理的机构。这也是官方收藏历史久远的见证。

如果说官方收藏起于周朝,那么接下来各朝各代的帝王更是对古物收藏热情专注。汉代时,收藏甚至成为帝王贵族的一种特权,他们尤其重视对人物画像和书法的收藏。宋代时,宋徽宗也爱书画,曾不惜重金收藏前代书画珍品、名人碑帖,其宫廷收藏有魏晋以后231位画家的书画作品6300多件。除书画外,宋徽宗也喜爱收藏金石,尤其是商

---

① [美] Dallen J. Timothy. 文化遗产与旅游[M]. 孙业红,译. 北京:中国旅游出版社,2012:235.
② [芬兰] 尤嘎·尤基莱托. 建筑保护史[M]. 郭旃,译. 北京:中华书局,2011:101.

周的青铜器。据说，政和年间（1111—1117年），宋朝皇宫收藏的青铜器有6 000多件。

就皇家收藏而言，不得不提到清康熙四十八年（1709年）修建的皇家园林圆明园。圆明园中曾收藏着上自先秦、下至唐、宋、元、明、清历代的名人字画、秘府典籍、钟鼎宝器、金银珠宝等珍贵文物，堪称当时世界上最大的皇家博物馆。然而，1860年英法联军闯入北京，园内奇珍异宝惨遭洗劫，园林遭大火焚烧摧毁殆尽。对于这段历史，远在法国的大文豪雨果曾写下这样的文字："有一天，两个强盗闯进了圆明园。一个强盗大肆劫掠，另一个强盗纵火焚烧。从他们的行为来看，胜利者也可能是强盗。一场对圆明园的空前洗劫开始了，两个征服者平分赃物。真是丰功伟绩，天赐的横财！两个胜利者一个装满了他的口袋，另一个看见了，就塞满了他的箱子。然后，他们手挽着手，哈哈大笑着回到了欧洲。这就是两个强盗的历史。在历史面前，这两个强盗一个叫法国，另一个叫英国。"

就民间私人收藏而言，起于汉代。南朝时，有人专门兴建古斋来收藏保存古物，所收藏古物种类丰富的多达数十百种。而真正兴盛时则是到了宋朝时期。当时的达官权贵、文人雅士多以收藏为乐。赵明诚和李清照夫妇，尤其热衷于收藏商周青铜器和汉唐碣石拓本；著名词人苏轼的书房中甚至供着举世闻名的楚王钟。与此同时，民间对藏品的研究也很深入，目录学、鉴定学由此发展起来。应该说，相比西方社会对古物收集收藏的乐趣，中国收藏家对古物的研究、鉴赏以及编辑整理之趣又多出很多，为此著书立说的不在少数，如北宋刘敞的《先秦古器图》、欧阳修编著的《集古录》、吕大临的《考古图》和《宣和博古图》、李清照夫妇编著的《金石录》。明清时期，这方面的著作更为丰富，如明代曹昭和王佐撰写的《格古要论》、清代阮元的《积古斋钟鼎彝器款识》等。

新中国成立以后，新中国政府非常重视对古代文物的保护，国家收藏成为保存、保护文物的合法方式和重要手段。

三、中国可移动文物的官方收藏与资源普查情况

我国文物的收藏主要分为两种：官方馆藏与民间收藏。其中，官方馆藏对可移动文物的保存、保护发挥着不可替代的作用。从收藏单位来看，主要是指国有的博物馆、纪念馆、文物保护单位、图书馆和其他收藏机构。依据我国《文物保护法》规定，这些文物收藏单位，必须区分文物等级，设置藏品档案，建立严格的文物管理制度，并向主管的文物行政部门备案。

从单个机构收藏文物的数量看，北京故宫博物院是我国藏品数量最丰富的博物馆。新中国成立以后，为了弄清家底，故宫博物院先后组织过五次文物摸底。最早的一次是

在新中国成立后不久,政府对博物院馆藏文物重新整理编号,馆藏总数有近 100 万件[①]。而最近一次完成的摸底是在 2004 年至 2010 年,这次普查获得了馆藏文物的准确数量,各类文物藏品总数有 1 807 558 件(套)之多,其中珍贵文物 1 684 490 件(套),占文物总数的 93.2%,是全国文物博物馆系统馆藏珍贵文物的 41.98%。其中很多藏品在海内外久负盛名,如:春秋立鹤方壶,战国秦石鼓,晋陆机《平复帖》、王珣《伯远帖》,唐青釉凤头龙柄壶、大圣遗音琴、韩滉《五牛图》,五代顾闳中《韩熙载夜宴图》,宋张择端《清明上河图》、王希孟《千里江山图》,元杨茂剔红牡丹纹尊、朱碧山龙槎银杯,明万历孝端皇后凤冠,清大禹治水玉山等作品。

从馆藏文物的种类看,博物院主要有两类藏品,一类为清代宫中历史文物和奇珍异宝;另一类为中国历代文化艺术作品。而从具体门类看,则包括了陶瓷、绘画、书法、铭刻、青铜器、玺印、织绣、玉石器、古籍等 26 种之多(见表 5-1)。故宫博物院针对每一种类的文物藏品都制定了严格的保管和使用规章制度,以确保文物收藏的安全。

表 5-1　北京故宫博物院收藏文物类别

陶瓷	绘画	书法	铭刻	青铜器	玺印
织绣	文房用品	家具	钟表仪器	珐琅	漆器
雕塑	金银锡器	玉石器	玻璃器	竹木牙角匏	宫廷宗教
首饰	钱币	武备	仪仗	音乐戏曲	生活器具
外国文物	古籍				

除了对文物保管的安全负责,故宫博物院还积极发挥馆藏文物的作用,经常举办展览、科学研究等活动,以此不断加强对中华民族优秀历史文化和传统的宣传教育。从举办的陈列展览活动看,主要有两类:一类为宫廷史迹原状陈列,目前保存和恢复的有前三殿、后三宫、西六宫、养心殿等处。其中,专门陈列与宫廷历史有关的处所,如:养性殿、乐寿堂、颐和轩的宫廷收藏珍宝陈列(珍宝馆),奉先殿的宫廷藏钟表陈列(钟表馆)、乾清宫东庑的清代典章文物展览、坤宁门东板房的清代玩具展览、阅是楼的清代戏剧文物陈列等。另一类则为历代艺术陈列,专门开辟有专馆长期或定期展出藏品。如:保和殿及其东西两庑的历代艺术馆,斋宫、诚肃殿、景仁宫的青铜器馆,承乾宫、永和宫的陶瓷馆、钟粹宫的明清工艺美术馆、景阳宫的文房四宝馆等。此外,故宫博物院还经常举办各种临时特别展览,并且经常将院藏文物组成各种专题到国内各省市或国外进行展出。

[①] 1949 年以后,对故宫文物重新进行了整理编号,整理结果显示,带有"故"字号的文物有 78 万余件,带有"新"字号的新入馆收藏的文物有 21 万余件,总计数量近 100 万件。

目前，故宫博物院正在进行第六次文物普查。而此次普查的对象主要是对甲骨、乾隆御稿、明清尺牍、清代磁片和窑址标本、旧存瓷器文物、石碑、文物箱旧柜、旧有铺垫文物、清宫老照片、清宫老照片玻璃底片、古建文物资料、石刻构件、文保科技部原修复材料、古建筑附属文物，以及部分不符合故宫博物院收藏范围的藏品等15大类文物藏品进行普查清理。对于此次清理的目的，北京故宫博物院院长单霁翔说，其目的在于更好地为民众管理好、保护好、弘扬好中华优秀传统文化，深入挖掘其中所蕴含的历史信息和文化价值，把既富永恒魅力，又兼具当代价值的中华文化精神，以人们喜闻乐见、具有广泛参与性的方式，推广开来，传播出去。

作为全国馆藏文物数量最多的博物馆，北京故宫博物院的管理经验无疑值得其他文物收藏单位学习借鉴。然而，由于我国文物馆藏机构数量之多，各机构收藏文物数量之巨、种类之杂，加上深入普查的人力、物力、财力以及技术方面条件的限制，我国在可移动文物管理上一直存在着整体家底不清和现状不明的问题。

为了改变这一困境，2012年10月，国务院专门成立第一次全国可移动文物普查领导小组及办公室（设在国家文物局），全面负责全国可移动文物普查工作的组织和领导。这次可移动文物普查是在我国先后三次进行不可移动文物普查之后，在文化遗产领域开展的国情国力的深入调查，是全面完善和健全我国文物保护体系的重要基础工作。开展这样的普查，不仅有利于全面掌握和科学评价我国文物资源情况和价值，健全文物登录备案机制和文物保护体系，加大文物保护力度，保障文物安全，更将进一步促进文物资源的整合利用，丰富公共文化服务内容，有效发挥文物在国民经济和社会发展总体布局的积极作用。

从整个普查方案的设计看，首次普查的内容包括：1949年（含）以前，历史上各时代珍贵的艺术品、工艺美术品，还有历史上各时代的重要文献资料，以及具有历史、艺术、科学价值的手稿和图书资料等；此外，还包括反映历史上各时代、各民族社会制度、社会生产、社会生活的代表性实物；由博物馆、纪念馆收藏登记的1949年后的藏品；列入国家文物局公布的1949年后已故著名书画家作品限制出境鉴定标准范围的作品，以及具有科学价值的古脊椎动物化石和古人类化石；普查的登录事项包括：文物名称、类别、级别、年代、质地、外形尺寸、质量、完残程度、保存状态、包含数量、来源方式、入藏时间、藏品编号、收藏单位名称等14项基本指标，11类附录信息以及照片影像资料，收藏单位基本情况等。其普查摸底的范围覆盖到全国100多万个国有单位。

从普查的实施阶段看，从2012年10月开始，预计到2016年12月结束，分三个阶段进行。2012年9月至12月为普查第一阶段，主要任务是制定标准和规范，开发软件，开展培训、试点工作；2013年1月至2015年12月为普查第二阶段，主要任务是以县域为基本单元,开展调查、文物认定、信息采集和审核;2016年1月至2016年12月为普查第三阶段,主要任务是进行调查资料的整理、汇总、数据库建设和公布普查成果。目前,整个普查正进入信息的整理、汇总和数据库录入阶段。再过不久,社会公众将能通过相关数据库或普查报告获得我国可移动文物资源的详细信息。

四、可移动文物的海外流失与追索

世界各国不仅积极致力于国内现存文物的保护,同时更努力于本国流失文物的追索与保护。从文物流失的原因看,无外乎几个方面:除了屡禁不止的非法文物盗掘、走私以外,战争掠夺成为很多国家文物流失的重要历史原因。历史上每逢殖民和战乱,文物遭受劫掠几成定律。而国际社会针对流失文物进行法律保护,也正是因为认识到在战争冲突中全世界文化财产都在遭受严重的损害,认识到文化财产在冲突中被破坏、被劫掠的现实。

(一)国际文物追索法律的构建

1954年5月14日,联合国教科文组织在海牙通过了《武装冲突情况下保护文化财产公约》的文件。该公约明确规定各缔约国承允不以故意毁坏或损害为目的,对敌国境内的文化财产、紧邻的周围环境以及用于保护该文化财产的相关设施进行敌对行为,尊重位于敌国领土内以及其他缔约国领土外的文化财产;并且承允"禁止、防止及于必要时制止对文化财产任何形式的盗窃、抢劫或侵占以及任何破坏行为。他们不能征用位于另一缔约国领土内的可移动文化财产"。与此同时,《武装冲突情况下保护文化财产公约》实施条例进一步规定:"在文化财产处于另一国领土期间,该国应为该文化财产的保管者","保管国应在冲突终止时返还该财产;返还应于请求返还之日起六个月内实现"。就此看,1954年通过的这部公约应当是最早对文物劫掠、文物流失给以保护的文件。

此后,又先后出台了一系列专门针对文物流失行为的规制性国际文书。1970年,联合国教科文组织在巴黎通过的《关于禁止和防止非法进出口文化财产和非法转让其所有权方法的公约》明确表示:"各国有责任保护其领土上的文化财产免受偷盗、秘密发掘和非法出口的危险","非法进出口文化财产和非法转让其所有权已经阻碍了各国之前的谅解",而"国际合作是保护各国文化财产免于遭受流失危险的最有效方法之一",并要求各缔约国采取措施,有效行使防止文化财产非法进出口、非法转让的职责。

1995年6月,在罗马外交大会上通过了《关于被盗或非法出口文物转让其所有权方法的公约》。该公约更加适用于流失文物的追索问题以及所有权判定问题。其中包括了国际范围内返还被盗文物的请求和归还违反文物出口法律走私出国的文物的请求,并确定了被盗文物返还的三个原则:一是被盗文物的拥有者应当归还该被盗物;二是非法发掘或者合法发掘但非法持有的文物,应当被视为被盗,只要符合发掘发生地国家的法律;三是任何关于返还被盗文物的请求,应自请求者知道该文物的所在地及该文物拥有者的身份之时起,在三年期限内提出,并在任何情况下自被盗时起五十年以内提出。然而,这里的五十年期限对于很多遭受了殖民、战争的国家来说,无疑是一个没有实质效力的规定。因为很多国家自在战争中被劫掠,至今远超过五十年。

此后,又出台了《关于被盗或者非法出口文物公约》《保护世界和自然遗产公约》《武装冲突情况下保护文化财产公约》《防止侵犯各民族动产形式及文化遗产罪行示范条约》等,联合国也一贯主张"非法得来文物应归还原属国"的原则。

(二)中国文物流失与追索情况

中国、埃及、印度、土耳其、阿富汗等国家都曾是历史上的文明古国,文物资源非常丰富。就我国而言,根据中国文物学会的有关统计,自1840年鸦片战争爆发以来,由于战争、不正当贸易等原因,流失到欧美、日本、东南亚等国家或地区的文物数量就超过1 000万件。联合国教科文组织也做过相关统计:在47个国家的200多家博物馆中有中国文物164万件;与此同时,在国外民间收藏中,所藏中国文物数量是馆藏数量的10倍。而中国文物究竟流失了多少,现实的数量恐怕要远远大于以上两个统计数字。

流失文物数量之巨已成事实,而如何将流失文物追索则是一个更为重要的问题。就中国目前的情形看,追索文物的途径主要有三个:回购、捐赠和依法讨还。如:原圆明园中的十二青铜兽首中的牛首、虎首、猴首、猪首、马首分别在2000年、2003年和2007年由民间爱国人士出资抢救回国。十二兽首中的兔首和鼠首曾在2009年由法国佳士得公司在巴黎进行拍卖。得知此消息,中国方面以欧洲保护中华艺术协会作为原告进行起诉,由中国流失海外文物回归基金会发起投诉。而法国方面却以"不论是协会或基金会,均只能代表机构本身,其无权代表中国,更不能代表公众利益,无权提起诉讼"的理由进行了反驳。该反驳意见当时在国际社会得到相当一部分人的认同,最终鼠首与兔首未能通过司法途径成功索回。直到2013年6月28日,法国皮诺家族最终将圆明园青铜鼠首和兔首捐赠给中国。

2015年,福建章公祖师的肉身坐佛像追索事件引起了广泛的社会关注。福建章公祖师是北宋元祐年间的高僧,在阳春村圆寂后被镀金塑成佛像,因该佛像四肢身首俱全,获封为"六全祖师",并被置于阳春村林氏宗祠普照堂的大殿之上,受历代阳春村村民供奉。1995年,"章公六全祖师"肉身佛像不幸被盗。此后的二十年间,坐佛一直杳无音讯，直至2015年年初村民们才发现世代供奉的佛像居然辗转到远在欧洲的荷兰。于是村民们联名请愿，想要佛像回归故乡。正在有关部门和公众焦急于怎样讨回佛像时，佛像持有者做出了将佛像物归原主的决定，使问题迎刃而解。

然而，国外主动归还或捐赠毕竟是少数，通过国家购买、民间购买的方式追索回来的则占多数。对于回购，一直以来，国家方面是反对的。主要的解释就是，既然本就是中国的东西，没有理由要用中国的钱买回来。因此，依法讨还应当成为索回文物的重要途径。但是，从现有法律基础看，还存在很多问题没有解决。

首先，国际相关公约对文物追索的效力有限。一方面，因为《关于被盗或者非法出口文物的公约》对文物追索的设定期限是五十年，也就是说，自文物流失到确认文物下落并发起追索的时间跨度一旦超过五十年，便不受该公约的保护；另一方面，该公约的缔约国数量有限，目前全世界拥有他国流失文物最多的几个西方国家都没有进入缔约国队伍，没有在该公约上签字，不受该公约的约束。

其次，流失文物的诉讼主体资格不合格。我国近年来发出的多起文物追索诉讼都因为这一原因被驳回。例如，2009年，中国方面起诉法国佳士得拍卖行无权拍卖圆明园青铜鼠首和兔首的事件。当时，中国方面是由欧洲保护中华艺术协会作为原告，中国流失海外文物回归基金会发起投诉，结果却被认为无诉讼主体的资格。

（三）外国文物追索的宝贵经验

从文物追索的国际经验来看，埃及的经验在很多方面是值得借鉴的。

首先，埃及除了借助于一定的国际司法途径，很多时候依赖的是埃及政府的外交谈判、与博物馆合作等方式。为了有效追索文物，埃及政府在2007年时，将最高文物委员会的职责进一步细化，专门成立了归还走私文物全国委员会，全权负责跟踪全世界40余家文物网站拍卖和展览线索；埃及驻外机构也关注文物信息，调查文物合法性；就连埃及领导人出访也不忘追索文物。①可见，埃及政府在文物追索上承担了主要责任。

其次，在出面追索的文物上，将重点集中在那些孤品国宝上。因为埃及作为文明古国，流失文物数量非常大，政府的精力、财力有限，如果不加以选择，是很难有效索回文物的。而那些不是孤品的文物，根据其代表性价值的高低，有选择地将其暂留在现存国家，从而将其作为宣传埃及文化的代表物。

最后，埃及政府在就文物索回进行对外交涉时，经常使用行政手段，对流失文物的现持有机构与埃及的后续合作进行干预。例如，为了让卢浮宫归还5幅法老壁画残片，

---

① 陈克勤."埃及模式"破解文物追索难题[N]．中国商报，2011-02-17（4）.

文化遗产导论

一度提出将终止与卢浮宫的一切合作，禁止其考古小组在埃及活动，拒绝参加卢浮宫的任何活动等。①此外，积极联合其他文物流失国，一同向流失文物的现持有国施加压力以讨回文物，也是经常使用的手段。

通过这些方面的努力，埃及政府近年来索回文物的数量在不断增加。截至2015年年初，埃及政府已经从美国、英国、西班牙、荷兰、以色列等国陆续索回上万件文物。②然而，在不断成功索回文物的同时，伴随着近年来埃及政局的愈加动荡，埃及国内文物的盗窃、走私案件数量也在不断增加，珍贵文物流失情况非常严重。如何进一步加强现有国家文物的保护，加强对文物非法走私、出境的打击也是埃及方面亟待解决的问题。

除了埃及，目前越来越多的国家加入了利用外事手段追索文物的队伍。很多文物原属国通过拒绝出借展品、禁止在境内进行考古开掘以及利用媒体唤起民意支持等方式，向文物现持有国施加压力。希腊政府因为英国不肯归还帕特农神庙檐壁而迁怒法国，拒绝向卢浮宫出借文物；韩国为索回法国1866年掠走的朝鲜王室档案，2007年时在《世界报》上刊登大幅广告称："由于无法索回作为重要文化遗产的朝鲜王室档案，韩国人民夜不能寐。"③

第二节　不可移动的文物古迹的保护与修复

不可移动的文物古迹主要指的是古建筑、古遗址、古墓葬、古石刻、石窟寺和壁画等。对这些建筑遗产、古迹或遗址的保护，成为世界各国文化遗产保护的重要内容。

一、文物古迹保护的国际经验

（一）意大利

意大利是一个非常重视文物古迹保护的国家。早在意大利统一以前，就已经有多部保护文物的规定。例如，1462年，意大利还处在教皇统治时期，当时的教皇就下令不能随便破坏古建筑遗址，否则将会被判处监禁或者不许入教。1802年，红衣主教多里阿·帕姆菲利签署的"教皇亲笔函"，成为意大利至19世纪70年代之前，古迹遗产保护的基

---

① 陈克勤. "埃及模式"破解文物追索难题[N]. 中国商报，2011-02-17（4）.
② 程佳. 埃及：海外追索成果显著　文物保护仍需加强[N]. 中国文化报，2015-01-29（3）.
③ 朱晓云. 法国媒体关注国际文物追索[N]. 中国文化报，2010-04-20（4）.

本法案。该法案这样表达了保护目的：

> 这些珍贵的文物遗存装点了罗马城，让它在欧洲所有最著名的城市里与众不同。这些文物成为学者们思考的重要对象，为激发艺术家们美丽和崇高的观念提供了有价值的模型。它们将外国人吸引到这座城市，欣然地研究这些独一无二的珍品。许多人投身于艺术领域，最终，在他们手中产生的新艺术品将促进工商业中一个分支的发展。这比其他任何事情都更能造福于公众和国家。[①]

基于这样的保护诉求，当时罗马文物建筑保护的目标几乎是将每个古代碎片都视为保护对象，这从那一时期多个文物建筑修复的案例中可以窥见一斑。

以罗马斗兽场的修复为例。罗马大角斗场是罗马帝国最大的圆形露天剧场。该角斗场是由维斯帕先皇帝下令建造，并于公元80年最终建成的。其建成之初最长处188米，最宽处156米，高约50米，能够容纳70 000名观众。[②]19世纪初，由于长年的滥用和接连发生的几次地震，角斗场的建筑石材被严重破坏，多处墙体面临坍塌的危险。为了阻止角斗场继续遭受损坏，最初在1805年，修护人员用一个木结构的支架将濒临倒塌的东墙支撑起来，但是作用十分有限。当时，由建筑师帕拉奇、康波雷西和斯特恩组成的修复委员会提出了一个修复方案，那就是：在墙体破损部分的后面砌筑扶壁，提供强有力的支撑以对抗断裂部分引起的向外推力；在破损的拱内砌墙以在内部加固它们；最后，建造一道必要的交叉墙提供侧面支撑，并将扶壁、柱子、拱与建筑的内部结构连结起来。[③]这一方案不仅可以节约资金，而且能够保护建筑的完整性，委员会曾这样描述他们的用意："这些文物让全世界所有人都敬仰并羡嫉我们，采取那种野蛮的修复手法还不如让破损部分处于自然废墟状态更好。起码，在这种情况下，我们顶多被指责为缺乏手段，但也不至于成为破坏者和野蛮人。"[④]他们所说的野蛮的修复手段指的是当时另一修复建议，一种建立在对残损墙壁改拆重建基础上的修复手段。最终是帕拉奇、斯特恩等人的方案获得了通过，否则大家很难再一睹角斗场的真容。可以说，角斗场的这次修复充分体现了建筑师想要努力保护每一个古代碎片的目的，也由此成为历史上古建筑保存原状的经典案例。

19世纪70年代，意大利正式统一后，政府又陆续出台了一系列有关文物保护的条例。1939年，政府通过文物保护条例，明确规定对于考古、历史和人类研究有价值的艺术品，

---

① [芬兰] 尤嘎·尤基莱托. 建筑保护史[M]. 郭旃, 译. 北京：中华书局, 2011：105.
② [芬兰] 尤嘎·尤基莱托. 建筑保护史[M]. 郭旃, 译. 北京：中华书局, 2011：107.
③ [芬兰] 尤嘎·尤基莱托. 建筑保护史[M]. 郭旃, 译. 北京：中华书局, 2011：110.
④ [芬兰] 尤嘎·尤基莱托. 建筑保护史[M]. 郭旃, 译. 北京：中华书局, 2011：109.

未经有关部门的批准，禁止任何形式的拆除、修改或修复。1939年7月22日，该条例正式通过，并成立了全国文物保护中心。1947年12月22日，意大利《宪法》正式颁布，并将保护、开发和利用文化遗产定为本国长期国策，规定"意大利共和国负责对国家的艺术、文化遗产和自然遗产进行保护"，从而用国家法律的方式为文物古迹的保护定下基调。1975年，意大利政府又专门设立了一个负责全国文物保护工作的最高机构——文化遗产部，遗产部下设出土文物、艺术品、古建筑、古图书等18个保护局，直接管理全国各地的重要遗址、考古区、古迹、文物和博物馆藏品等工作。[①]

在文物古迹的保护资金方面，长期以来，意大利文物除了接受联合国教科文组织与欧盟提供的有限资金外，主要由政府负担，其每年支出的保护经费高达20多亿欧元，并且呈逐年增加的趋势。不过，相对于需要保护的文物数量，这些资金仍然入不敷出。由此，中央政府积极向社会募集资金。1996年，意大利通过法律规定，将全国彩票收入的8‰作为文物保护资金，每年可提供约15亿欧元的经费保障。[②]与此同时，国家针对投资、赞助文物修复或文化活动的企业也提供了相应的税收优惠政策，以吸引民间资本的进入。如意大利颁布了退税法律"艺术津贴"，规定所有捐助文物修复的企业可以获得税费津贴，在捐助后3年内以退税形式返还捐助金额的65%。由此可见，意大利具有完善的法律政策与资金供给环境。

在具体保护文物古迹的路径上，意大利尤其注重将保护与利用充分结合起来。在意大利，有不少古建筑仍然被作为办公场所或住宅得到使用。很多古建筑外部保持着数千年前的面貌，内部已被翻新、加固，从而满足了现代社会生活的需要。之所以允许人们继续使用这些建筑，这和意大利秉承的"整体性保护"观念有关，即不仅要保护有珍贵价值的历史建筑，同时还要让这些建筑与当地居民的生活融合起来，并由此保护当地人传统的生活状态和生活方式。当然，在使用古建筑的同时，使用者也有义务承担相应的责任。意大利政府是通过"领养人"制度，即通过招标的方式，把古建筑的部分服务或使用权限租给私人企业的。因此，政府要求从中收取一部分提成，并规定使用者承担对建筑的日常与阶段性维护工作，同时必须严格遵守文物使用的相关规定。

除了对直接使用者的严苛要求，政府对其他社会公众也作出了要求。例如，文物保护部门认识到汽车尾气污染对文物古迹的隐性损害，甚至要求所有进入市区的旅游大巴，必须交纳价格不菲的"进城费"，并禁止旅游车辆直接进入旅游景点，需要将车辆停靠在距离古迹较远的指定停车场，游客则是乘坐当地交通工具或者步行到达参观景点。

---

① 史克栋. 意大利 三个"保证"确保文物[N]. 人民日报，2002-08-09.
② 史克栋. 意大利 三个"保证"确保文物[N]. 人民日报，2002-08-09.

第五章 物质文化遗产的保护与开发

正是通过多方位的保护体系，意大利在文物古迹保护方面取得了令人瞩目的成绩。据联合国教科文组织的有关统计，意大利目前拥有全世界约 60%的历史、考古及艺术资源，仅经过登记的最珍贵的文物就有 300 多万件，其中包括数量庞大的不可移动文物：考古遗址 2 000 余处、城堡 4 万多个、教堂近 10 万座，另有其他各类古建筑 3 万余处等。

（二）法国

在法语中，不可移动遗产被称为"patrimoine bâti"，主要体现为对建成遗产的保护，如建筑的、景观的遗产。综观法国文化遗产保护的历程，作为保护对象的建成遗产，在被保护的类型上，经历了几个明显的历史变化。

在文艺复兴之前，作为建成遗产保护的主要是宗教建筑物。当时的神庙、教堂在建筑风格上不仅充分显现了人们对宗教的理解与领悟，更具有广泛的社会用途，因此保留和传承宗教建筑得到了社会的广泛认可。

文艺复兴时期，受意大利考古发掘热潮的影响，法国王室对古代文物也产生了浓厚的兴趣。1533 年，佛朗索瓦一世命人修复尼姆的卡雷屋，并要求拆除影响文物建筑完整性的加建部分。受王室影响，当时学界学者开始热衷于文物建筑的研究，积极收集有关过去的各种证据，用于艺术方面的创作与教育。需要说明的是，这一时期人们只是停留于对"过去"的认识，还没有明确的保护意识和行为[①]。因为对历史建筑的破坏也是经常发生的，例如路易波旁王朝时期，拆除了大量前朝建筑物。路易十六拆除的圣日耳曼昂雷和拉谬尔特城堡，至今仍被法国人诟病。

法国大革命爆发之后，许多历史建筑被看作是封建体制或旧意识形态的象征物，如城堡、修道院等，遭到了疯狂破坏。有些建筑物或者被拆成一块块石头遭到变卖，或者被彻底拆除破坏。对于革命者来说，拆掉这些建筑物，就等于捣毁了旧体制和宗教。[②]例如，法国大革命刚爆发时，革命者就拆除了查理五世 1370 年命令建造的巴士底城堡、万森城堡、圣德尼教堂；铲除了巴黎圣母院西立面上的国王群雕（认为不应该向国王顶礼膜拜）……1792 年，巴黎圣母院上的塔楼由于被认为是"平等的对立面"也遭到了拆除。1794 年，巴黎圣母院甚至成为一个大仓库，用于储存葡萄酒。据统计，法国大革命之后，巴黎超过四分之三的老教堂消失了。[③]

也正是因为法国大革命期间，革命者对代表宗教或封建制度的建筑物、艺术品的过度破坏，在一定程度上唤起了社会对历史文化遗产的保护意识。1790 年，国民议会决定

[①] 邵甬. 法国建筑·城市·景观遗产保护与价值重现[M]. 上海：同济大学出版社，2010：14.
[②] 邵甬. 法国建筑·城市·景观遗产保护与价值重现[M]. 上海：同济大学出版社，2010：14.
[③] 邵甬. 法国建筑·城市·景观遗产保护与价值重现[M]. 上海：同济大学出版社，2010：14.

成立文物建筑委员会组织普查应该受保护的建筑；1792年，国民议会决定建立临时保护机制，建立"国家艺术品基金"来保护艺术品种的杰作。他们认为杰作应该让自由人民都得到享受，让领土得到美化。1794年，文物建筑委员会被艺术委员会取代，并出版了一本如何进行普查和保护的手册。1795年，国有化的属于全体公民的建筑物被拨给当时新成立的公民建筑委员会进行管理，该制度一直延续到二战时期。1796年，亚历山大·雷诺阿在巴黎的小奥古斯特修道院内举办了一次展览，展出其在大革命中抢救出来的建筑画作和模型，从而创建了法兰西文物建筑博物馆，使人们意识到大革命对艺术和文化的破坏。[1]1810年，拿破仑时代的内政部长亚历山大·德·拉博德要求省长编制一份在大革命中幸免于难的文物建筑清单。1816年，该清单根据年代编写文物建筑目录出版。[2]

1815年，拿破仑失败后，浪漫主义运动在法国兴起。浪漫主义者对于工业革命所带来的工业制成品毫无好感，而更加怀念于工业化之前的艺术与建筑。其运动领袖维克多·雨果就成为法国古建筑保护的先锋。针对当时仍在继续的历史建筑破坏活动，雨果进行了强烈的抨击。1823年，雨果在诗作《黑段》中痛斥那些文物古迹的破坏者和掠夺者。1825年，在《对破坏者的斗争》一文中雨果向文物破坏者宣战：

已经到时候了，我们需要终止这场混乱！法国虽然被那些毁灭性的革命者、唯利是图的商人和修复者所破坏，她还是拥有丰富的法国式文物古迹。我们应该禁止锤子继续破坏我们祖国的脸面。需要有一个法律来阻止这一切。……[3]

也就是从1830年起，法国政府对"破坏文物"开始进行干预。1830年，法国政府明确提出文物建筑的概念，申明其保护的目的是为了避免伟大建筑遭受破坏。与此同时，政府设立了文物建筑总监的职务。1834年，梅里美就任文物建筑总监，其不仅要求各省份编制中古时代文物建筑清单，根据文物建筑的重要性进行分级[4]；同时说服中央政府对文物建筑的修缮提供财政支持。1840年，法国政府正式出台了《历史纪念物法》，正式用法律的方式将国家对文物建筑保护的干预合法化，将那些具有历史、艺术价值，并符合"国家利益"的建筑物纳入保护框架。

第二次世界大战之后，伴随着大规模的城市化浪潮，以及战争造成的大量建筑废墟，城市中的住房紧张问题日益突出。这一时期，新修城市建筑主要以满足功能主义的实用需求为主，建筑样式越来越单一化、同质化，相比之下，人们对传统的怀念促使法国社

---

[1] 邵甬. 法国建筑·城市·景观遗产保护与价值重现[M]. 上海：同济大学出版社，2010：19.
[2] 邵甬. 法国建筑·城市·景观遗产保护与价值重现[M]. 上海：同济大学出版社，2010：20.
[3] 邵甬. 法国建筑·城市·景观遗产保护与价值重现[M]. 上海：同济大学出版社，2010：22.
[4] 邵甬. 法国建筑·城市·景观遗产保护与价值重现[M]. 上海：同济大学出版社，2010：24.

会重新对历史建筑遗产的价值进行反思。

二、欧美国家文物古迹修复的主要理论

对文物古迹的保护而言，维护修复至关重要。伴随着欧美国家文物古迹保护运动的发展，有关古迹的修复理论也经历着不断的发展，其中一些流派的观点在不同时期影响了那时文物古迹的修复实践。

1. 勒·杜克的风格性修复理论

在文物修复理论中，以法国维奥莱·勒·杜克为代表人物的风格性修复理论，曾经是19世纪在欧洲占据主导地位的理论。杜克本人尤其欣赏中世纪哥特式建筑风格，并对中世纪时期的建筑做过专门的研究论证，希望建立一套科学的保护理论以用于古建筑的修复实践。

在杜克看来，所谓的修复："并非是将其保存，对其修缮或重建，而是将一座建筑恢复到过去任何时候可能都不曾存在过的完整状态"①。他强调建筑风格的统一，认为："每一座建筑物，或者建筑物的每一个局部，都应当修复到它原有的风格，不仅在外表上要这样，而且在结构上也这样"，并且"最好把自己放到原先的建筑师的位置，设想他复活回到这个世界来，人们向他提出现在给我们的任务，他会怎么做"②。而除了注重建筑物的外部风格的修复，杜克也同时强调内部结构的风格统一性，并将其作为修复的原则之一："每一座建筑和建筑的每一部分，都应以其自身的风格予以修复，不仅注重外观，而且包括结构"。与此同时，杜克提出，有必要在任何一项工程之前，进行一次周密的研究和可靠的评判勘查，以便能"准确地界定每部分的年代及特征，以文字描述或图解的方式，形成一份基于可靠记录之上的详细说明书"。而为了实现准确、可靠的目标，建筑师对各种不同建筑风格的地区性变异以及不同建筑风格流派的理论、实践知识的熟练掌握也是必需条件之一。③

基于这样的理论认识，杜克参与了多个中世纪建筑的修复项目，其中影响较大的是对法国巴黎圣母院的修复。巴黎圣母院是哥特式建筑，在法国大革命期间遭受严重破坏。杜克自1844至1864年一直担任巴黎圣母院后期修复工程的总建筑师。根据杜克的设想，修复后的巴黎圣母院会出现两个90米高的尖塔，而这两个尖塔此前从未在圣母院的建筑上出现过。在杜克看来，这样的设计符合了哥特式建筑应有的理念。这一设想后来遭到

---

① [芬兰] 尤嘎·尤基莱托. 建筑保护史[M]. 郭旃, 译. 北京：中华书局, 2011：208.
② 陈志华. 文物建筑保护文集[M]. 南昌. 江西教育出版社, 2008：217.
③ [芬兰] 尤嘎·尤基莱托. 建筑保护史[M]. 郭旃, 译. 北京：中华书局, 2011：208.

了强烈反对，但从巴黎圣母院实际的修复情况看，仍然有很多地方被杜克强行做了改动或做了刻意添加，如：巴黎圣母院正立面上的主要雕塑几乎都是杜克重新设计上去的，其中就包括他和另外两位建筑师的头像；教堂拉丁十字交叉的地方耸立的尖塔本来在法国大革命期间被毁，后来也是杜克根据自己的想象添加上去的。[①]

杜克的风格性修复理论不仅在法国享有盛誉，更在英国、意大利、奥地利等很多国家获得广泛认可。在英国，建筑师安东尼·萨尔文依照风格性修复方法对剑桥圆形罗马式教堂进了大刀阔斧的修复，不仅拆除了所有建造后期添加的建筑构件，并通过所谓还原初始时期设计师的设计理念增加了全新的建筑构件。[②]当时，像这样的拆除或重建的事例非常多。

2. 拉斯金的反修复理论

在以杜克为代表的风格性修复理论风靡欧洲的同时，英国著名艺术评论家约翰·拉斯金领衔掀起了针对风格性修复理论的批判浪潮，并提出"反修复"的文物建筑保护理念。

拉斯金认为即使是最忠实的修复，也会对建筑承载的历史信息的"唯一性、真实性"构成破坏，历史建筑逐渐老化并最后坍塌是事物发展的自然规律，任何人为的努力都无法改变这个必然的过程。[③] 1849年，他在《建筑的七盏明灯》中写道：

"修复（restoration）这个词，群众不懂，关心公共纪念物的人们也不懂。它们意味着一幢建筑物所能遭受到的最彻底的破坏，一种一扫而光，什么都不留下的破坏，一种给被破坏的东西描绘下虚假形象的破坏。再也不要在这件重大事情上自欺欺人了，根本不可能修复建筑中过去的伟大和美丽了，就像不能使死者复活一样……不要再提修复了，所谓修复，从头到尾是个骗局……"对于历史建筑，他说："我愿意这样去做。最大限度地保护这些建筑现有的一切，当保护也不再能使它们留存下来的时候，我宁可不采取任何措施，让它们自然地、一点一点地腐朽下去，也好过任何随意的修复。"[④]

拉斯金之所以如此排斥对历史建筑的修复，主要是缘于他对"美"的特别理解。在他看来，当历史建筑、绘画或雕塑被视作是手工艺人或艺术家在特定历史背景下的独特创造时，岁月的痕迹则是一件艺术品的基本要素，只有经过几个世纪的洗礼，这件艺术

[①] 薛林平. 建筑遗产保护概论[M]. 北京：中国建筑工业出版社，2013：24.
[②] [芬兰] 尤嘎·尤基莱托. 建筑保护史[M]. 郭旃，译. 北京：中华书局，2011：214-240.
[③] 薛林平. 建筑遗产保护概论[M]. 北京：中国建筑工业出版社，2013：27.
[④] [芬兰] 尤嘎·尤基莱托. 建筑保护史[M]. 郭旃，译. 北京：中华书局，2011：241.

品的美才可被视为"成熟"的美。①

其实,拉斯金反对修复并不是对历史建筑的彻底放任不管,而是反对在必要的日常维护之外,对建筑物进行不必要的改动或替换。他认为:

观察一座古代建筑的目光,应该略带焦虑;尽最大的努力去保护它,不惜一切代价避免它崩塌。要像对待皇冠上的宝石一样对待每一块石头;要像守卫城堡的士兵观察敌情一样细心观察它。松了的地方用铁器固定;倾斜的地方用木材支撑;别去在乎这些保护措施并不美观②。

受反修复理论的影响,英国后来也广泛采用了保存废墟的做法。对于那些即将坍塌的教堂、修道院,只拆除其中容易腐烂的材料,保留原来的砖石,甚至在上面种上常青藤植物,从而追求历史的残缺之美。

3. 威廉·莫里斯的保守性整修理论

威廉·莫里斯是19世纪英国著名建筑设计师,他早年在牛津大学学习期间,深受拉斯金的影响,尤其受拉斯金《威尼斯之石》一书的影响至深。但与拉斯金不同,莫里斯的古建筑修复思想被后世称为"保守性整修"理论。

莫里斯认为:任何时代的艺术都应该是那个时代社会生活的写照……正是因为古代和现代之间存在社会生活的根本差异,因此如果现代社会的基本要素不改变,哥特式建筑是不可能复兴的,其修复也是不可能的,现代工人不可能是古代工匠那样的艺术家,他们不能"转化"自己的工作……古代意味着古老,哥特式建筑属于中世纪,任何19世纪的仿制品都不过是一种伪造。

1877年3月5日,莫里斯的一封信在《雅典娜神庙》杂志上获得发表。他在信中表达了自己对当时抹杀文物历史的破坏性修复的强烈不满,并建议成立一个旨在保护历史建筑的协会。③1877年3月22日,英格兰古建筑保护协会正式成立。莫里斯被选为协会的荣誉书记,并撰写了《古建筑保护协会纲领》,该纲领后来成为古建筑现代保护政策的重要基础。莫里斯在其中这样阐述他对古建筑"保护"的理念:

一座11世纪的教堂,可能在12、13、14、15、16或者17世纪扩建或改建。但每一次改变,不论它毁灭了多少历史,它留下了自己的历史,它在以自己当时的样式所作所为中活下来了,这样,结果是,常常有一些建筑物,虽然经过许多粗糙的、历历可见的

---

① [芬兰] 尤嘎·尤基莱托. 建筑保护史[M]. 郭旃,译. 北京:中华书局,2011:250.
② [芬兰] 尤嘎·尤基莱托. 建筑保护史[M]. 郭旃,译. 北京:中华书局,2011:250.
③ [芬兰] 尤嘎·尤基莱托. 建筑保护史[M]. 郭旃,译. 北京:中华书局,2011:256.

改变，由于这些改变之间存在着对比，仍然是很有意义的、很有益处的，而且绝不会叫人弄错。但现在那些人，他们以"修复"（restoration）为名进行改变，声称要把建筑物带回它历史上最好的情况，但他们并没有科学根据，仅仅依据他们自己的狂想，决定什么是有价值的，什么是没有价值的。他们的工作的性质迫使他们破坏一些东西，迫使他们用想象出来的原先的建筑者应该或可能做过的东西来填补空白。而且，在这个破坏和增添的双重过程中，建筑物的表面必然会遭到篡改，因此，古物的面貌被从它保留下来的古老的身上弄掉了……因此，为了这些建筑物，各个时代、各种风格的建筑物，我们抗辩、呼吁处理它们的人，用"保护"替代"修复"，用日常的照料来防止破坏，用一眼就能看出是为了加固或遮盖而用的措施去支撑一道摇摇欲坠的墙或者补葺漏雨的屋顶，而不假装成别的什么。[1]

莫里斯之所以呼吁用"保护"来替代"修复"，就在于他认为，以往的修复往往定格在某一时期的某种风格，一味地模仿历史风格从而造成了古迹真实性的丧失；而"保护"古迹则是要尊重历史的真实性，对古迹的修缮做到修、旧有别；用基本的加固或遮盖方式来进行日常性维护，从而将历史原样原址保存下来。

4. 卡米洛·博伊托的文献性修复理论

19世纪60年代末至70年代，以杜克为代表的法国风格性修复学派和以拉斯金、莫里斯为代表的反修复、保守性修复学派之间展开了激烈的争论。在文艺复兴的发源地意大利，建筑师们针对这两个学派的理论和有关争论，提出了不同的观点看法。其中，最具代表性的是文献性修复理论，提出者是意大利著名建筑遗产保护专家卡米洛·博伊托。

从博伊托文献性修复理论提出的理论背景看，主要受到了当时意大利兴起的历史学研究方法——语言文献学方法的影响，以及意大利艺术学家提托·韦斯帕夏诺·帕拉维西尼早期将古迹与文献相比较研究思想的影响。在语言文献学研究方法的影响下，古迹被看作是为了记录某种信息而修建起来的，它本身就可以被看作是一个文献。而帕拉维西尼则是通过将古迹与文献相比较，提出古迹与文献的价值乃至缺陷都可以被看作各个历史时期的映射，因此，如果损失一座历史建筑将会造成历史的空白；而当这份特殊的文献遭到篡改后则会引发更为严重的后果。[2]

博伊托继承了这些思想并提出了自己的看法。1883年，博伊托在罗马举行的第三届工程师和建筑师大会上发表了一篇论文，主题是：修复是否应该模仿原始建筑，添建物

---

[1] 陈志华. 文物建筑保护文集[M]. 南昌：江西教育出版社，2008：222.
[2] [芬兰] 尤嘎·尤基莱托. 建筑保护史[M]. 郭旃，译. 北京：中华书局，2011：280.

或复原物是否应该明确地标示出来。博伊托本人在论文中肯定了第二种做法。对于历史建筑古迹的修复，博伊托建议所有后期的改变和添加部分都应该同样作为历史文献同等对待；建议对建筑进行最小化修复；建议明确地标示出所有新的部分，标示的方法可以通过使用不同的材质、注明时间，或采用简单的几何造型；建议新添加部分应采用现代式样，但不可与原始构件反差过大；建议所有的修复工作应该进行详细的记录，实施各种干预的日期也应该在古迹上做简要的说明。这些建议内容，后来被纳入到意大利现代古迹保护的第一部宪章中。而从该宪章对"历史古迹"的定义中，就可清楚地看到文献性修复思想对宪章精神的深刻影响，其中写道：

> 来自以往的建筑古迹的价值不仅在于其建筑学研究方面的作用，更重要的在于它们是阐释和图解形形色色的人们在漫长岁月中多样性历史各个时期的重要文献；因此，它们应该被作为珍贵的文献严谨、虔敬地予以尊重。对它的任何改动，无论多么细微，只要它形成对原状的部分改变，都将造成误导，最终引发错误的推断①。

5. 卢卡·贝尔特拉米的历史性修复理论

卢卡·贝尔特拉米是博伊托的学生，他曾在法国巴黎学习和工作，并曾受到法国风格性修复理论的影响，后来师从博伊托，并在继承文献性修复思想的基础上进一步提出历史性修复的观点。

贝尔特拉米强调文献档案对历史建筑修复重要的基础性作用，认为历史建筑应该恢复原貌，但是要根据确凿的历史史料真实地加以修复。他反对风格性修复理论关于建筑原初状态的臆造，要求把保护工作建立在坚实的文献研究基础上，尽可能多地收集资料，进行彻底研究，决不允许主观分析和推论。②

基于这些观点，贝尔特拉米参与指导了当时多个历史建筑的修复乃至重建。其中一个著名的事例是 1902 年至 1910 年，威尼斯圣马可教堂钟塔的重建。1902 年，贝尔特拉米参与了塔楼重建工程预备阶段的工作，并决定"原址原样"地对钟塔进行重建。从塔楼最终的建成情况看，完整地再现了其坍塌之前的原貌。但其建筑材料和内部建筑结构却发生了巨大变化，替换采用的是现代钢筋混凝土的结构。这一做法受到了很多争议，最多的争议就集中在这种重建物的价值判定上。

6. 科学性修复理论

科学性修复理论是 20 世纪上半叶产生于意大利的代表性修复理论。从思想渊源看，

---

① [芬兰] 尤嘎·尤基莱托. 建筑保护史[M]. 郭旃, 译. 北京: 中华书局, 2011: 282.
② 薛林平. 建筑遗产保护概论[M]. 北京: 中国建筑工业出版社, 2013: 32.

科学性修复理论继承了19世纪建筑修复的相关理念,并契合了20世纪上半叶特殊的时代、社会背景,尤其是在经历了一战、二战的世界战乱之后,社会对建筑实用性功能的需求,不断地获得发展成熟。

古斯塔沃·乔万诺尼是该理论的奠基人。在乔万诺尼的职业生涯中,他一直在思考平民建筑对城市肌理持续性的意义,并进而发展出一套名为"'淡化'城市肌理"的历史地区现代化理论。其理论的主要内容包括:在历史地区之外容纳城市的主要交通、避免新街道分割历史区域、改善社会及卫生条件和保留历史建筑等。①

在具体保护历史建筑的方式上,乔万诺尼强调日常性维护的重要性,并认为,在日常的维护基础上,如果有确实的必要,现代技术是可以采用的,例如水泥填补、金属或隐蔽的钢筋混凝土加固等。只是为了保存建构物的真实性,任何现代添加物都必须被明确、准确地标注上添加日期。乔万诺尼的这些思想后来被引入了1931年在历史纪念物建筑师及技师国际会议上通过的《雅典宪章》中。可见,乔万诺尼的思想深受博伊托理论的影响。

与此同时,乔万诺尼也表达了他对杜克修复理论的不满,认为杜克的理论是"反科学"的。也正是由此,后世又将其修复理论称为"科学性修复"理论。

三、中国不可移动文物古迹保护的机制与原则

新中国成立至今,在政府和学界的共同探索下,我国形成了以《文物保护法》为核心,各类行政法规、部门规章及地方法规相配套的法律保护机制;形成了中央和地方相互配套的行政保护机制,相对具备了较为完善的文物保护管理体系。

(一)不可移动文物古迹主要的保护制度

对于不可移动文物古迹的保护,我国目前主要采用了文物保护单位的分级管理制度、历史文化名城、历史文化街区以及历史文化(名镇)名村制度等。

我国文物保护单位的认定和分级管理制度,是1961年由国务院颁布的《文物保护管理暂行条例》(以下简称《条例》)初步确定下来的。《条例》规定:"各级文化行政部门必须进行经常的文物调查工作,并且应当陆续选择重要的革命遗址、纪念建筑物、古建筑、石窟寺、石刻、古文化遗址、古墓葬等,根据它们的价值大小,按照下列程序确定为县(市)级文物保护单位或者省(自治区、直辖市)级文物保护单位"。

其中,对于"县(市)级文物保护单位",由县、市文化行政部门报县、市人民委

---

① [芬兰] 尤嘎·尤基莱托. 建筑保护史[M]. 郭旃,译. 北京:中华书局,2011:306-307.

员会核定公布，并报省、自治区、直辖市人民委员会备案；"省（自治区、直辖市）级文物保护单位"，由省、自治区、直辖市文化行政部门报省、自治区、直辖市人民委员会核定公布，并报国务院备案。而除了这两个等级外，《条例》还提出认定"全国重点文物保护单位"，具体认定办法为：由文化部在省（自治区、直辖市）级文物保护单位中，选择具有重大历史、艺术、科学价值的文物保护单位，分批报国务院核定公布，作为全国重点文物保护单位。

1982 年，《文物保护法》正式颁布，对于全国重点文物保护单位认定办法调整为：在各级文物保护单位中，选择具有重大历史、艺术、科学价值的作为全国重点文物保护单位，或者直接指定全国重点文物保护单位，报国务院核定公布。由此，《文物保护法》以法律形式延续并确认了文物保护单位的分级管理制度。

自 1961 年至今，我国政府先后公布了七批全国重点文物保护单位。其中：1961 年第一批全国重点文物保护单位的认定数量有 180 处；1982 年第二批有 62 处；1988 年第三批有 258 处；1996 年第四批有 250 处；2001 年第五批有 518 处；2006 年第六批有 1 080 处；2013 年第七批有 1 944 处。目前我国总计有重点文物保护单位 4 292 处。从各地区拥有的重点文物保护单位的数量看，山西省数量最多，有 452 处；河南省位居第二，有 357 处。

历史文化名城保护制度的提出晚于文物保护单位制度。1982 年，国务院通过《文物保护法》，其第 8 条明确规定："保存文物特别丰富、具有重大历史价值和革命意义的城市，由国家文化行政管理部门会同城乡建设环境保护部门报国务院核定公布为历史文化名城"。

历史文化街区保护制度则是于 2002 年确立。2002 年《文物保护法》重新修订后，增加了"保存文物特别丰富并且具有重大历史价值或者革命纪念意义的城镇、街道、村庄，由省、自治区、直辖市人民政府核定公布为历史文化街区、村镇，并报国务院备案"的条款。与此同时，还规定"历史文化名城、历史文化街区、村镇所在地的县级以上地方人民政府应当组织编制专门的历史文化名城和历史文化街区、村镇的保护办法，并纳入城市总体规划"，历史文化名城和历史文化街区、村镇的保护办法，则由国务院具体制定。

（二）不改变文物原状的保护原则

我国文物工作贯彻"保护为主、抢救第一、合理利用、加强管理"的基本方针。在文物古迹保护的具体原则上，坚持"不改变文物原状"的基本原则。我国政府在颁布文物保护的法律法规时，始终坚持将这一原则写入其中。与此同时，文物保护实践领域也遵循了该原则。

1. 不同时期对"不改变文物原状"原则的表述

不改变文物原状的原则是我国政府对不可移动文物保护的重要原则。自1982年《文物保护法》颁布以来，政府在历次修订颁布文物保护有关法规条例时，一直有对该原则的阐述。只是1982年之前，其文字表述略有变化。

1950年，中央人民政府政务院做出《关于保护古文物建筑的指示》。该指示是新中国成立后政府首次对古文物、古建筑的保护事宜作出指示。其中，不仅对受保护的文物范围做了简要说明，包括革命遗迹及古城廊、宫阙、关塞、堡垒、陵墓、楼台、书院、廊宇、园林、废墟、住宅、碑塔、雕塑、石刻等以及上述各建筑物内之原有附属物；同时对当时文物使用的原则也做了要求："凡因事实需要，不得不暂时利用的，应尽量保持旧貌，经常加以保护。"

1961年3月4日，国务院颁布了《文物保护管理暂行条例》。该条例从文物修缮、保养和使用方面做出了原则性要求，规定在古建筑、石窟寺庙等（包括建筑物的附属物）进行修缮、保养的时候，必须遵守恢复原状或者保存现状的原则；规定文物保护单位中的古建筑、纪念建筑除可以建立博物馆、保管所或辟为参观游览场所外，须作其他用途应经批准，文物保护单位的使用单位要严格遵守不改变文物原状的原则。

1982年11月19日，全国人民代表大会颁布《文物保护法》，其中第14条规定：核定为文物保护单位的革命遗址、纪念建筑物、古墓葬、石窟寺、石刻等（包括建筑物的附属物），在进行修缮、保养、迁移的时候，必须遵守不改变文物原状的原则。第15条规定：这些单位以及专设的博物馆等机构，都必须严格遵守不改变文物原状的原则，负责保护建筑物及附属文物的安全，不得损毁、改建、添建或者拆除。

自此，在《文物保护法》中，对该原则的表述就未再发生变化，一直沿用"不改变文物原状的原则"的阐述。而这也在一定程度上反映了政府对文物保护工作的探索，表明政府对文物保护理念的逐渐清晰和我国文物保护事业的逐渐稳定、成熟。

2. 国内学界对"不改变文物原状"原则的讨论与阐释

其实，对于文物保护的原则，一直是国内学界争论的焦点话题。究竟是保存现状还是恢复原状，并且这两者之间到底有何区别？从争论内容看，主流观点认为：保存现状与恢复原状是两个截然不同的概念。所谓保存现状，一般是指"保存一座建筑物现存的健康面貌"，其中包含了对建筑物在不同历史时期和环境下所经历的维修甚至改建等客观事实的尊重。相对于保存现状，恢复原状则强调要恢复一座建筑物在初始建造时的原状。这里的"原状"在理论界争议颇多，其争议主要就在于对初始建造时期的建筑风貌和建筑物在初建时期的具体建筑形态两个理解方式上的分歧。

前一种理解是要恢复一个建筑物在最早建造时期的时代性风貌，按照那个时代的观念来复原文物。而后一种理解重在考据一个建筑物最早被建造时的实际形态,从而恢复当时建造的原貌。事实上,就第一种理解方式而言,比较接近于法国19世纪以杜克为代表的风格性修复理论,而这一理论后来在实践中也是饱受后人诟病的。就中国理论界主流的观点倾向看,更多采用了第二种理解方式。

就恢复原状而言,事实上是一个极其复杂的工程。如果要实施恢复原状方案,必须要满足非常严苛的条件,祁英涛先生认为最根本的条件就是:"只有在主体部分,即梁架、斗拱等木构架,大部分保留原建时期的式样和构件、局部残缺或被改变的情况下,才有可能恢复原状"。而要真正做到恢复或保持古建筑的原状,则必须严格保证四个方面,分别是:建筑物原来的建筑形制;原来的建筑结构;原来的建筑构件质地;原来的建筑工艺。①

3.《中国文物古迹保护准则》对"不改变文物原状"原则的阐释

尽管国内学界对文物古迹保护的具体原则存有争议,但是,在具体实践时,行业专家们仍积极达成了共识,以专门的行业准则确定了更为详细的操作规范。2000年10月,国际古迹遗址理事会中国国家委员会联合国内文物建筑保护、考古、文物保护科技、法律、管理领域的一批专家,参照1964年《威尼斯宪章》为代表的国际原则,结合中国文物古迹保护的实践经验,最终制定了《中国文物古迹保护准则》,从而成为中国文物古迹修复与保护的行业操作准则。

《中国文物古迹保护准则》提出了文物古迹保护的十条原则,包括:必须原址保护、尽可能减少干预、定期实施日常保养、保护现存实物原状与历史信息、按保护要求使用保护技术、正确把握审美标准、必须保护文物环境、不应重建已不存在的建筑、考古工作注意保护实物遗存、预防灾害侵袭等。

其中《关于〈中国文物古迹保护准则〉若干重要问题的阐述》文件,对"不改变文物原状"的原则给予了具体阐释。提出"不改变文物原状"所涉及的原状形态,主要包括四种:① 实施保护工程以前的状态;② 历史上经过修缮、改建、重建后留存的有价值的状态,以及能够体现重要历史因素的残毁状态;③ 局部坍塌、掩埋、变形、错置、支撑,但仍保留原构件和原有结构形制,经过修整后恢复的状态;④ 文物古迹价值中所包含的原有环境状态。对于不改变文物原状的原则,在具体实践中究竟如何落实,则涉及"保存现状"和"恢复原状"两个具体准则。

其中,必须保存现状的对象有:① 古遗址,特别是尚留有较多人类活动遗迹的地面遗存;② 文物古迹群体的布局;③ 文物古迹群中不同时期有价值的各个单体;④ 文物

---

① 晋宏逵. 对不可移动文物保护原则的探讨[N]. 中国文物报,2005-09-23(8).

文化遗产导论

古迹中不同时期有价值的各种构件和工艺手法；⑤ 独立的和附属于建筑的艺术品的现存状态；⑥ 经过重大自然灾害后遗留下有研究价值的残损状态；⑦ 在重大历史事件中被损坏后有纪念价值的残损形态；⑧ 没有重大变化的历史环境。

可以恢复原状的对象有六种，分别是：① 坍塌、掩埋、污损、荒芜以前的状态；② 变形、错置、支撑以前的状态；③ 有实物遗存足以证明为原状的少量的缺失部分；④ 虽无实物遗存，但经过科学考证和同期同类实物比较，可以确认为原状的少量缺失和改变过的构件；⑤ 经鉴别论证，去除后代修缮中无保留价值的部分，恢复到一定历史时期的状态；⑥ 能够体现文物古迹价值的历史环境。

四、中国不可移动文物资源的普查

新中国成立以来，对不可移动文物，我国政府先后组织了三次全国性普查。

（一）第一次全国文物普查

1956 年 4 月，国务院专门颁布《关于在农业生产建设中保护文物的通知》，针对当时一些地方在建设工程中破坏文物的情况，第一次明确提出在全国范围内进行文物普查的决定："地方各级人民委员会必须在既不影响生产建设，又使文物得到保护的原则下，采取紧急措施，大力宣传，在农业生产建设中开展群众性的文物保护工作"，"在全国范围内对历史和革命文物遗迹进行普查调查工作"。与此同时，还做出了关于"确定文物保护单位"的工作部署，要求"各省、自治区、直辖市文化局应该首先就已知的重要古文化遗址、古墓葬地区和重要革命遗迹、纪念建筑物、古建筑、碑碣等，在本通知到达后两个月内提出保护单位名单，报省（市）人民委员会批准先行公布，并且通知县、乡，做出标志，加以保护。然后将名单上报文化部汇总审核，并且在普查过程中逐步补充，分批分期地向文化部报告国务院批准，置于国家保护之列。被确定的文物保护单位，由文化部进行登记，颁发执照，交由当地人民委员会负责保管。"由此，标志着第一次全国文物普查工作正式开始。

针对第一次文物普查需要遵循调查目标、方法、原则等问题，当时文物界专家广泛参与了讨论研究。文物普查的对象定为：登记地上、地下已知所有文物古迹，包括革命、历史遗迹、古代建筑、考古学遗迹、艺术文物、天然纪念物和天然名胜等。文物普查的具体实施，则是首选山西为普查试点，从山西普查实践中总结经验教训，再进而推广到全国。①

---

① 刘建美. 1956 年第一次全国文物普查述评[J]. 党史研究与教学，2011（5）：79-86.

第五章 物质文化遗产的保护与开发

1959年，第一次文物普查基本结束。然而，由于本次普查是在新中国成立不久后进行的，文物部门存在着人力、物力、财力等资源的严重不足，整个普查从实际进行情况看只是一个初步的调查，最终没有获得并留下一份全面、完整、准确的文物统计资料。

（二）第二次全国文物普查

第二次全国文物普查始于1981年，到1989年结束，普查的规模和成果都远超过第一次普查。这次文物普查中，我国共调查登记不可移动文物40余万处，并先后公布了2 351处全国重点文物保护单位，8 000余处省级文物保护单位，60 000余处市县级文物保护单位。

然而，在此次普查的实施过程中，还是暴露出了明显的问题。以内蒙古自治区内的普查进行情况看，赤峰市及中南部地区是第二次文物普查的重点地区。在第二次全国文物普查中，未能做全面覆盖的勘察，造成了遗址有一定程度的遗漏现象。许多偏僻山区、沙漠深处和原始森林等人迹罕至之地，成为文物分布空白地带。限于技术信息认识水平和政策等方面因素的制约，一些有重要价值的文物，当时未被当作不可移动文物点来调查登记。①

（三）第三次全国文物普查

2007年4月至2011年11月，我国政府组织了第三次不可移动文物普查，这次普查也是由国务院首次统一指导的重大文物保护基础工程，涉及全国31个省（自治区、直辖市）2 871个普查基本单位。从普查文物的类别看，包括地上、地下、水下全部不可移动文物。

2011年12月，第三次文物普查成果正式向社会发布。此次普查共登记不可移动文物766 722处，包括：古遗址193 282处，古墓葬139 458处，古建筑263 885处，石窟寺及石刻24 422处，近现代重要史迹和代表性建筑141 449处，其他4 226处。其中，新发现文物536 001处，复查文物230 721处，从普查范围和获得数据看，整体摸清了我国不可移动文物的数量、分布、类型、年代等情况；查清了不可移动文物的所有权、使用情况、人文环境、自然环境等基本信息；查实了保护级别、保护状况、破坏因素等基本情况。

相对前两次普查，第三次普查的特点是：从总量看，我国登记不可移动文物总量较第二次文物普查增幅超过200%；从增量看，新发现不可移动文物占到登记总量的69.91%；从类型看，工业遗产、乡土建筑、20世纪遗产、文化景观等一批新型文化遗产得到充分重视，在新发现文物点中占有较大比重；从科技含量看，水下考古、航空遥感、空间地

---

① 李艳. 第二次全国文物普查[N]. 内蒙古日报，2010-12-10（9）.

理信息技术、网络技术等在文物普查中得到应用;从价值看,新发现和登记了一批重要文化遗产,对研究我国史前文明、古代社会及近现代的政治、经济、军事、文化等方面,都具有重要意义。

第三节　历史文化名城的保护

一、历史文化名城保护的价值与意义

相对于单个的古建筑、古遗迹等文化遗产,承载并汇集了丰富文化遗产的城市空间同样具有被保护的价值。一个城市中人们的集体记忆,是连同这个城市本身在内的,也就是说,城市作为一个相对完整的文化空间参与建构着人们的历史记忆、集体记忆。对历史城市价值的肯定在20世纪时得到了国际社会的广泛认可。

1933年,国际现代建筑协会通过的《雅典宪章》这样描述历史城市的价值:"城市的布局和建筑结构塑造了城市的个性,孕育了城市的精魂,使城市的生命力得以在数个世纪中延续。它们是城市的光辉历史与沧桑岁月最宝贵的见证者,应该得到尊重。"

1964年,历史古迹建筑与技师国际会议通过的《威尼斯宪章》提到,"历史古迹的要领不仅包括单个建筑物,而且包括能从中找出一种独特的文明、一种有意义的发展或一个历史事件见证的城市或乡村环境",由此城市本身也应成为保护的对象或重要部分。

1976年,联合国教科文组织通过的《关于历史地区的保护及其当代作用的建议》(又称《内罗毕建议》)认为:"历史和建筑(包括本地的)地区,系指包含考古和古生物遗址的任何建筑群、结构和空旷地,它们构成城乡环境中的人类居住地,从考古、建筑、史前史、历史、艺术和社会文化的角度看,其凝聚力和价值已得到认可。在这些性质各异的地区中,可特别划分以下几类:史前遗址、历史城镇、老城区、老村庄、老村落以及相似的古迹群。"其中,明确将历史城镇纳入被保护对象中。

1987年,国际古迹遗址理事会通过的《华盛顿宪章》提出:"本宪章涉及历史城区,不论大小,其中包括城市、城镇以及历史中心或居住区,也包括其自然的和人文的环境。除了它们的历史文献作用外,这些地区体现着传统的城市文化的价值。"

我国最早在1983年3月9日印发的《关于加强历史文化名城规划工作的通知》文件中阐述了保护历史文化名城的价值与意义,即"保护一批历史文化名城,对于继承悠久的文化遗产,发扬光荣的革命传统,进行爱国主义教育,建设社会主义精神文明,扩大我国的国际影响,都有着积极的意义"。历史文化名城集中体现了中华民族的悠久历史、

第五章　物质文化遗产的保护与开发

灿烂文化和光荣革命传统，是全国人民极其宝贵的物质和精神财富。把历史文化名城保护好、规划好、建设好，是城市规划工作的一项重要任务。

案例【5-1】

波兰华沙古城的重建[①]

在全世界，对历史城市保护最令人震撼和感动的事例莫过于波兰首都华沙的重建。1596年，波兰国王齐格蒙特·瓦萨三世将王室从克拉科夫迁至华沙，华沙自此成为波兰首都。18世纪末，华沙曾一度发展为欧洲最大的城市之一。

然而，二战爆发后，华沙城被德国纳粹的战火摧毁殆尽。华沙民众深刻感受到故土被摧毁的痛苦，积极参与到拯救华沙城、拯救华沙文化的运动中。华沙大学建筑系师生抢在华沙被完全炸毁之前绘制了关于城市的街道、建筑物的图纸，并对街道的位置和建筑物的造型、色彩等细节做了精确标记，并将这些图纸隐藏在安全的地方。

二战结束后，无数华沙人团结在一起，按照当年绘制的图纸投身到了城市重建的热潮中。在此期间，有数十万流浪国外的波兰人回到祖国，也一同加入这场运动。他们不仅在维斯瓦河西岸，也就是老华沙城的所在地重建了古城，更同时在河东岸兴建了新城。在古城中，华沙人在20多年的时间里，按照原样重建或修复了900多座具有重大历史意义的建筑，它们突出代表了华沙以及整个波兰的历史、文化，更承载着波兰人的民族记忆。

如今，在华沙古城区的广场中心，重新竖立起华沙的"城徽"——"美人鱼"铜像。相传在古代，维斯瓦河畔住有一对恋人，男的叫瓦尔西，女的叫沙娃。国王反对他们相爱，但未能得逞，他们终成眷属。后人为纪念他们勇敢的斗争精神，就以他俩的名字"Warszawa"来命名这座城市。

在华沙古城区南端的王宫广场中心重新竖起了"齐格蒙特三世"纪念柱，它始建于1644年，二战期间被毁，1949年重新修复。青铜铸建的齐格蒙特三世塑像矗立在红色的大理石圆柱上，头戴王冠，身穿王服，左手持十字架，右手握宝剑，令人肃然起敬。传说国王的宝剑向上指象征着胜利和幸运，向下指预示着厄运和衰亡。

而在华沙比克拉夫郊外大道的圣十字教堂也被重新修建，这里安放着音乐家肖邦的心脏。圣十字教堂是于1294年修建的。在肖邦去世后，按照波兰传统习俗，人们将他的

[①] 丁丁. 二战后华沙古城的重建[J]. 建筑与文化，2012（4）：107-109.

心脏带回祖国并保存在这里。二战时,教堂遭受空袭,神职人员们用自己的生命保住了他的心脏。二战结束后,华沙人重建了教堂,并于1945年10月17日,肖邦忌日的那一天,重新将其心脏放回原处。

在华沙,像这些被重建的历史建筑举不胜举。而除了重建部分,华沙人也一直努力为城市增加更多新的历史内涵和象征性建筑。例如1967年,也就是居里夫人诞辰100周年,修建了居里夫人故居博物馆,以此向这位伟大的女科学家致敬。

也正是基于波兰人深厚的民族情感,以及他们为了保住共同精神家园所做的不懈努力,波兰古城最终被重建起来。1980年,联合国教科文组织将华沙古城作为特例,纳入到《世界遗产名录》中。

二、中国历史文化名城名录与分批公布制度

基于历史城市保护的重大价值与意义,很多国家相继展开了历史城市保护运动。其中,认定并公布历史城市的保护名录成为最普遍的做法之一。苏联于1949年首次正式公布历史城市的名单,包括莫斯科、列宁格勒、契卡洛夫斯克等20个城市。日本于1966年根据《古都保护法》,认定京都、奈良等6个城市为"古都"。[①]我国则是在1982年正式公布了首批"历史文化名城"的名单,由此确立了历史文化名城的保护制度。

1981年12月,国家基本建设委员会、国家文物事业管理局、国家城市建设总局向国务院提交了《关于保护我国历史文化名城的请示》。这份请示文件第一次提出"历史文化名城"的概念,并提出:"随着经济建设的发展,城市规模一再扩大,在城市规划和建设过程中又不注意保护历史文化古迹,致使一些古建筑、遗址、墓葬、碑碣、名胜遭到了不同程度的损坏。近几年来,在基本建设和发展旅游事业的过程中,又出现了一些新情况和新问题。有的城市,新建了一些与城市原有格局很不协调的建筑,特别是大工厂和高楼大厦,使城市和文物古迹的环境风貌进一步受到损害。如听任这种情况继续发展下去,这些城市长期积累起来的宝贵的历史文化遗产,不久就会断送,其后果是不堪设想的。"与此同时,这份文件做出了将北京等24个城市列为历史文化名城的提议。

1982年2月8日,国务院转批这一请示,并同时公布了首批24个"国家历史文化名城"的名单(见表5-2)。同年,《文物保护法》的出台正式将历史文化名城的保护纳入法律体系,从而开启了我国历史文化名城保护的规范化道路。并且,在《文物保护法》中,历史文化名城被明确界定为"保存文物特别丰富、具有重大历史价值和革

---

① 薛林平. 建筑遗产保护概论[M]. 北京:中国建筑工业出版社,2013:148.

命意义的城市",并规定"由国家文化行政管理部门会同城乡建设环境保护部门报国务院核定公布"。

截至 2015 年,我国分批认定的国家级历史文化名城共有 128 个。其中,除 1982 年 2 月公布的第一批共 24 个城市外,1986 年 12 月公布的第二批有 38 个城市(见表 5-3),1994 年 1 月公布的第三批有 37 个城市(见表 5-4);此外,2000 年以后,截至 2015 年年底,不定期增补的历史文化名城有 30 个(见表 5-5)。从这些城市的区域分布看,大部分历史文化名城分布在黄河中游地区、长江中游地区、长三角地区、东南沿海等地区,与历史上这些地区的经济、文化、社会发展水平较高有显著关系。

表 5-2　第一批国家历史文化名城名单(1982 年 2 月 8 日)

1. 北京	7. 杭州	13. 开封	19. 遵义
2. 承德	8. 绍兴	14. 江陵(今荆州)	20. 昆明
3. 大同	9. 泉州	15. 长沙	21. 大理
4. 南京	10. 景德镇	16. 广州	22. 拉萨
5. 苏州	11. 曲阜	17. 桂林	23. 西安
6. 扬州	12. 洛阳	18. 成都	24. 延安

表 5-3　第二批国家历史文化名城名单(1986 年 12 月 8 日)

1. 天津	11. 阆中	21. 敦煌	31. 淮安
2. 保定	12. 宜宾	22. 银川	32. 宁波
3. 济南	13. 自贡	23. 喀什	33. 歙县
4. 安阳	14. 镇远	24. 呼和浩特	34. 寿县
5. 南阳	15. 丽江	25. 上海	35. 亳州
6. 商丘	16. 日喀则(今桑珠孜区)	26. 徐州	36. 福州
7. 武汉	17. 韩城	27. 平遥	37. 漳州
8. 襄樊(今襄阳)	18. 榆林	28. 沈阳	38. 南昌
9. 潮州	19. 武威	29. 镇江	
10. 重庆	20. 张掖	30. 常熟	

表 5-4　第三批国家历史文化名城名单(1994 年 1 月 4 日)

1. 正定	5. 祁县	9. 衢州	13. 青岛
2. 邯郸	6. 哈尔滨	10. 临海	14. 聊城
3. 新绛	7. 吉林	11. 长汀	15. 邹城
4. 代县	8. 集安	12. 赣州	16. 临淄

续表

17. 郑州	23. 佛山	28. 乐山	34. 咸阳
18. 浚县	24. 梅州	29. 都江堰	35. 汉中
19. 随州	25. 海康（今雷州）	30. 泸州	36. 天水
20. 钟祥	26. 柳州	31. 建水	37. 铜仁
21. 岳阳	23. 佛山	32. 巍山	
22. 肇庆	27. 琼山（今海口）	33. 江孜	

表 5-5 2000 年以后不定期增补国家历史文化名城名单（共 30 个）

1. 山海关区（2001.8.10）	11. 无锡市（2007.9.15）	21. 伊宁市（2012.6.28）
2. 凤凰县（2001.12.17）	12. 南通市（2009.1.2）	22. 泰州市（2013.2.10）
3. 濮阳市（2004.10.1）	13. 北海市（2010.11.9）	23. 会泽县（2013.5.18）
4. 安庆市（2005.4.14）	14. 宜兴市（2011.1.27）	24. 烟台市（2013.7.28）
5. 泰安市（2007.3.9）	15. 嘉兴市（2011.1.27）	25. 青州市（2013.11.18）
6. 海口市（2007.3.13）	16. 太原市（2011.3.17）	26. 湖州市（2014.7.14）
7. 金华市（2007.3.18）	17. 中山市（2011.3.17）	27. 齐齐哈尔市（2014.8.6）
8. 绩溪县（2007.3.18）	18. 蓬莱市（2011.5.1）	28. 常州市（2015.6.1）
9. 吐鲁番市（2007.4.27）	19. 会理县（2011.11.8）	29. 瑞金市（2015.8.19）
10. 特克斯县（2007.5.6）	20. 库车县（2012.3.15）	30. 惠州市（2015.10.3）

三、国家历史文化名城的申报与审定

（一）申报条件

2008 年，国务院颁布的《历史文化名城、名镇、名村保护条例》规定，具备下列条件的城市、镇、村庄，可以申报历史文化名城、名镇、名村：保存文物特别丰富；历史建筑集中成片；保留着传统格局和历史风貌；历史上曾经作为政治、经济、文化、交通中心或者军事要地，或者发生过重要历史事件，或者其传统产业、历史上建设的重大工程对本地区的发展产生过重要影响，或者能够集中反映本地区建筑的文化特色、民族特色。申报历史文化名城的，在所申报的历史文化名城保护范围内还应当有两个以上的历史文化街区。

（二）审定原则

中国的历史城市数量非常多，但究竟哪些城市能够被认定为历史文化名城，则是需要相应的审定原则的。1986 年，国务院在转批《城乡建设环境保护部、文化部关于请公布第二批国家历史文化名城名单报告的通知》中对此作出了说明：第一，不但要看城市的历史，还要着重看当前是否保存有较为丰富、完好的文物古迹和具有重大历史、科学、艺术价值；第二，历史文化名城和文物保护单位是有区别的，作为历史文化名城的现状格局和风貌应保留着历史特色，并具有一定的代表城市传统风貌的街区；第三，文物古迹主要分布在城市市区或郊区，保护和合理使用这些历史文化遗产对该城市的性质、布局、建设方针有重要影响。

四、历史文化名城保护规划的编制与规范

1983 年 2 月，城乡建设环境保护部发布的《关于加强历史文化名城规划工作的通知》就对历史文化名城的保护规划作出指示，要求：历史文化名城的保护规划应当在城市整体规划中体现出来，并对城市形态、布局、土地利用等产生影响；历史文化名城保护规划就是以保护城区文物古迹、风景名胜及其环境为重点的专项规划，应当包含保护城市的优秀历史传统与合理布局的内容。与此同时，编制保护规划要深入调查研究，突出名城特色；要协调好几个关系：发展生产与保护历史文化名城的关系；旧城改造与保护古城风貌的关系；发展旅游与保护名城的关系以及处理好规划、文物、园林、设计等各部门的协调关系。

1994 年 9 月 5 日，国家建设部进一步出台了《历史文化名城保护规划编制要求》，从技术上对规划的编制进行明确。2005 年，国家建设部联合中国城市规划设计研究院对规划编制共同编制了《历史文化名城保护规划规范》，进一步完善了历史文化名城保护专项规划编制的内容与要求。

历史文化名城保护规划是以保护城市地区文物古迹、风景名胜及其环境为重点的专项规划，是城市总体规划的重要组成部分，广义地说也包含有保护城市的优秀历史传统和合理布局的内容。编制保护规划时，一般应根据保护对象的历史价值、艺术价值，确定保护项目的等级及其重点，对单独的文物古迹、古建筑或建筑连片地段和街区、古城遗址、古墓葬区、山川水系等，按重要程度不同，以点、线、面的形式划定保护区和一定范围的建设控制地带，制定保护和控制的具体要求和措施。

具体来说，在编制历史文化名城保护规划时要协调好以下几个方面的关系。

1. 发展生产和保护历史文化名城的关系

从理论上讲，在社会主义制度下，生产发展和生产力的布局是由国民经济计划和区域经济发展规划决定的，生产的发展促进整个城市的发展，城市则通过合理的规划为生

产发展提供必要的条件,二者应该是协调一致的。但是由于国民经济计划体制和某些具体环节上的缺陷,长期以来又没有区域规划为城市发展提供必要的依据,在一些历史文化名城(包括在著名的都城遗址上)建设了许多严重破坏地下埋藏的文物遗迹、污染环境、外观上又很不协调的工厂企业,发展生产和保护历史文化名城存在着某些现实的矛盾。今后如不通过全面规划加以必要的引导和控制,这种矛盾将进一步加剧。因此,在历史文化名城的规划中,对新建工业项目应有严格的选择,有混杂在市区的工厂企业或单位要认真调查研究,区别情况、妥善处理:乱占乱建、污染严重,至今仍造成对重要文物古迹、风景名胜严重破坏的,要采取转产、搬迁等措施,加以解决;影响环境协调、有一般污染,近期又没有条件搬迁的,应严格控制其发展,并通过改革工艺、治理污染,逐步改善其环境质量,同时在规划中考虑远期搬迁的可能性,没有污染危害,又不影响保护文物和环境协调的可予以保留。

2. 城市现代化建设特别是旧城改造和古城风貌的关系

随着国家经济和社会的发展,旧城市要逐步改造,城市设施和社会生活要逐步现代化,历史文化名城也将不断充实、发展并赋予新的生命力,这是一种必然的发展趋势。但是,历史文化名城的建设和发展应特别注意整个空间环境的协调。《文物保护法》明确规定各级文物保护单位都应划定必要的保护范围,并根据保护文物的实际需要,可以在文物保护单位的周围划出一定的建设控制地带。在文物保护单位的保护范围内,一般不得进行其他工程建设,在建设控制地带既要求对新建工程的高度、体量进行必要的控制,又要求建筑的形式、风格和古城环境相协调。建筑形式和风格既没有固定的模式可以遵循,又不能用行政命令加以规定,需要规划、设计部门密切配合,通过多方案比较,在实践中不断探索、创新;有条件的地方可采取规划设计竞赛、开展学术讨论和交流的办法,求得规划设计水平的共同提高。在历史文化名城保护规划中,确定保护项目,划定保护范围和建设控制地带都要十分慎重,必须通过调查研究和科学鉴定,按不同情况区别对待。

3. 发展旅游事业和保护历史文化名城的关系

历史文化名城一般都以其悠久的历史文化传统和美丽的自然风光而驰名,吸引着国内外旅游者,我国历史文化名城今后的旅游事业将会有很大发展,这对社会主义物质文明和精神文明建设以及扩大我国的国际影响都是十分必要的。当前,一些历史文化名城为了解决接待国外旅游者的困难,在重要的风景名胜区或文物古迹保护区内和周围大兴土木,建设现代化的高层宾馆、饭店,甚至无科学根据地随意复原古迹建筑,破坏了考古学遗址和整个环境的协调;有的名胜古迹对外开放,由于管理不善,也造成了一些人为的破坏。因此,有必要强调一切旅游设施的建设都要纳入城市的统一规划,遵照城建、

第五章 物质文化遗产的保护与开发

文物、园林等部门的有关规定进行管理。历史文化名城的规划建设也要为旅游事业的发展创造必要的条件,按照本城市的具体条件开发建设新的旅游点,扩大旅游环境容量。

4. 工作关系的协调

历史文化名城的保护规划建设,涉及计划、规划、设计、文物、园林、宗教等许多部门,需要密切协作配合。实际上,文物古迹、宗教寺院和园林风景区常常是融为一体的,是一种相互依存、相互补充的关系,它们都需要通过规划,有机地组织到城市的整体环境中去,并得到妥善的保护和管理。建筑工程和市政工程设计是城市规划构思的具体化,也是实施规划过程的重要环节,对形成历史文化名城的面貌有重要影响。规划、文物、园林以及有关设计部门都要密切配合,协调行动。历史文化名城的保护和建设需要必要的资金,因此还必须取得计划部门的支持。

而关于保护规划的具体内容,2008 年,国务院颁布的《历史文化名城、名镇、名村保护条例》中规定,应包括:保护原则、保护内容和保护范围;保护措施、开发强度和建设控制要求;传统格局和历史风貌保护要求;历史文化街区、名镇、名村的核心保护范围和建设控制地带;保护规划分期实施方案。

案例【5-2】

平遥古城的早期保护问题①

平遥古城是我国境内保存最为完整的一座明清时期县城原型,它是由城墙、街巷、店铺、庙宇、民居组成的大型古代建筑群。1997 年 6 月,平遥古城被联合国教科文组织列入世界文化遗产名录,其入选的理由就是:"平遥古城是中国汉民族城市在明清时期的杰出范例;平遥古城保存了其所有特征,而且在中国历史的发展中为人们展示了一幅非同寻常的文化、社会、经济及宗教发展的完整画卷。"

2001 年,《人民日报》的记者曾对平遥古城进行过实地考察。古城附近开设有多个焦化工厂,有 200 多个炼焦炉不断向外排放烟尘垃圾;平遥古城古称"龟城",城池南门为"龟头",北门为"龟尾",而南门外的两眼水井为"龟眼"。由于疏于保护和管理,龟眼变成了两个污水坑,恶臭扑鼻。城门内堆了很多生活用煤。护城河不仅干涸而且全是垃圾;靠城墙内侧分布着纺纱厂、染布作坊、面粉厂,这些厂房上面冒黑烟,下面流污水;

---

① 李同欣. 平遥古城正遭人为侵蚀[N]. 人民日报,2001-11-20(11).
孟晖. 平遥古城净身减负[N]. 新华每日电讯,2002-05-21(4).

在 3 米高的古城墙顶上,人力三轮车在招揽生意,拉上游人就绕城墙顶飞快奔跑……人在上面走已经是很大的磨损了,再允许让三轮车跑,用不了多久,砖上的字就会被磨掉。

2002 年,平遥县政府针对古城周边工业聚集及环境污染问题,决定将橡胶、铸造等数家污染企业整体外迁,取缔古城周围多家焦化厂并宣布今后不再批准新的焦化厂或污染项目,同时将古城附近的 300 多家织染企业迁出古城,对城内 180 台锅炉进行改造以减少空气污染。为了防止人口密度过大影响古城保护,政府决定实施古城人口搬迁工程。

第四节 历史古村落的保护

历史村落保护的基本宗旨是保存、延续与更新,在整体保存历史风貌的同时,应改善其实用功能,不断更新以满足人们社会生活的时代需求,并在处理好保存与更新关系的基础上,将地方历史特色可持续地进行延续。

一、中国古传统村落保护的意义

传统村落是农耕文明的社会结晶,是农业文明不可再生的文化遗产。以农业家庭为单位的传统村落,构成了中华民族重要的社会基础,凝聚着中华民族宝贵的民族精神。保护传统村落,不仅是保护中华民族集体记忆的社会载体,更是维系华夏子孙文化认同的纽带。如果传统村落消失了,城市的存在便无所依附;如果传统的价值伦理消失了,中国人的集体价值认同便无处找寻。因此,保护传统村落是一个重要的社会问题和文化问题。

21 世纪,在城市化、工业化、信息化不断发展的时代背景下,保护和发展传统村落,体现了一个国家和广大人民群众的文化自觉,既有利于促进农村经济、社会、文化的内部协调发展,更有利于维护中华文化的结构完整性和样式多样性。

但随着工业化、城镇化的快速发展,传统村落衰落、消失的现象日益加剧。仅从 2000—2010 年十年间的统计数据看,我国的自然村总数由 363 万个减少为 271 万个,几乎以每天 250 个的速度在消失。其中,现存村落中,具有较高保护价值的历史古村落的数量还不到 5 000 个。可见,加强传统村落的保护和发展是刻不容缓的。

二、中国历史文化名镇、名村保护的规划制定

针对我国传统村落的快速消失，尤其是历史古村落的数量仅存的情况，更为了保存保护传统中国文化的根基与脉络，我国政府出台了历史文化名村的保护政策。从2003年开始，国家住建部、国家文物局等有关部门，在全国范围内评选了一些保存文物特别丰富，并且具有重大历史价值或革命纪念意义、能较完整地反映一些历史时期地方传统风貌和地方民族特色的村镇，将其认定为中国历史文化名镇、名村。截至2014年年底，共公布了六批历史文化名镇、名村的名单，其中历史文化名镇有252个，历史文化名村有276个。

与此同时，住建部、文化部、财政部还于2012年12月共同发布了《关于加强传统村落保护发展工作的指导意见》（以下简称《意见》），对古村落的保护发展做出了具体部署。其中，明确了保护发展传统村落的原则是：规划先行、统筹指导、整体保护、兼顾发展、活态传承，合理使用政府引导、村民参与的原则。而保护和发展传统村落的任务则是：不断完善传统村落调查；建立国家和地方的传统村落名录；建立保护发展管理制度和技术支撑体系；制定保护发展政策措施；培养保护发展人才队伍；开展宣传教育和培训。

在如何开展传统村落保护工作方面，《意见》也提出了几个方面的具体要求：

一是要继续作好传统村落调查。一方面，对已登记的传统村落进行补充调查，逐步完善村落信息档案；另一方面，进一步调查拥有传统建筑、传统选址格局、丰富非物质文化遗产的村落，特别要加强对少数民族地区、空白地区的再调查，并发动专家和社会各界推荐，不断丰富传统村落的资料信息。

二是建立传统村落名录制度。住建部、文化部和财政部根据《传统村落评价认定指标体系（试行）》，按照省级推荐、专家委员会审定、社会公示等程序，将符合国家级传统村落认定条件的村落公布列入中国传统村落名录。与此同时，各地的住房城乡建设、文化、财政部门也要落实制定本地区的传统村落认定标准，积极开展本行政区内传统村落的评审认定，从而建立地方传统村落名录。评审出的传统村落分批向社会公布。

三是推动保护发展规划的编制和实施。各级传统村落必须要编制保护发展规划，具体确定保护的对象与保护措施；划定保护范围和控制区，明确控制要求；安排村庄基础设施和公共服务设施建设和整治项目；明确传统要素资源利用方式；提出传承发展传统生产生活的措施。为了提高规划编制的质量，各地住房城乡建设、文化、财政部门要建立保护发展规划的专家审查制度，建立巡查制度，保障保护发展规划的实施。为了方便

公众参与并监督，还要求做好批前公示工作，保证规划成果的长期公开。与此同时，要求加强规划编制与实施管理的人员机构经费保障，做到专人负责。

四是保护传承文化遗产。传统村落保护应保持文化遗产的真实性、完整性和可持续性。尊重传统建筑风貌，不改变传统建筑形式，对确定保护的濒危建筑物、构筑物应及时抢救修缮，对于影响传统村落整体风貌的建筑应予以整治。尊重传统选址格局及与周边景观环境的依存关系，注重整体保护，禁止各类破坏活动和行为，已构成破坏的，应予以恢复。尊重村民作为文化遗产所有者的主体地位，鼓励村民按照传统习惯开展乡社文化活动，并保护与之相关的空间场所、物质载体以及生产生活资料。因重大原因确需迁并的传统村落，必须经省级住房城乡建设、文化、财政部门同意，并报中央三部门备案。

五是改善村落生产生活条件。正确处理传统村落保护和村民改善生活意愿之间的关系，在符合保护规划要求的前提下，优先安排传统村落的基础设施和公共服务设施建设项目，积极引导居民开展传统建筑节能改造和功能提升，改善居住条件，提高人居环境品质。正确处理传统村落保护和发展之间的关系，深入挖掘和发挥传统文化遗产的资源价值，在延续传统生产生活方式的基础上，适度发展特色产业，增加村民收入。正确处理保护与利用之间的关系，针对不同类型的资源提出合理的利用方式和措施，纠正无序和盲目建设，禁止大拆大建。

六是建立政府推动、社会参与的协同保护发展机制。加大对传统村落保护发展项目的支持，鼓励社会力量参与传统村落的保护发展，多渠道筹措保护发展资金，建立政府推动、社会参与的协同保护发展机制。村庄整治等建设项目要向传统村落倾斜。各地住房城乡建设部门要会同文化、财政部门建立传统村落保护发展工作协调机制，成立专家指导委员会负责开展基础研究，提供总体技术指导和战略决策咨询，开展现场指导和培训。要建立村民参与机制，在制定保护发展规划、实施保护利用等项目时，应充分尊重村民意愿。

七是加强监督管理。各级传统村落应设置保护标志，建立保护档案，未经批准不得对传统村落进行迁并。三部门建立传统村落动态监测信息系统，收录村落基本情况、保护规划、建设项目等信息，对传统村落的保护状况和规划实施进行跟踪监测。加强传统村落保护发展工作监督，对违反保护要求或因保护工作不力，造成传统文化遗产资源破坏的，提出警告并进行通报批评；对在开发活动过程中造成传统建筑、选址和格局、历史风貌破坏性影响的，发出濒危警示，并取消名录认定和项目支持，情节严重的，会同有关部门依法查处。

三、中国古镇与古村落保护与发展面临的主要问题

（一）城镇化发展的挑战与古村落的衰退

城镇化发展对那些历史古村落最直接的挑战就是人口的大量外迁，而古村落的衰退从人口的锐减，甚至村落的空巢化现象上被突出地反映出来。

从 20 世纪 80 年代开始，伴随着改革开放的时代步伐，我国东部沿海地区第二、第三产业的发展尤其迅速。这客观上产生了对产业劳动力的巨大需求。在传统农业经济发展相对缓慢的反差下，农村地区的劳动力大量向城镇地区转移，获取更高的劳动报酬成为人们离开农村的根本动力。经过三十多年的外迁，很多村落中常年只有老人和孩子。传统的三世或四世同堂的家庭结构，由于中青年家庭成员的常年缺位，变得名不副实。村里的老年人一方面承担着繁重的农事劳作，另一方面还要承担养育孙辈的家庭责任。有些地区，甚至连孙辈也跟随父母进了城，多年不会回去，只剩下一些古稀老人。在缺乏劳动力和基本人口规模的古村落，农业种植甚至都难以为继，更谈不上发展其他产业，社会基础的瓦解与经济的落魄之间的必然性再明显不过。

（二）基本的发展需求与古村落面貌保存的矛盾冲突

在很多古村落中，村民们面临的普遍性问题是：古民居的陈旧、破败甚至潮湿、阴冷，加之缺乏现代生活所必需的基础设施，使得人们不愿意继续居住在老房子中；其次是交通不便、信息闭塞，严重缺乏与外界有效联通的交通运输和通信条件。而最根本也是最重要的问题则是：生产方式和经营内容的问题。① 在发展传统农业而资源匮乏的情况下，发展文化旅游、乡村生态旅游业便成了一些村落的现实选择。由于先天交通运输条件差，加之居住生活设施落后、不完备，相应的基础设施建设或环境改造就成了不得不做的一件事情。这就必然需要平衡新的建设与旧的保护之间的关系。尤其是被列入历史文化名村的地方，不仅其中的古建筑、古遗迹是需要保护的对象，甚至整个村子的布局结构以及道路铺设都是不能轻易改动的。如果不增加新的建筑就不能很好地发展旅游业，如果为了成功发展旅游业就必须对村子格局进行改造，这成了一个现实性困境。于是，我们经常能够看到，一些地方为了壮大发展旅游业不惜对村子的面貌进行大刀阔斧的改动，为的就是能多几个饭店、旅馆、商店以及休闲娱乐场所，使得村落失去了原有的历史韵味和原生态特质。

---

① 朱光亚，黄滋. 古村落的保护与发展问题[J]. 建筑学报，1999（4）：56-57.

（三）保护意识淡薄、责权不清与缺乏保护的困境

近年来，很多古村落的老建筑仍在被大量拆除。这些被拆除的建筑中，多数因为经久未修，保存状态不好，房屋主人不愿对其进行修缮；与此同时，很多建筑并不在文物保护单位的保护名录中，因此政府也没有相应的政策能够干预房屋主人的拆除行为。事实是，这些老建筑拆除之前，多数是经过政府有关部门正常的行政审批许可的。

尽管有些建筑遗存已经被纳入政府的保护名录中，其保护状况也是不容乐观的。有相当一些文物建筑在产权上属于私产，在被列入名录后，地方政府对产权人的使用行为给予了严格的规定，除了不允许拆除，也不允许新建和过多改动。但是很多老宅因为陈旧和设施不完善，确实影响了人们的继续居住和使用，因此一些人便不愿意继续住在那里，纷纷选择搬走。常年无人居住的房屋更容易老化和坍塌。其次，在房屋修缮费用的承担上，村民与政府的说法不一，很多村民误解了政策规定。村民普遍认为，既然这个房屋已经被认定为文物保护单位，那么理应由政府来承担修缮费用。而根据《文物保护法》第21条规定："国有不可移动文物由使用人负责修缮、保养；非国有不可移动文物由所有人负责修缮、保养。非国有不可移动文物有损毁危险，所有人不具备修缮能力的，当地人民政府应当给予帮助；所有人具备修缮能力而拒不依法履行修缮义务的，县级以上人民政府可以给予抢救修缮，所需费用由所有人负担。"因此，民众对文物保护应承担的责任没有清楚的认识。

此外，非国有不可移动文物在保护过程中有时会涉及产权确认与产权交易等问题。在农村地区，房屋建筑都是小产权房，如果要转让，只能转让给具有本村户口的人。但是，经常出现的问题是，有些老宅的主人不愿意再修缮这些房屋，他们的子女也不愿意再回到这里。那些想要买下这些房屋并修缮保护的村外人，由于户口问题又不符合房屋产权交易的条件。[①]因此，缺乏相应的政策或机制来解决这方面的问题。如何引入社会力量更完善、更充分地来保护古村落中的建筑遗存是需要我们思考的。

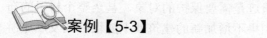

案例【5-3】

江西婺源古镇景观式保护与开发[②]

婺源享有"中国最美乡村"的美誉。古镇中大部分建筑都是徽派建筑，青砖、黑瓦、

[①] 焦竑. 古村落现状堪忧，保护困境如何突破[J]. 中华建设，2011（3）：42-43.
[②] 汪国旺，汪小英. 婺源投资六亿打造生态景观村[N]. 上饶日报，2010-09-01（1）.

马头墙成为其鲜明的视觉识别标识。每到春天,婺源油菜花花海一片,青山、绿水、黄牛与黄花勾织成一幅美不胜收的画卷。

为了保护婺源的文化生态,保留其独特的文化、乡土特色,近年来,婺源县政府做了积极的努力,先后出台了一系列规范景区景点、公路沿线、历史文化名村农民建房的管理规定。尤其在建筑风格上,为了保持全县的一致性,县政府专门组织建筑设计专家,按照徽派建筑风格,设计了多份徽派风格建筑的图样。这些图样被提供给当地村民,作为他们重修或新建房屋时的选择。政府甚至为了保证实施结果,还推行了让村民在盖房前先行缴纳数千元押金的办法。凡是不按照图样修建的,押金一律不予退还。婺源县规划局在其下辖的每个乡镇还设立了规划所,专门审批管理村民盖房事宜。方法看似粗暴,但效果却非常好,村民们对政府提供的图样接纳度也非常高。事实上,政府只对外部景观做统一要求,内部构造与设施建设则由村民自己做主。

2010年,婺源县还选择了100个村庄,投入6亿元打造生态景观村,重点进行改路、改水、改厕等工作,使村庄面貌焕然一新。一系列景观再造之后,婺源县着力发展乡村旅游业。2010年,婺源全县农家乐多达3 000家,农户纯收入平均4万多元。

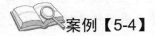

案例【5-4】

日本的"造村运动"[①]

日本"造村运动"始于20世纪70年代末,又被称为"造町运动"。造村运动的出发点是:以振兴产业为手段,促进地方经济的发展,振兴逐渐衰败的农村。在日本,造村运动的实施,涉及农村景观与环境改善、历史建筑保存、基础设施建设、健康与福利事业发展等诸多层面,几乎囊括了各个生活方面。

在造村运动开展之前,日本的城乡格局出现了明显的断裂。二战后,日本为了恢复经济,在东京、大阪、神户等城市重点投资建设,日本大量农村人口,尤其是青壮年劳动力进入城市谋生。从1955—1971年的统计数据看,日本非农业人口比重从61%上升至85%,农村地区人口大量外流。这客观上造成农村经济生产力严重下滑。

为了改变农村地区的发展困境,造村运动在大分县前知事平松守彦的倡导下拉开帷幕。从造村运动的实施方案看,主要遵循了以下原则:

一是立足乡土,放眼世界。瞄准国内和国际两个市场,精心打造具有民族特色、地

---

① 陈磊,曲文俏. 解读日本的造村运动[J]. 当代亚太,2006(6):29-35.

域特色的产品，打造国际名牌，提高知名度。

二是自主自立，体现民意。居民成为造村运动的主体；政府不下达行政命令，不统一发放或提供资金，而是在政策与技术方面给予支持；一切行动由各社区、村镇自己决策。

三是培养人才，面向未来。造村运动的目的不只是推动经济生产，更深层次的目的在于重塑精神，对人进行再生产。因此，在造村的同时，更注重对人才的培养。

具体到造村运动的做法，有许多种具体方案。其中比较有代表性的是平松守彦在1979年提出的"一村一品"运动。这一运动是在政府引导、扶持下，以行政区和地方特色产品为基础，形成的区域经济发展模式，要求各县、乡、村根据自身的条件和优势，发展一种或若干种有特色的，并在一定销售半径内名列前茅的拳头产品，来发展振兴"1.5次产业"。所谓"1.5次产业"即农、林、牧、渔产品的加工业。在开发农特产品的同时，重点做好农产基地建设，培育基地知名品牌；以开发农产品市场为手段，促进农产品的流通；开展多元化的农民教育，培养发展人才；提供农业低息贷款，通过政策性金融机构和农协来共同助推农村经济发展。除了发展"1.5次产业"，还提倡发展特色旅游项目与文化资产项目，如地方庆典活动等。与此同时，在建设农村文化方面，鼓励开展"生活工艺运动"：将物品的创造看作是传承、创造文化的行为；通过学习传统文化，并将其运用在现代生活中，涉及各种吃、穿、住、用的生活物品，都尽量采用传统材料或工艺来制作并日常使用。为了培养工艺精神，当地社区还会举办生活工艺展或"工人祭"，让人们相互交流工艺品制作经验并展览、销售。

经过"一村一品"运动的开展，大部分地区都取得了农产品经济的发展，并重新塑造了当地的生活方式与文化面貌，客观上起到了重塑乡村、保护乡村的作用。

第五节　物质文化遗产开发的主要方式

对物质文化遗产进行保护的同时，可以对其资源进行适度开发，从而通过适当的利用来延续文化遗产的生命。对物质文化遗产资源的开发，获取经济利益只是一种手段，更好地发挥其社会价值才是真正目的。从目前对物质文化遗产资源的开发模式看，呈现出"文化遗产+"的挖掘趋势，文化遗产与旅游业、出版业、影视业、设计业、会展业乃至制造业等诸多产业之间进行着亲密接触，形成了文化遗产产业的多种业态。其中，主要以文博产业与文化遗产旅游产业的发展较为显著。

第五章 物质文化遗产的保护与开发

一、文博产业开发

　　文博产业开发成为诸多国家保护和开发文化遗产资源的重要选择。从文博产业的开发模式看，具体表现为：文物复制品开发、文博图书、音像与影像等多媒体产品开发、文物展览开发以及文创产品开发等。

　　所谓文物复制，是指以文物藏品为依据所进行的复原制作。我国早在春秋时期就开始了文物复制的实践。宋代以后，一直到明清时期，文物复制形成了一定的规模，在中原、江南一带，出现了不少官营或私家作坊，仿古物的复制品几乎无所不包。①在古代，文物复制主要是为了作伪，以假乱真；到了现代，除了依然有人利用复制文物以假乱真外，作为文物收藏机构，一方面将文物复制作为保护文物藏品的方式，另一方面则有意识地开发文物复制品资源，将其作为文物纪念品进行售卖，从而为收藏机构增加经济收入，补给文物保护。而除了文物收藏机构进行的文物复制外，大量的民间资本和投资机构也纷纷进入该领域。而对于文物复制的合理性和合法性，学界学者议论众多，表示担忧的声音非常强烈。有学者认为，我国对文物复制品没有设定知识产权保护，文物的仿制和造假之间其实只有一线之隔，因此需要加强对文物复制和仿制的规范管理；还有学者指出，中国的文物复制品市场缺乏规范，一些没有生产资质的单位和个人，在经济利益驱动下，擅自非法生产文物复制品，导致形成了合法和非法两种生产线共存、精品和劣品共同上市的局面。②

　　文博单位对于文创产品的开发越来越重视。据统计，目前全国文物单位中，文创产品年销售额在 500 万元以上的超过 20 家，开发产品种类超过 100 种以上的有 30 家。以北京故宫博物院为例，截至 2015 年 11 月底，博物院开发文创产品多达 8 683 种，销售总额接近 10 亿元。③台北故宫博物院 2010 年的主要收入为 10 亿台币，大致相当于 2 亿元人民币，其中文创礼品的销售收入接近 6.5 亿台币，占总收入的 65%。④这些博物馆积极投入文博产品的创意开发，将充满历史、文化色彩的符号注入各种各样的生活用品中，开发了一系列文化创意收藏品或生活用品。例如，故宫博物院和设计公司合作开发的仿蜜蜡、绿松石材质的朝珠耳机，皇帝折扇，与洛可可设计公司联合开发的故宫猫等；湖南博物馆以马王堆养生文化为核心，开发出有自主知识产权的马王堆养生枕系列产品；

---

① 成仲旭，吴海涛. 博物馆的文物复制[J]. 中国博物馆，1993（2）：59-62.
② 陆航. 文物复制产业如何发展[N]. 中国社会科学报，2012-09-14（B03）.
③ 陈杰，张致宁. 故宫文创的 10 亿销售额是怎样炼成的[N]. 北京商报，2016-04-20.
④ 黄美贤. 台湾地区博物馆发展：文化创意产业的理念与实践[J]. 东南文化，2011（5）：109-118.

苏州博物馆开发的莲花尊饼干等。

为了推动文创产品面向市场,一些博物馆还开设了馆外的销售门店。例如,上海博物馆在上海新天地等时尚之地开设的商品分店,用以展示、销售自主开发的文创产品,将博物馆的展览空间延伸到了博物馆外,进入人们日常消费的场所中,大大拉近了与市民的距离。除了线下的销售平台,有些博物馆开设了线上销售网店,如北京故宫博物院专门开设了淘宝店。此外,独立的APP也成为很多文物收藏机构开发的重点之一。

而在文物展览方面,除了博物馆自己举办的各种文物收藏主题的展览活动外,一些大型博物馆,还热衷于将内部场地租借给社会上的策展机构,供其举办各种临时性艺术展览项目,或者租借给影视或广告制作公司,用作取景地或拍摄地,并从中收取相应的租金。

此外,更为常见的一个运营项目则是,博物馆将所属场地授权给社会上的企业进行一般商业项目开发,如餐饮、娱乐、休闲、购物等项目。例如,在法国,很多博物馆的"商店-书店"都是由社会上的运营商专门经营的,而运营商每年会将总营业额的一定比例支付给博物馆。其中,图书销售的业务主要是由法国各大书店负责运营。①

案例【5-5】

法国博物馆产业开发的概况②

法国博物馆业是受国家保护和扶持的重要产业。近20年来,法国各家博物馆纷纷进行现代化装修,几家大型博物馆已经进入到现代化管理时代,如卢浮宫、奥赛博物馆和凡尔赛宫。据统计,2014年,法国卢浮宫游客930万人次,奥赛博物馆及其所属的橘园美术馆游客430万人次,蓬皮杜文化中心游客345万人次,巴黎大皇宫画廊访客180万人次,盖布朗利博物馆访客150万人次,位于马赛的欧洲和地中海文明博物馆吸引游客50万人次。

从法国大型博物馆的商业开发看,除了进行文博图书、音像、图像、多媒体产品、种类丰富的礼品(首饰、配饰、织品等)等文化商品开发,以及商品、书店、咖啡店等运营项目的商业外包,各大博物馆经常性开展收费性的主题演讲报告会;举办各种短期主题展览;积极与其他文化行业或公司合作,开发各种线上或线下的衍生品。

---

① 张初林. 法国博物馆的艺术图书购销两旺[J]. 出版参考,2013(33):46.
② 刘望春. 两级分化明显 资金来源多元化 公共收藏或可转让[N]. 中国文化报,2015-07-20(3).
张初林. 法国博物馆的艺术图书购销两旺[J]. 出版参考,2013(33):46.

第五章 物质文化遗产的保护与开发

以卢浮宫为例，2004年，法国卢浮宫着手进行商业化运营改革。改革后，卢浮宫形成了以艺术展览为依托，多元化商业服务的运营模式。其中，最显著的就是卢浮宫与多个商业公司联合开发了一系列商业运营项目。例如，法国房地产集团佩勒翰公司投资10亿法郎，获得了在博物馆"卡鲁塞尔"地下大厅的商业经营权，该公司在地下2万多平方米的大厅内招商，设立了80个商店，汇集了巴黎所有著名的商业公司；著名旅游餐饮公司阿高尔集团投资300万法郎，承包了馆内所有的饮食服务；为各种艺术展览、学术报告会、服装发布会等各种文化活动有偿提供场地和服务。而除了经营场地的外包，卢浮宫积极与设计公司联合开发各种文博纪念品，如：馆内藏品的复制、仿造品，印有卢浮宫图案或以卢浮宫藏品为符号元素的各种T恤、手袋、雨伞、文具、明信片、画册、首饰、纺织品等。这些琳琅满目、千奇百态的文博商品，为卢浮宫创造了可观的经济收益。2009年，法国卢浮宫艺术商店的营业额一度高达9 132万欧元。2014年，法国卢浮宫游客达930万人次，居全球博物馆之首。

卢浮宫入口处的玻璃金字塔和地底的倒金字塔也成为巴黎乃至法国新的文化与旅游地标。它还吸引了一些文学和电影的创作，例如《卢浮魅影》《达·芬奇密码》等，尤其是《达·芬奇密码》对玻璃金字塔的神秘描述，使得它更加名声大噪，吸引无数游客专程为此而来。卢浮宫每年通过售票保守估计可盈利5 000万欧元，像《达·芬奇密码》之类的电影为在卢浮宫拍摄支付了250万欧元。

而除了卢浮宫，其他几个大型博物馆也都有成功的商业运营经验，尤其在举办短期临时性展览方面，取得了显著的市场效益。2014年，奥赛博物馆推出的凡高展吸引65.5万观众；大皇宫举办的妮基·桑法勒作品展吸引50万观众；蓬皮杜文化中心举办的亨利·卡蒂埃—布列松回顾展吸引42.4万观众，马尔赛·杜尚展吸引35.8万人参观，杰夫·昆斯回顾展吸引65万观众。

总而言之，在法国，以博物馆为主体的文博产业开发，有效保障了文化遗产保护的经费来源，对于法国文化遗产保护事业的发展作用显著。

案例【5-6】

北京故宫博物院文创产品开发的概况[①]

北京故宫博物院自投入文化创意产品研发以来，截至2015年年底，共研发文化创意

[①] 陈杰，张致宁. 故宫文创的10亿销售额是怎样炼成的[N]. 北京商报，2016-04-20.

产品8 683种；2015年全年的销售额更接近10亿元。

自2008年开始，北京故宫文化服务中心与北京尚潮创意纪念品开发有限公司合作推出娃娃卡通形象和系列文创产品。2008年第一款宫廷娃娃推出，2010年娃娃元素系列产品荣获了由中国博物馆学会颁发的"博物馆文化产品一等奖"。其中的"大兵娃娃"是以清朝士兵形象为原型，进行卡通化创作而成，包括了大兵摇头娃娃、御前侍卫手机座、射手大兵笔筒、便签夹、官银存钱罐等系列产品。其中，以小皇帝、小皇后、阿哥、格格、八旗官兵为核心的宫廷娃娃"大家族"，都拥有了自己的粉丝群。除"宫廷娃娃"系列外，博物院还推出了宫廷T恤、宫廷大婚吉品、宫廷生活潮品等，已有近300款系列产品。

在积极开发新产品的同时，销售渠道的建设同样重要。2015年9月，博物院在其东长房区域开设的"故宫文化创意馆"整体对外开放，其中汇集了丝绸馆、服饰馆、影像馆等七大展馆，以及集文化创意展览、文化讲座活动、产品展示销售于一体的"紫禁书院"。该馆主要通过举办文物展览来带动文创产品的销售，成为故宫文创产品销售的重要端口。

而除了在地的文物商店，故宫博物院目前开设了两个在线的销售终端，分别是"故宫淘宝"和"故宫商城"官方旗舰店。其中，故宫淘宝于2008年年底上线；故宫商城于2015年年初上线，是委托专业团队自建的网络销售平台。2015年8月，故宫文化服务中心与阿里巴巴集团旗下聚划算进行了一次跨界合作，在聚划算平台上售卖御前侍卫手机座。这次销售创造了商品登录两个小时内销售了1 500个的惊人销售速度，以及全天1.6万个订单的销售规模。鉴于网络平台对目标顾客的高覆盖率，故宫博物院院长单霁翔透露，故宫博物院即将和阿里巴巴集团进一步合作，在天猫和阿里旅行社平台上筹建故宫博物院旗舰店，用于对文创产品进行深度推广。

综上所述，北京故宫博物院在文创产品开发上的成功经验，一方面在于不断的文化产品创新，从产品形象的创新，到产品种类、功能以及系列的丰富创新；另一方面在于线上线下不断壮大并优化的销售平台建设。故宫博物院院长单霁翔表示，未来故宫的文创产品将从"数量增长"走向"质量提升"。

二、文化遗产旅游产业开发

（一）开发的方式

以旅游业的方式来开发物质文化遗产，从一定程度上而言，是对历史文化遗存继续

第五章　物质文化遗产的保护与开发

使用的一种方式，让人们能够近距离地接触历史遗迹，深入体验那些遗迹所承载的文化记忆和历史意义。而所谓文化遗产旅游业，主要是指以文化遗产为中心的旅游产品开发与经营、销售体系。

就旅游产品的形态看，主要是旅游景点开发与旅游服务提供。其中，旅游景点开发，具体包括：单个文化遗产景点的旅游项目，多个文化遗产景点或将文化遗产景点与自然景观、民俗景观结合的文化线路旅游项目等的开发。

就产业开发机制看，政府在文化遗产旅游业的开发上发挥了重要作用。地方政府是文化遗产旅游业开发的重要推动力量，从政策、体制等方面提供了产业开发的大环境；物质文化遗产保护单位成为参与文化遗产旅游开发的核心参与主体；包括旅行社、酒店、饭店、休闲娱乐机构、纪念品商店以及信息通信、保险公司等各类型的企业，分别从上游、中游、下游参与着文化遗产旅游产业的开发建设。

就市场价值实现的方式看，主要是通过旅游参观的门票收入、纪念品销售收入来实现的。根据不同国家对文化遗产向社会开放的政策不同，各部分收入所占的比重也有所不同。以我国为例，根据全国文物业的收入统计，门票收入依然是一项主要收入。2011年，全国文物单位总收入46.36亿元，其中门票收入21.71亿元，占总收入比重46.83%。2013年，全国文物机构总收入364.58亿元，其中门票收入58.4亿元，占总收入比重16.02%。相比2011年，2013年的门票收入增加了36亿元之多，但门票收入比重却下降了30.81%，这一方面是由于部分地区的博物馆或文保单位取消了门票，另一方面则是因为政府增加了对文物机构的事业经费投入。

 案例【5-7】

山东官庄乡朱家峪历史文化名村的旅游开发[①]

2000年，官庄乡政府对朱家峪历史文化名村进行旅游开发，随后还专门成立了朱家峪旅游公司，制定了《官庄乡朱家峪历史文化名村旅游发展规划》。其间，政府不仅对村内多处景点进行保护性修缮，还新建了文峰山庄、清泉山庄、腾滨山庄，作为古村落的旅游服务配套设施。2003年，山东省规划设计院及山东大学旅游管理系共同编制了《章丘市朱家峪旅游区开发建设规划》。同年，乡政府还相继组织了两届民俗文化节，大大提高了朱家峪的知名度。随后，官庄乡政府与鲁能集团签订协议书，委托鲁能集团负责朱

[①] 王玉，尹欣馨. 山东省古村落文化资源的保护与开发——以朱家峪为例[J]. 山东社会科学，2015（6）：188-192.

家峪的开发工作。此后，鲁能集团投资对朱家峪古村落的古建筑遗址进行了修整，还在村里建了4处仿古四合院和四星级厕所。2005年9月，朱家峪荣获"中国历史文化名村"的荣誉称号。发展至今，朱家峪旅游度假区内已开发出28个景点、9家饭店（其中3家同时还提供住宿服务）、4家旅游纪念品商店，另外还有几家山货摊点。

（二）开发存在的主要问题

对物质文化遗产的旅游业开发，在获得显著经济效益的同时，也带来了一些不容忽视的问题，亟待注意甚至解决。

1. 历史真实性和完整性遭到破坏的问题

一些地区为了能够吸引更多的游客，为了打造历史古城、古镇形象，不惜在遗产地兴建很多假古董、假遗迹，从"古"庙、"古"寺，到"古"民居、"古"街区……有的为了给假古董的建造腾出空间，甚至将真遗迹给拆除了。这样的做法严重破坏了物质文化遗产最宝贵的历史真实性价值。在我国，尤其是在20世纪90年代，很多地区或城市都曾有过这种疯狂的"拆真造假"的行为，大批重要的古建筑、古遗迹被拆掉，损失非常严重。

在历史真实性遭到破坏的同时，整体性遭到破坏的问题有时也非常突出。在地方旅游业的开发中，有的只看重那些被列入文化遗产名录的遗产本身，对遗产所在周围环境的一体性缺乏重视。在旅游项目开发时，大量拆除其周围建筑，以特别凸显文化遗产的历史风貌。殊不知，这些列入名录的文化遗产，与周围的生活建筑早已深深地融合在一起，成为当地人们共同的历史记忆；拆掉其周围的建筑，有时就等于擦掉了人们脑海那个重要的记忆片段。

2. 文化生态环境保护与文化遗产旅游业发展的矛盾

文化生态环境是文化遗产旅游活动可持续发展的基础。文化遗产旅游业的不断开发，客观上也造成了对文化生态环境的压力与影响。

不断增加的游客数量和规模，对物质文化遗产及其所处的周围自然环境造成了一定程度的物理破坏。最常见的问题就是磨损，由于大量游客的身体接触与触摸，使得诸多遗迹的表面或材质出现了不同程度的磨损。其次是遭到蓄意的破坏，部分游客随意在遗迹表面进行涂鸦、乱涂乱画，甚至用金属工具在遗迹上进行雕刻，有的还会故意折断或敲打破坏遗迹的部分构件。再次就是遭受污染和侵蚀，这主要表现如下：大规模游客到来所制造的生活垃圾，没有被妥善处理而造成了对水土资源的污染；伴随而来的车流产生了大量的汽车尾气，造成了对空气的污染。水、土以及空气在湿度、酸碱度等方面的剧烈变化，使得物质文化遗产更容易遭受侵蚀。因此，在文化遗产旅游业发展的同时，

第五章　物质文化遗产的保护与开发

十分有必要将旅游对环境的压力问题纳入到产业发展的评估体系中，同时考量旅游业发展与生态环境保护之间的平衡系数。只有真正处理好发展与保护之间的利益平衡，才能在文化可持续发展的基础上，获得经济的可持续发展。

本章小结

物质文化遗产的保护涉及诸多具体的范畴与问题，在世界范围内具体化为可移动文物的保护、不可移动文物古迹的保护、历史名城的保护、历史古村落的保护等。可移动文物保护，除文物修复外，主要以文物的保存收藏为主，国内外对文物的收藏都有悠久的历史。由于历史原因，很多国家的文物大量流失，近年来，对文物的追索也是可移动文物保护的重要工作之一。不可移动文物的保护在世界各国都有不同的历史经验与理论总结，我国已初步完善了保护的机制与原则，并积极进行资源普查。历史名城保护与历史古村落保护，是对物质文化遗产的整体性保护方式，国内外对保护的价值、意义、规划与手段都有宝贵经验。与此同时，对物质文化遗产的商业开发已取得阶段性成果，形成了以文博产业、文化遗产旅游业为主的开发利用方式，这一定程度上加强了保护的效果与效用。

思考题

1. 简述国内外可移动文物早期收藏的历史概况。
2. 简述可移动文物海外追索的主要方式与经验。
3. 国际社会保护不可移动文物古迹的主要经验有哪些？
4. 西方国家文物古迹修复的代表性理论有哪些？
5. 中国文物古迹保护的基本原则是什么？
6. 中国历史文化名城、名镇保护的机制是怎样的？
7. 我国古村落保护与发展面临的主要问题有哪些？
8. 物质文化遗产开发的主要方式有哪些？请举例加以说明。

参考文献与推荐阅读

1. [芬兰] 尤嘎·尤基莱托. 建筑保护史[M]. 郭旃，译. 北京：中华书局，2011.
2. [英] 史蒂文·蒂耶斯德尔，蒂姆·希思. 城市历史街区的复兴[M]. 张玫英，董卫，等译. 北京：中国建筑工业出版社，2006.

3. [西] 萨尔瓦多·穆尼奥斯·比尼亚斯. 当代保护理论[M]. 张鹏，张怡欣，等译. 上海：同济大学出版社，2012.

4. [美] William J. Murtagh. 时光永驻：美国遗产保护的历史和原理[M]. 谢靖，译. 北京：电子工业出版社，2012.

5. 薛林平. 建筑遗产保护概论[M]. 北京：中国建筑工业出版社，2013.

6. 邵甬. 法国建筑·城市·景观遗产保护与价值重现[M]. 上海：同济大学出版社，2010.

7. [美] Dallen J. Timothy. 文化遗产与旅游[M]. 孙业红，译. 北京：中国旅游出版社，2012.

8. 张京城，刘利永. 工业遗产的保护与利用——"创意经济时代"的视角[M]. 北京：北京大学出版社，2013.

9. 李晓东. 民国时期的"古迹""古物"与"文物"概念述评[J]. 中国文物科学研究，2008（1）：54-56.

10. 李军. 从缪斯神庙到奇珍室：博物馆收藏起源考[J]. 文艺研究，2009（4）：124-133.

11. 王纪潮. 美第奇家族与意大利乌菲齐博物馆[J]. 中国文化遗产，2010（5）：94-102.

12. 陈克勤. "埃及模式"破解文物追索难题[N]. 中国商报，2011-02-17（4）.

13. 程佳. 埃及：海外追索成果显著 文物保护仍需加强[N]. 中国文化报，2015-01-29（3）.

14. 晋宏逵. 对不可移动文物保护原则的探讨[N]. 中国文物报，2005-09-23（8）.

15. 朱光亚，黄滋. 古村落的保护与发展问题[J]. 建筑学报，1999（4）：56-57.

16. 焦竑. 古村落现状堪忧，保护困境如何突破[J]. 中华建设，2011（3）：42-43.

17. 傅才武，陈庚. 当代中国文化遗产保护与开发模式[J]. 湖北大学学报：哲学社会科学版，2010（3）：93-98.

第六章

非物质文化遗产的保护与开发

 学习目标

1. 了解非物质文化遗产概念的形成过程。
2. 理解非物质文化遗产的概念与分类。
3. 理解非物质文化遗产的主要特征。
4. 理解非物质文化遗产保护的主要价值。
5. 理解非物质文化遗产保护的主体、客体以及主客体之间的关系。
6. 理解中国非物质文化遗产保护的主要手段与方式。
7. 了解中国非物质文化遗产商业开发的主要模式与存在的问题。

 导言

非物质文化遗产是世界文化遗产保护体系的重要组成部分。本章从非物质文化遗产概念的形成与界定入手,分析非物质文化遗产的主要特征、保护价值、保护的主体与客体,介绍中国非物质文化遗产保护的主要手段,分析非物质文化遗产商业开发的主要模式以及面临的主要问题。

文化遗产导论

第一节 非物质文化遗产的内涵与特征

一、"非物质文化遗产"概念的形成与界定

非物质文化遗产是一个与物质文化遗产相对的概念。这一概念的产生远远晚于其所涵盖的非物质文化遗产的内容本身,是一个出于加强对非物质的、无形文化遗产的保护需要而建构的专有名词,且经历了一个不断演化的过程。

(一)"非物质文化遗产"概念的形成过程

"非物质文化遗产"概念的生成缘起于"民俗"(folklore)保护概念的提出。1973年4月,玻利维亚政府通过提案提请在《世界版权公约》中加入保护民俗的条款,从而掀起了一场保护民俗的国际大讨论。经过16年的国际讨论,1989年10月联合国教科文组织第25次大会通过了《保护传统文化与民俗建议案》,并将"民俗"定义为:"来自某一文化社区基于传统的全部创作,由某一群体或一些个体所表达,并被认为是符合社区期望,进而反映了作为社区文化的和社会的身份认同;其准则和价值通过模仿或其他方式口头相传。它的形式包括:语言、文学、音乐、舞蹈、游戏、神话、礼仪、习惯、手工艺、建筑术及其他艺术。"

这之后,日本和韩国为联合国教科文组织拓展了非物质形态的遗产范畴。二战后,日本在废除《国宝保存法》(1929年)、《重要美术品保护法》(1933年)的基础上,于1950年重新制定颁布了《文化财保护法》。在《文化财保护法》中,日本除了使用"有形文化财"的提法,还同时提出了"无形文化财"的概念。所谓"无形文化财"是指:"演剧、音乐、工艺技术以及其他的无形文化的产出品,对国家来说在历史上或是在艺术上具有较高价值的东西"。仿效日本,韩国于1962年也推出了《文化财保护法》,沿用了日本有形与无形文化财的分类方法。经过数十年的实践与总结,韩日两国形成了保护无形文化遗产的概念体系。

1992年,日本正式成为联合国教科文组织成员国,并将"无形文化财"的理念注入其中。同年,联合国教科文组织启动了"无形文化遗产"项目。1993年6月30日,韩国在给联合国教科文组织执行局的一封公函中提出关于建立"人类活财富"体系的提案。该建议案除了提出确立不同层次的"人类活财富"名录的思路,并在建议书中多处使用了"非物质文化财产"或"非物质文化遗产"来替代所指的民俗传统,从而对后来"非物质文化遗产"概念的正式生成起到了积极的促进作用。

1997年，教科文组织与摩洛哥国家委员会在马拉喀什召开"保护大众文化空间"的国际咨询会。"人类口头与非物质遗产"作为一个遗产概念进入教科文组织的文献并被相关措施所采纳。1997—1998年，教科文组织启动"宣布人类口头和非物质遗产代表作"项目。1998年，教科文组织颁布通过《人类口头与非物质遗产代表作条例》，提出了"人类口头与非物质遗产"的概念提法。然而由于这一概念与1972年通过的《保护世界文化与自然遗产公约》在文化遗产保护范畴上的边界没有厘清，因而2003年，联合国教科文组织出台的《保护非物质文化遗产公约》，正式启用了"非物质文化遗产"的概念。至此，"非物质文化遗产"作为一个专有概念生效，并逐渐受到公约成员国的接受和认可，非物质文化遗产保护运动也随之在世界范围内启动开来。

（二）"非物质文化遗产"概念的界定与阐释

对于"非物质文化遗产"概念，联合国教科文组织在《保护非物质文化遗产公约》中这样界定：指被各群体、团体、有时为个人视为其文化遗产的各种实践、表演、表现形式、知识和技能及其有关的工具、实物、工艺品和文化场所。各个群体和团体随着其所处环境、与自然界的相互关系和历史条件的变化不断使这种代代相传的非物质文化遗产得到创新，同时使他们自己具有一种认同感和历史感，从而促进了文化多样性和人类的创造力。在本公约中，只考虑符合现有的国际人权文件，各群体、团体和个人之间相互尊重的需要和顺应可持续发展的非物质文化遗产。它包括以下方面：① 口头传说和表述，包括作为非物质文化遗产媒介的语言；② 表演艺术；③ 社会风俗、礼仪、节庆；④ 有关自然界和宇宙的知识和实践；⑤ 传统的手工艺技能。

2004年8月28日，经全国人民代表大会常务委员会批准，中国宣布加入《保护非物质文化遗产公约》，成为第六个加入该公约的国家①。2005年3月2日，国务院办公厅正式颁布《关于加强我国非物质文化遗产保护工作的意见》。其中，在《国家级非物质文化遗产代表作申报评定暂行办法》中，对"非物质文化遗产"的概念给予了具体诠释，即："指各族人民世代相承的、与群众生活密切相关的各种传统文化表现形式（如民俗活动、表演艺术、传统知识和技能，以及与之相关的器具、实物、手工制品等）和文化空间。"这一表述与联合国教科文组织的界定并不冲突，只是更加符合我国概念的表述习惯。

---

① 阿尔及利亚是第一个加入《非物质文化遗产公约》的国家。

二、非物质文化遗产的类别划分

"非物质文化遗产"是一个整体性概念,它指代的文化事象,在文化表现形式上是多种多样的,因此需要对其进行一定的类别划分。结合我国的情况,目前主要有以下几种划分方式。

1. 《保护非物质文化遗产公约》将其划分成五个类别

2003年,联合国教科文组织在《保护非物质文化遗产公约》中将其划分为5个方面的内容,分别是:① 口头传统和表述,包括作为非物质文化遗产媒介的语言;② 表演艺术;③ 社会风俗、礼仪、节庆;④ 有关自然界和宇宙的知识和实践;⑤ 传统的手工艺技能。

2. 《国家级非物质文化遗产代表作申报评定暂行办法》将其划分成两个类别

2005年,我国政府在《国家级非物质文化遗产代表作申报评定暂行办法》中将其划分为两个大类:传统文化表现形式和文化空间。其中:"传统文化表现形式"包含的范围与《保护非物质文化遗产公约》中5个类别的内容基本一致;最明显的差别就在"文化空间"这个类别,具体指"定期举行传统文化活动或集中展现传统文化表现形式的场所,兼具空间性和时间性"。

3. 《国家级非物质文化遗产名录》将其划分成十个类别

我国政府在建立非物质文化遗产名录体系(国家级、省级、市级、县级)时,采用了10个类别的划分方式,主要根据文化表现方式或手段的基本差异,将非物质文化遗产分为民间文学、民间音乐、民间舞蹈、传统戏剧、曲艺、杂技与竞技、民间美术、传统手工技艺、传统医药、民俗等。

4. 《中国民族民间文化保护工程普查工作手册》的多层次、多类别划分

中国艺术研究院中国民族民间文化保护工程国家中心编写的《中国民族民间文化保护工程普查工作手册》对非物质文化遗产进行了较为系统的分类。首先是将其分为两个层次,第一层是基于学科领域的一级类别划分;第二层则是基于上个一级类别内容的复杂性进行的再次划分。具体来看,第一级包含16个基本类别,分别是:① 民族语言;② 民间文学(口头文学);③ 民间美术;④ 民间音乐;⑤ 民间舞蹈;⑥ 戏曲;⑦ 曲艺;⑧ 民间杂技;⑨ 民间手工技艺;⑩ 生产商贸习俗;⑪ 消费习俗;⑫ 人生礼俗;⑬ 岁时节令;⑭ 民间信仰;⑮ 民间知识;⑯ 游艺、传统体育与竞技。

从以上可见,从目前的各种分类方式看,都属于不完全划分。究竟哪一种划分更科学,事实上没有过多的可比性,因为,从划分方式的使用情况看,多数划分方式都是在

非物质文化遗产保护工作的不同环节，为了指导工作方向的明确性和便利性而专门采用的。但是无论哪种划分，其所覆盖的对象范畴与非物质文化遗产概念的内涵整体是一致的。

三、非物质文化遗产的主要特征

非物质文化遗产不同于物质文化遗产，有显著的特殊性，整体表现为以下几方面的特征。

（一）无形性

所谓无形性，主要指非物质文化遗产存在方式和价值确认的抽象性、精神性和主体性。非物质文化遗产既包括无形的文化表现形式或文化实践，也包括有形的物质载体，因此，这里的无形性不是指非物质性。

（二）传承性

所谓传承性，主要指非物质文化遗产具有被人类以集体、群体或个体方式，通过世代的学习、享用和继承而不断延续的属性。物质文化遗产也具有传承性，但是二者的本质差别在于，前者在传承中始终是作为一个实体得到继承；而后者则是作为一种无形文化遗产，以无形价值的继承得到延续，甚至其物质载体可以不断发生变化。并且，作为人类智慧结晶，人的能动性、对象化的劳动构成了非物质文化遗产得以世代延续的根本动力。

（三）流变性

所谓流变性，主要指非物质文化遗产在传承过程中具有跟随时间与空间的变异性。非物质文化遗产项目传承至今并非一成不变，在不同时期、不同地域往往呈现出形态的多样性或内涵的多样性。而之所以会发生变异，主要和人类对文化生态环境的选择与适应有关。当一种文化从一个地方传播到另一个地方，那些适应传播所在地的文化生态环境的表现形式或文化内涵就有可能被保留下来，而那些不符合的就有可能被淘汰或更新。同样，当一种文化流传到新的历史时期，人们基于这一时期的时代需求，往往会重新对该文化加以改变或创新。只有这样，一种文化才能不断得到延续和发展。而构成文化流变的影响因素是多元的、复杂的，在时间和空间维度上，除政治、经济、文化、社会、自然地理等宏观影响因素外，诸如血缘、地缘、族群身份、宗教或信仰等都有可能成为流变的具体影响因素。

（四）共生性

所谓共生性，是指非物质文化遗产与人类的生存实践之间具有紧密的同构性关系。在传统的农耕社会，非物质文化遗产是人们生活的重要部分和重要方面。无论是以直接的精神生产方式，抑或是以工艺美术产品的制作这种间接的精神化生产方式，非物质文化遗产都深深融于人们的生活，与人们的生活须臾不可分离。人们将对生存世界的认识融入对文化的生产与创作中，因此，无论文化的表现形式、表现技艺还是最根本的文化内涵，都来自于人们对其生活世界的认识与反映。

换言之，这种共生性是在行为层面和心理层面同时存在的。人们不仅切实地实践这些文化，保持人自身的"物理在场"；更能动地调适与文化的诉求关系，进而借由这些行为的实施来组织生活、规范生活、美化生活，从而保持一种"意义在场"的状态。随着社会、文化、政治、经济以及自然地理环境的变迁，人们对这些传统文化在"物理在场"和"意义在场"两个向度上也在不断地调整与调适。如果我们将那些对文化的发生发展具有影响作用的自然、社会、历史、经济、政治乃至大文化环境看作是文化生态的系统，那么非物质文化遗产的传承发展就是人们在"物理在场"和"意义在场"两个层面上，对文化的生产与再生产的产物。①

第二节 非物质文化遗产保护的价值

非物质文化遗产具有突出的历史价值、文化价值、社会价值、精神价值、和谐价值、艺术价值、教育价值、经济价值等诸多价值。这些价值是人们对非物质文化遗产存续至今所具有的现实价值的多样性确认，并在相当程度上阐释了非物质文化遗产的整体魅力。然而，从根本上讲，从保护的本质价值来说，主要体现在以下三个方面。

一、作为文化基因的保护价值

对于非物质文化遗产而言，作为文化基因的价值体认，反映了非物质文化遗产在世代存续过程中被始终保留下来的，一种超越了历史流变与空间流布而不断得到继承的形态或内涵特征。这种特征不仅内在地影响了一种文化流变形态的稳定性，更由于其不同于其他文化的特质，而外在影响了人类对各种文化的不断变革与创新。

---

① 胡惠林，王媛. 非物质文化遗产保护：从生产性保护转向生活性保护[J]. 艺术百家，2013（4）：19-25.

第六章 非物质文化遗产的保护与开发

文化基因的价值不是指所谓的本源性价值。学界在研究非物质文化遗产时经常提及本源性价值，认为它是一种超越了历史流变，且从文化发生或起源之处就已沉淀下来的超验性价值。然而，从非物质文化遗产的存续方式看，它本质上是以人为实践主体，通过对文化的多样性、能动性实践，来谋求人与文化生态环境动态平衡的过程。与"生物基因"源生性的存在机制不同，非物质文化遗产所承载的文化基因，是通过其世代流变而被发现的那些稳定性特征。

而从作为文化基因的社会功能来看，非物质文化遗产往往体现的是人类集体、群体的情感、思维方式、价值观念或审美趣味。就社会发展机制看，一旦这种文化大量消逝或消亡，就意味着"一个民族深层文化基因的改变，必然带来民族个性的变异、扭曲以及民族特征的弱化甚至消亡"[1]；并且，"一旦这样的生命线遭到毁灭性破坏，那么失去的不仅是文化生物链的有机性，而且也使民族的存在失去了全部文化基因的谱系依据"[2]。

二、基于国家文化安全的保护价值

"非物质文化遗产"不是"传统文化"的同义置换，非物质文化遗产的存续发展并不单纯地指向遗产本身的生命力问题，也并不直接等同于单一非物质文化遗产项目的存续问题，而是关系到国家文化安全的系统性问题。非物质文化遗产的存续发展与否，以及其存续发展的状态与发展的质量，多方面影响着国家文化安全的安全态势和安全性系数。

非物质文化遗产所遭遇的不断消失、消亡的安全危机，对于各民族国家而言，不仅仅意味着失去了一种具体的文化表现形式，更意味着失去了"寄寓在非物质文化遗产中的宝贵的人类智慧和精神血脉"[3]。胡惠林教授认为，"所有国家文化安全危机的发生，往往就在于民族文化凝聚力的解构。"[4]。而非物质文化遗产在这里就发挥着重要的凝聚精神的作用。在欧洲，文化遗产一直被视为民族身份和国家的象征。随着欧洲一体化进程的不断发展，国家边界逐渐模糊，而各个国家的文化遗产却能历史地保持和再现它们各自的文化个性。[5]因此，非物质文化遗产的存续构成了主权国家在文化身份认同方面的

---

[1] 王文章. 非遗保护，问题何在[N]. 人民日报：海外版，2007-06-05（8）.
[2] 胡惠林. 中国国家文化安全论[M]. 上海：上海人民出版社，2005：198-199.
[3] 王文章. 非物质文化遗产概论[M]. 北京：教育科学出版社，2008：11.
[4] 胡惠林. 中国国家文化安全论[M]. 上海：上海人民出版社，2005：316.
[5] 何星亮，等. 民族服饰与文化遗产研究——中国民族学学会2004年年会论文集[C]. 昆明：云南大学出版社，2004：364.

文化政治安全。

其次,非物质文化遗产也是文化不断发展创新的源泉。推动非物质文化遗产的传承发展,不仅对其自身,还对促进民族文化的整体创新具有重要的意义。对于主权国家而言,能否充分利用非物质文化遗产资源,发挥民族人民的集体智慧,不断创新文化发展方式和文化内涵,形成具有国际竞争力和影响力的文化产品,从而提升国家文化形象,提升文化遗产资源厚度具有至关重要的影响。因此,非物质文化遗产的发展与创新影响着一个国家的文化能力安全。

再次,非物质文化遗产作为过去人们的生活方式和生活实践,每一种事象的存续发展模式既是文化生态环境系统作用的结果,又是对文化生态系统运动的活态性展现。文化多样性的不断丰富发展有利于促进文化生态的协调与平衡。由此,非物质文化遗产的存续和发展影响着一个国家的文化生态安全。

与此同时,非物质文化遗产和物质文化遗产共同构成了一个国家的文化资源系统。文化资源安全是一个国家和民族可以持续、稳定、及时、足量地获取所需文化资源的状态和能力,关系到保障国家文化安全和国家根本文化传统的维护。[①]非物质文化遗产在数量上的不断锐减,是威胁到国家文化资源数量安全的一个重要问题;另一方面,非物质文化遗产作为文化资源,其自身发展质量、状态以及对社会文化可持续发展的促进作用,也关系到这个国家文化资源的质量安全。

综上所述,非物质文化遗产广泛而深刻地影响到了一个国家的国家文化安全,在文化凝聚力、创新力上,在文化生态系统的协调发展上,对于国家文化精神的来源和文化传统的维系等方面具有重要价值。因此,保护国家文化安全的一个重要方面就是保护非物质文化遗产安全。

三、基于世界文化多样性安全的保护价值

非物质文化遗产作为文化多样性的生动表征,这一点毋庸置疑。然而,从"文化多样性"自身的特殊内涵而言,非物质文化遗产的存续安全显然不是一个数量多少的问题。

2001年,联合国教科文组织第31届会议通过了《世界文化多样性宣言》。该宣言明确地指出,文化多样性问题的提出,是建立在对人权、自由,对多元文化生存方式的合理性尊重,对文化间性关系,即对文化交流与文化对话的促进精神的关照基础上,并由此界定其内涵为:"文化在不同的时代和不同的地方具有各种不同的表现形式。这种多

---

① 胡惠林. 中国国家文化安全论[M]. 2版. 上海: 上海人民出版社, 2011: 235.

第六章 非物质文化遗产的保护与开发

样性的具体表现是构成人类的各群体和各社会的特性所具有的独特性和多样化。文化多样性是交流、革新和创作的源泉,对人类来讲就像生物多样性对维持生物平衡那样必不可少,从这个意义上讲,文化多样性是人类的共同遗产,应当从当代人和子孙后代的利益考虑予以承认和肯定。"可见,这里的文化多样性是建立在对文化间性关系的考虑基础上的多样性问题,是一种世界文化体系中的结构性问题,是从文化的差异化和同质化层面提出的。

由此可见,保护文化多样性,就是要保护多元文化生存方式的合理性,同时以此来推动文化间的平等对话与文化的革新动力。这不仅对于发展中国家来说异常重要,对西方发达国家来说也一样。对于美国和西欧国家而言,它们在制定社会、文化和政治政策的时候,这种需求也表现得尤为迫切。[①]

从文化主体间关系而言,文化或文明的冲突在当今社会真实存在。例如少数民族或宗教"原教旨主义",他们通过对文化身份的单一性建构增强或者夸大了人们之间文化的差异,并构建了一种文化身份的强竞争态势从而制造并引发冲突。阿马蒂亚·森在《身份与暴力:命运的幻象》一书中即陈述了这样的观点和事实。而促进文化间的平等对话,正是为了达成多元文化主体对世界文化多样性的理解与相互尊重,尤其增进文化间对共同文化情感的确认与集体认同。

非物质文化遗产作为不同民族、种族、族群的历史文化传统的延续,除了对文化主体认同的表达之外,在文化的根本内涵上与其他主体的文化之间并不具有根本的排他性。从文化多样性的内涵来看,文化之间仍有一定的共性存在:一方面,共同的文化源头或亲近的文化血缘为异质文化之间的平等对话提供了历史基础,不同文化或文明之间在历史的发展过程中有着千丝万缕的联系,没有一个国家的文化能够保持绝对的纯粹;另一方面,对于生命、自由、爱情、正义等价值的共同关注和尊重,为不同文化主体之间的文化交流与融合提供了现实的文化基础。

面对经济全球化进程的不断推进,本土性文化及其独特性受到了前所未有的挑战,文化的差异性在文化的物质或行为层面被逐渐消解,文化心理层面也正深受触动。出于对民族国家的凝聚力和向心力的维护,保持文化的独特性势在必行,但是,建立在一定的文化交流、融合与文化对话基础上的文化多边发展机制更是重中之重。从这样的意义来看,保护非物质文化遗产,对于促进世界文化多样性安全具有极为重要的意义。

---

① [印] 阿马蒂亚·森. 身份与暴力:命运的幻象 [M]. 北京:中国人民大学出版社,2009:129.

文化遗产导论

第三节 非物质文化遗产的保护主体与客体

一、非物质文化遗产的保护主体

非物质文化遗产的保护主体，包括传承主体与传承之外的其他保护主体。

所谓传承主体，一般指实际承担并实施非物质文化遗产传承实践的群体或个体，一般又称之为传承人。王文章先生将其界定为："掌握着具有重大价值的民间文化技艺、技术，并且具有最高水准的个人或群体"[①]。

在传承主体的具体认定上，日本政府比较早地进行了实践。1950年，日本政府对于那些特定的重要无形文化财产延续所必需的技艺和技巧的持有者给予特殊的认可，这些被认可的人称为"国家活珍宝"。除了个体，有的团体也获得了这样的认可。韩国政府则是在1964年认定了167名持有者和50个持有者组织。菲律宾于1994年给予3名来自不同本土文化社团的人以"国家活珍宝"的头衔。此外，泰国、罗马尼亚、法国等国也先后通过"国家艺术家"计划、"人类活珍宝"计划或"工艺大师"称号来认定优秀的非物质文化遗产传承主体。

当这一做法经由联合国教科文组织推广后，对于传承人的认定标准逐渐规范。联合国教科文组织颁布的《关于建立"人类活珍宝"制度的指导性意见》中提出了四条选择尺度，分别为"其杰出的、罕见的人类创造性价值；对于一种文化传统和历史来说，它是独一无二的或至少是特殊的证明；它具有一个特定地区或特定流派的显著特征；它正面临消失的危险"。

对应于此，我国文化部于2006年11月颁布了《国家级非物质文化遗产保护与管理暂行办法》，以官方文件的形式对国家级非物质文化遗产项目代表性传承人的认定标准进行了明确："（一）掌握并承续某项国家级非物质文化遗产；（二）在一定区域或领域内被公认为具有代表性和影响力；（三）积极开展传承活动，培养后继人才。"截至2012年年底，我国共认定国家级非物质文化遗产项目代表性传承人1 986人。而除了国家级传承人，我国又先后建立了省级、市级、县级等层次的传承人名录，对我国非物质文化遗产的传承发挥了积极作用。

除传承主体外，政府以及各类文化科研机构、公共文化机构、专家学者以及广大的

---

① 王文章. 非物质文化遗产概论[M]. 北京：文化艺术出版社，2006：348.

第六章 非物质文化遗产的保护与开发

社会公众同样承担着保护非物质文化遗产的重要责任，成为非物质文化遗产的保护主体。而对于这些主体如何参与，如何分工，则涉及对保护机制的深层次探索。

以我国为例。

政府层面：2005年3月，国务院办公厅发布了《关于加强我国非物质文化遗产保护工作的意见》以及作为附件的《国家级非物质文化遗产代表作申报评定暂行办法》，将"政府主导、社会参与，明确职责、形成合力，长远规划、分步实施，点面结合、讲求实效"作为保护的重要方式原则。

学界层面：诸多学者从不同视角探寻不同主体参与非物质文化遗产保护的可能性路径。有学者认为要建立第三方属性的保护主体，认为包括政府、传承者、工商界和学术界在内，各有立场和优缺点，在现实中往往不能协调运作，因而需要建立一个"被赋予特殊权力的机构"，从而在接受政府监督、领导的同时，保持组织的独立性，从而发挥包括政府在内的社会各界群体保护非物质文化遗产的"合力作用"。[①]有学者则就各参与主体的职责进行了阐释，其中，政府作为最重要的保护主体承担的主要职责应当包括：① 建立健全保护工作领导机制，及时颁布有关非物质文化遗产抢救与保护的政策、法规、战略规划和指导性意见；② 建立权威、全面、科学的非物质文化遗产保护决策机构，保证决策的合理与合法；③ 培育大众文化自觉，使非物质文化遗产保护深入人心。而除了国家政府的文化行政主管部门外，"文化艺术研究院、所，民间团体，公共文化机构，传统艺术表演团体"也是非物质文化遗产保护的重要机构，各自发挥着不同的推动作用；社区和群体则从文化参与和文化自觉的意义发挥着基础性作用。[②]

同样作为保护主体，传承主体与其他保护主体之间应当保持何种关系，也是会显著影响非物质文化遗产保护效果的重要问题。有学者就认为："当前中国在非物质文化遗产保护上的最大问题，恐怕还不是无人参与，而是在参与过程中，弄乱了非物质文化遗产传承主体与保护主体之间的关系，将保护主体变成了传承主体，从而走上了以政府取代民间，以官俗取代民俗的歧路"[③]。严格地讲，非物质文化遗产的传承主体与保护主体"两者功能完全不同"，"传承主体负责传承，保护主体负责非物质文化遗产的宣传、推动、弘扬等外围工作"；政府、学界、商界以及新闻媒体是非物质文化遗产的保护主体，而非传承主体，不能取代传承主体从而直接参与到非物质文化遗产的传承工作中。[④]也就是说，保护主体因各自不同的角色和地位，应当从不同维度上发挥各自的重要作用，

[①] 贺学君. 关于非物质文化遗产保护的理论思考[J]. 江西社会科学, 2005（2）：103-109.
[②] 王文章. 非物质文化遗产概论[M]. 北京：文化艺术出版社, 2006：356-366.
[③] 苑利. 非物质文化遗产传承人保护之忧[J]. 探索与争鸣, 2007（7）：66-68.
[④] 苑利. 非物质文化遗产保护主体研究[J]. 重庆文理学院学报, 2003（3）：1-8.

不能相互替代。

二、非物质文化遗产的保护客体

非物质文化遗产的保护客体，既包括非物质文化遗产项目自身，也包括非物质文化遗产的传承主体。

非物质文化遗产项目作为保护客体，其保护主要体现在三个层面：其一，对传统文化表现形态的继承性保护；其二，对传统手工生产技艺的传承性保护；其三，对文化内涵与时代精神契合的调适性保护。

非物质文化遗产传承人保护客体，主要呈现为对其传承能力和传承条件的保护，而这些都与传承人整体的生存环境与生存状态密切相关。在我国，传承人群体年龄普遍偏高。通过对前三批国家级传承人的年龄进行统计发现：第一批国家级传承人中，60岁以上的传承人占总数的65%；第二批中，60岁以上的传承人占总数的64%；第三批中，60岁以上的传承人占总数的比重则高达74%，甚至70岁以上的所占比例也高达41%。而除了年事已高，传承人的生存环境也令人担忧。从国家级传承人的分布地区来看，多数传承人集中于经济欠发达的中西部地区；各省市认定的省市县级"非遗"传承人也多分布在农村地区。他们经济收入普遍不高，许多传承人缺乏完善的社保、医保条件。云南省昆明市2008年的一个民间调查显示，全市14个县（市）区的传承人，90%以上的传承人因生活无着而贫病交加[1]；福建省文化厅2008年对非物质文化遗产传承人的摸底调查也显示：其中44.5%的人没有社保，28%的人没有医保。[2]

第四节　非物质文化遗产保护的主要方式

从国际层面看，非物质文化遗产的保护方式主要有行政性保护与法制化保护。而在我国，除了以上保护方式外，生产性保护也成为一种重要的保护方式。

一、行政性保护

行政性保护是以政府为主体所建立的保护体系与机制。在我国，政府从多个方面对

---

[1] 崔亚楠. 传承和发扬面临着挑战：九成非遗传承人贫病交加[N]. 昆明日报, 2008-07-07（6）.
[2] 陈秀梅. 福建省非物质文化遗产项目代表性传承人现状分析与保护对策[J]. 福建艺术, 2008（5）: 38.

非物质文化遗产给予行政性保护：

首先，对那些有着巨大艺术价值、科学价值、历史价值又面临着濒危的非物质文化遗产，通过普查、整理资料，以采访、录音、录像等方式，建立项目资料档案、数据库，从而对其进行档案性保护与抢救性保护。

其次，建立完善的国家级、省级、市级、县级非物质文化遗产名录体系，以及建立分级的非物质文化遗产代表性传承人名录。截至2014年年底，我国先后共公布了四批国家级非遗项目名录：2006年5月，国务院公布《第一批非物质文化遗产名录》，共认定国家级项目518项；2008年6月，国务院公布《第二批国家级非物质文化遗产名录和第一批国家级非物质文化遗产扩展项目名录的通知》，共认定第二批国家级项目510项，第一批国家级扩展项目147项；2011年6月，国务院公布《第三批国家级非物质文化遗产名录的通知》，共认定第三批国家级项目191项，国家级扩展项目164项；2014年12月，国务院公布《第四批国家级非物质文化遗产代表性项目名录》，共认定第四批国家级项目153项，国家级扩展项目153项。

再次，通过建立文化生态博物馆或文化生态保护实验区的方式，集中保护那些非物质文化遗产项目资源较为集中，族群特色集中、显著的区域。现在全国有包括徽文化、客家文化、藏羌文化、广西的铜鼓文化等在内的12个文化生态保护实验区。从目前来看，我国政府对这些地方实施了包括古建筑、历史街区、传统民居、当地居民及民族传统生产生活方式、风俗习惯、艺术文化、传统手工艺等文化形式在内的全方位、整体性保护。

此外，通过开展专项工程的方式，加强并推进对非物质文化遗产的保护。2003年1月，我国文化部联合财政部等有关部门启动了"中国民族民间文化保护工程"。这项工程制定了长达17年的发展规划，计划从2004年正式实施，到2020年结束。截至目前，我国政府相关部门先后公布了两批工程试点名单。2003年10月，第一批试点名单公布，包括：综合性试点3个，即云南省、浙江省、湖北省宜昌市；专业试点7个，即河北省武强县年画、广西壮族自治区红水河流域铜鼓艺术、海南省黎族传统棉纺织工艺、贵州省黎平县肇兴侗族文化保护区、西藏自治区日喀则地区昂仁县迥巴藏戏、甘肃省庆阳市环县道情皮影、新疆维吾尔自治区维吾尔木卡姆。2004年4月，第一批试点名单公布，包括综合性试点3个，专业试点26个，共29个。

二、法制性保护

法制性保护集中体现为法律规章的出台与实施。在我国，政府相关部门一直不断努力推进非物质文化遗产的相关立法工作。

在我国加入联合国教科文组织公布的《保护非物质文化遗产公约》之前，我国政府是以民族民间文化的保护进行立法实践的。

2002年8月，文化部向全国人大教科文卫委员会报送了民族民间文化保护法的建议稿，全国人大教科文卫委员会成立起草小组，并于2003年11月形成《中华人民共和国民族民间传统文化保护法草案》。

2004年8月，为了借鉴联合国教科文组织《保护非物质文化遗产公约》基本精神，进一步与国际接轨，全国人大教科文卫委员会将草案名称调整为《中华人民共和国非物质文化遗产保护法》，并成立了专门小组，协调各方加快该部法律的立法进程。

2005年3月，国务院办公厅颁发了《关于加强我国非物质文化遗产保护工作的意见》。这是国家最高行政机关首次就我国非物质文化遗产保护工作发布的权威指导意见，明确提出保护工作的重要意义、目标和方针，建立保护制度、工作机制等。

2006年10月，文化部颁布了《国家级非物质文化遗产保护与管理暂行办法》，对国家级非物质文化遗产名录项目的保护单位、代表性传承人以及管理措施等，提出了明确、具体的要求。

2011年2月，第十一届全国人民代表大会正式通过《中华人民共和国非物质文化遗产法》，规定该法自2011年6月1日起施行。该法的出台，将党中央关于文化遗产保护的方针政策上升为国家意志，将非物质文化遗产保护的有效经验上升为法律制度，将各级政府部门保护非物质文化遗产的职责上升为法律责任，有利于建立健全科学有效的保护体系，为非物质文化遗产保护政策的长期实施和有效运行提供了坚实保障。[1]

与此同时，全国人大教科文卫委员会积极促进和推动一些地方立法机关制定出台了相关地方法规。2000年6月26日，云南省第九届人大常委会第16次会议以全票赞成的表决结果审议通过了《云南省民族民间传统文化保护条例》。2002年7月30日，贵州省第九届人民代表大会常务委员会第29次会议审议通过了《贵州省民族民间文化保护条例》。贵州成为继云南后又一个出台地方保护条例的省份。此后，福建、广西、宁夏、江苏、新疆等多个省和自治区分别出台了非物质文化遗产保护条例，为非物质文化遗产保护提供了有力保障，整体推动了我国非物质文化遗产立法工作的进程。

然而，从法制保护工作的完善性来看，还有很多问题没有解决，尤其是关于非物质文化遗产权利属性的界定问题。学界学者对诸如"非物质文化遗产权""传统资源权""知识产权"等问题的关注尤为集中。对"非物质文化遗产权"，有学者用其指代"传承人对其传承的非物质文化遗产所享有的权利"，它不仅属于"文化权利"，还是一种

---

[1] 蔡武. 深入贯彻实施《非物质文化遗产法》全面推进我国非物质文化遗产保护工作[N]. 中国文化报, 2011-03-08 (1).

"新型的民事权利",一种超出了现有知识产权体系的"新型知识产权",从而将"非物质文化遗产权"认定为一种多重权利体系;而对"传统资源权",有学者将其表述为"一个综合的概念",是非物质文化遗产持有人"文化权利和资源财产权利的统筹表达",包括了基本人权、自决权、集体权、土地和领土主权,宗教自由,发展权,隐私和事先明确同意权,环境完整权,知识产权,邻接权,订立法律协议权,保护文化财产、民间文学艺术和文化遗产产权,承认习惯法和实践以及农业资源权等①,简而言之,就是非物质文化遗产既是持有者的基本文化权利,他们又对非物质文化遗产作为文化资源或财产享有相应的利益分配等一系列权利。而"知识产权"说是被国内许多学者所认同的。有观点认为:"通过对非物质文化遗产保护法的经济学分析与市场经济分析发现,以非物质文化遗产为客体的知识产权的创设成为一种必然"②;作为非物质文化遗产组成部分的传统知识"更多的是一个知识产权问题"③;也有学者多方论证了民间文学艺术知识产权保护的正当性和可行性。④其中,多数研究都关注到了现有知识产权制度与非物质文化遗产的矛盾和冲突之处,提出重新调试和建构新的非遗知识产权保护制度的观点。

三、生产性保护

生产性保护主要是指,"通过生产、流通、销售等方式,将非物质文化遗产及其资源转化为生产力和产品,产生经济效益,并促进相关产业发展,使非物质文化遗产在生产实践中得到积极保护,实现非物质文化遗产保护与经济社会协调发展的良性互动。"其逻辑起点主要基于对非物质文化遗产的市场活态性考虑。

生产性保护的理念,最早是在王文章主编的《非物质文化遗产概论》一书中提出的——"以生产性方式保护"。2009年2月,"非物质文化遗产生产性方式保护论坛"在北京举行,对非物质文化遗产的"生产性保护"问题形成了集中的关注和讨论。专家学者们普遍认为,大工业化生产方式、现代化的生活节奏和生活方式的挑战使得传统手工艺遭受到巨大冲击,生存状况堪忧;而大量对传统手工技艺的工业化、产业化的盲目开发和超负荷利用,又使得非物质文化遗产发生了严重的扭曲和变异。因此,"生产性保护"应成为保护这类非物质文化遗产的重要方式和原则。而对于如何落实生产性保护方式,在我国学界则是各抒己见。

---

① 李发耀. 论非物质文化遗产持有人权利保护的内容及其形式——当前立法焦点分析[J]. 贵州师范大学学报,2009(1):45-50.
② 甘明,刘光梓. 非物质文化遗产知识产权保护的可行性研究[J]. 图书馆建设,2009(10):15-18.
③ 严永和. 论传统知识的知识产权保护[M]. 北京:法律出版社,2006:6.
④ 张耕. 民间文学艺术的知识产权保护研究[M]. 北京:法律出版社,2007.

有学者认为，生产性保护是一种带有生产性质的保护手段，主要针对传统手工技艺类项目而言，这是由传统手工艺自身的创造和传承性质决定的，传统手工艺的经验和技术只有在具体的生产实践过程中才能被体验和掌握。并且，生产性保护既与工业化相悖，也不能直接等同于产业化，对手工艺产品的产业化开发需要慎重对待。①

也有学者认为，对于传统技艺类非物质文化遗产而言，只有"造就差异性为技术本质"的手工生产方式，才能成为非物质遗产保护的关键，即"切实维护文化差异性"，提供现实的生存基础和根本的生存保障。因为，大工业生产方式的核心力量是"标准化"，它从根本上排斥并竭力消除所有的"文化差异性"。而"生产性方式保护"即是"切合手工技艺存在形态和传承特点，可以不断'生产'文化差异性的一种生态保护方式"。②

也有学者提出，要对非物质文化遗产的生产性保护进行管理，利用专项管理条例来保障实施，维护代表性传承人的知识产权和权益，维护手工技艺传承机制，严加防范和打击借生产性方式保护之名，行以假乱真、粗制滥造、见利忘义之实等一切破坏非物质文化遗产保护的行为。③

第五节　非物质文化遗产商业化开发的主要模式与问题

一、商业化与产业化、工业化的概念辨析

社会各界在看待、评价非物质文化遗产的商业化开发问题时，经常会出现将商业化、产业化，乃至于工业化概念相混淆的情况。因此，我们有必要明晰这三个概念的差别与联系。

所谓商业化，主要指以提供商品为手段，以营利为主要目的的行为。所谓工业化，主要指区别于手工生产的机器化生产，是一种标准化、去差异化的生产。而所谓产业化，是指"要使具有同一属性的企业或组织集合成社会承认的规模程度，以完成从量的集合到质的激变，真正要成为国民经济中以标准划分的重要组成部分"，其主要特征为：市场化的运作形式、达到一定的规模程度、与资金有密切关系和以利润最大化为目的。在非物质文化遗产发展方式上，产业化已经成为许多国家和地区进行非物质文化遗产保护与开发利用的主要方式之一，并基本形成了旅游业、文化产业等不同的发展形态。

---

① 徐艺乙. 关于"非遗"生产性保护的思考[N]. 中国文化报, 2009-02-25（3）.
② 吕品田. 重振手工与非物质文化遗产生产性方式保护[J]. 中南民族大学学报：人文社会科学版, 2009（4）：4-5.
③ 宗和. 非遗保护 重新发现手的价值[N]. 东方早报, 2009-02-16（13）.

第六章 非物质文化遗产的保护与开发

这三个概念之间既相互区别又相互联系。其中,商业化是工业化、产业化生产的目的;工业化是产业化的一种方式或路径,并与手工生产的产业化相对立;而产业化则是商业化发展到一定阶段所达到的规模或水平,同时也是工业化发展的特征之一。

对于非物质文化遗产的商业开发而言,仅仅指的是通过非物质文化遗产产品形态的设计、生产以及商品的销售,来产生经济效益的行为。因此,对非物质文化遗产的商业化开发行为究竟持何种评价与态度,具体取决于其在商业化开发中所采用的具体手段与方式。一般而言,对使用工业化手段开发的方式,应当持否定性意见;对于手工生产的产业化开发方式,应当持肯定性意见。

二、非物质文化遗产商业化开发的主要模式

(一)原生性文化产品开发

所谓原生性文化产品开发,主要是指保留了非物质文化遗产项目中原有的文化生产形态与表现方式,主要以民间工艺美术产业和演艺产业为主。

以民间工艺美术产业为例,主要是指保留了手工生产方式的工艺、美术产品制造产业。近年来,在政府产业政策的积极引导下,我国民间工艺美术产业的发展速度和发展规模有逐渐壮大的趋势。

1. 形成了一定数量的民间手工艺专业村

现以山东省为例,近年来,山东省各地积极挖掘本地工艺品资源,以传统工艺品的生产和创新作为发展方向,将农村地区特有的物质资源、文化资源、智力资源以及劳动力资源有效地整合在一起,推动了农村文化产业的切实发展。如菏泽市巨野县,有 4 个工笔画专业镇、20 个专业村、322 个专业户和 40 多家农民书画协会,2007 年工笔画总产值达 4 500 万元。菏泽市曹县,现有各类桐杨木工艺品经销公司 5 500 余家,85%的农户、90%以上的农村劳动力在从事桐杨木工艺产业及其相关服务业。① 潍坊市王家庄子社区是潍坊市风筝产业集聚区,该社区有 4 个村共 4 650 人,有 2 200 多人从事风筝生产,其风筝产业年产值达 2 亿元,居全国年销量首位。

2. 以"农户+协会(基地)+公司"的方式向规模化发展

随着民间艺术产业在农村地区快速壮大,其产业发展模式也逐渐显现出来。"农户+协会(基地)+公司"成为很多地区在农村发展民间艺术产业的主要方式,只是具体运作形式稍有差异。常见的运作方式是由经销公司承接订单,由社区艺术服务中心一类的中

---

① 潘鲁生. 手艺农村 手艺创意[M]. 深圳:海天出版社,2011:194.

介组织负责将订单分解到农户家里;农户完成产品生产后再由中介组织统一交付订单,并根据各农户的完成量分配经济收益。以广西壮族自治区靖西县旧州村发展绣球产业为例,为了发展绣球产业,该村自 1997 年起,组织各家各户参与绣球生产,并专门成立了刺绣协会①,带动农户完成市场订单承接,并进行产品创新。有的运作方式是由大企业统一整合生产力量,带动零散农户与小型加工企业共同完成订单生产。例如,河北蔚县剪纸有限公司是河北省文化厅认定的首批文化产业示范基地,有 300 多名固定员工。在完成订单时,除依靠固定员工,更依托本村及周边剪纸厂家、专业农户、个体进行生产,从而带动企业实现规模化、效益化发展。

3. 产生了民间艺术产业空间集聚效应,区域产业市场初步形成

随着民间艺术产业的整体发展,部分产业项目在资源要素丰富、资源禀赋优异的区域空间集聚起来,区域性品牌市场初步形成。产业空间集聚的产生需要优质的资金、信息、技术和交通运输环境,包括原材料市场、生产企业、销售企业乃至消费人群在内,形成完整产业链条在某一区域的集聚。

从区域资源禀赋来看,民间艺术产业在东部沿海地区的空间集聚现象明显。江苏省近年来就形成了若干个民间艺术产业集聚区,如苏州镇湖刺绣产业集聚区、苏州玉雕产业集聚区、苏州平江戏装戏具及檀香扇产业集聚区、徐州邳州市玉雕集聚区、宜兴丁蜀紫砂陶器集聚区、徐州新安皮毛工艺品集聚区等。以玉雕产业为例,苏州现已成为全国同行业的重要集聚中心,整个产业链覆盖原材料采购、生产加工、销售经营、运营传播以及学术研究等各环节。作为长江三角洲最大规模的玉料交易市场,苏州地区汇集了全国各地的玉料销售商,玉料种类十分齐全。除了本土玉雕企业和艺术大师,更有来自全国各地的玉雕大师和匠人到这里发展。

在区域产业集聚的同时,一些产业项目在全国先后形成了多个集聚空间,这是地方政府结合当地资源积极引导开发的结果。如木雕工艺产业,在我国产生了四个集聚中心,分别是浙江东阳、福建莆田、浙江乐清和广东潮州。浙江东阳集聚各类木雕竹编企业 3 600 多家,家庭作坊 2 900 多个。除木雕生产设计企业外,还集聚了木雕工艺服务企业、木材供应市场、木雕工艺研发机构以及金融服务机构、物流机构等。而福建莆田则成为全国最大的木雕工艺品、佛像与仿古家具的集散地,与其他地方的木雕产品有一定差异。

4. 各类博览会、竞赛、节庆成为推动民间艺术产品交易的重要平台

民间艺术产品除了艺术品专营市场、旅游景区的纪念品商店可以长期售卖,还有一个周期性交易平台,即由政府牵头举办的各种民间艺术主题的博览会、创作大赛和节庆

---

① 陈雪军,何利娜. 百色靖西旧州绣球村绣球文化产业发展研究[M]. 成都:四川大学出版社,2013:257.

活动（见表 6-1）。这些活动的举办，为民间艺术企业提供了相当规模的市场订单和丰富的市场信息，尤其是提供了关于同行业企业的生产信息，有效刺激了市场竞争。例如，西藏唐卡的销售，除了旅游市场提供一定购买量外，每年雪顿节期间举办的唐卡博览会提供了大量订单。在唐博会上，不仅重点举办唐卡作品、工艺展览，也会举办唐卡技艺大赛，通过多种多样的活动促进唐卡创作者的技艺切磋，推动唐卡作品的订单签订。从近年举办博览会的不完全数据看，在 2015 年，有近十余个地区举办了国家层次的民间艺术主题博览会，而省市层次的各种综合性、专题性民间艺术博览会更是不计其数。可见，博览会的举办正在成为政府推动民间艺术产业发展的重要政策手段。

表 6-1 2014—2015 年民间艺术主题博览会举办情况（不完全统计）

博览会主题	举办地点	举办时间
中国非物质文化遗产博览会	山东济南	2010—2014 年
中国（东阳）木雕竹编工艺博览会	浙江东阳	2006—2015 年
中国（湖南）国际艺术博览会	湖南长沙	2015 年
中国（广东）民间工艺博览会	广东广州	2009—2015 年
中国（贵州）国际民族民间工艺品文化产品博览会	贵州贵阳	2015 年
中国（长春）民间艺术博览会	吉林长春	2002—2015 年
中国（潍坊）民间艺术博览会	山东潍坊	2015 年
中国（苏州）民间艺术博览会	江苏苏州	2014 年
中国（烟台）民间工艺品博览会	山东烟台	2006—2015 年
中国（南阳）国际玉文化博览会	河南南阳	2004—2015 年
潍坊国际风筝会	山东潍坊	1984—2015 年
湖南工艺美术品博览会	湖南长沙	2006—2015 年
上海民族民俗民间文化博览会	上海	2007—2015 年
西藏唐卡艺术博览会	西藏拉萨	2011—2015 年
哈尔滨民间民俗艺术博览会	黑龙江哈尔滨	2000—2015 年
陕西民间工艺品博览会	陕西西安	2015 年
徐州民间工艺博览会	江苏徐州	2014—2015 年
承德特色工艺品博览会	河北承德	2015 年

（二）衍生性文化产品开发

衍生性文化产品是相对原生性文化产品而言的，主要指的是将非物质文化遗产项目中的符号元素提取出来，采用新的技术或生产方式，将对符号的意义生产与意义叙事移植到新的载体上所形成的文化产品或文化服务。例如，以非物质文化遗产项目为元素开发的图书、画册、电影、电视剧、动漫、网络游戏乃至产品包装、服装、建筑装潢设计、节庆旅游等。

案例【6-1】

百色靖西旧州绣球村的民间工艺品资源开发①

从 1997 年起，为挖掘开发绣球的文化内涵和经济价值，传承和发扬古老的绣球文化，旧州村开始组织农户生产绣球，并成立了刺绣协会，形成了颇具特色的百色靖西旧州绣球村。

目前，旧州村共 300 多户人家，有 600 多人从事绣球生产，年产量达到 15 万只。全村仅绣球一项的年收入就达 200 万元，绣球生产户年均收入近万元。村里采取专业化分工、社会化协作的方式，形成"公司+协会+农户"的发展模式，给周边农民提供了 2 万多个就业机会，使绣球生产成为乡村经济的支柱产业。

此外，旧州绣球村还建成了风情浓郁、建筑独特、产品丰富的工艺品旅游一条街，建成全国第一座壮族生态博物馆。目前，该村绣球产品知名度日益提高，市场需求量不断增大，产品远销欧美、东南亚等国家和地区。

案例【6-2】

绵竹年画村与年画产业②

四川绵竹是我国古代年画重要产地之一。汶川地震后，绵竹年画遭受重创。此时，绵竹市提出了建设孝德射箭台年画村，推行"做给农民看、带着农民干、帮着农民销、实现农民富"的培训帮扶模式。在江苏省对口援建绵竹的过程中，一个以年画为主题的方圆 5 平方公里的年画村悄然崛起。

进入村里，年画作坊、年画销售公司、年画陈列馆以及年画餐厅一应俱全。全是清一色四合院式的仿古建筑，墙壁上画着各式年画。绵竹年画博物馆馆长胡光葵说，这些

---

① 黄伟权，黄靖羽. 旧州绣球村绣球文化产业发展研究[J]. 新西部：理论版，2015（11）：39-40.
② 刘启达. 建立年画村 引入产业化[N]. 深圳特区报，2011-05-08（7）.

外墙年画总数超过3万幅,是绵竹年画的大展示。

新建成的年画村投资达10亿元,两个村的200多家农户就地转化成为产业工人,包括农民在内的年画从业者达千人。最近,绵竹年画村还成功升级为四川4A级风景区。

据绵竹年画博物馆统计,年画村建立以后,当地从业人员快速突破千人,去年产值突破4 000万元。

为传统年画加入现代元素,彻底打破传统的以门神、福娃、财神为题材的狭窄年画思路。将年画引到服装、生活用品、旅游饰品等7大新领域中,产生了轰动效应。

他们对年画进行了注册,申请了统一商标,设计了统一的包装,并分别打上条码,让以前无法统一定价的手工艺品有了身价识别功能,打通了年画无法进入超市的障碍。

三、非物质文化遗产商业开发存在的主要问题

(一)民间工艺产业发展面临的主要问题

1. 非物质文化遗产资源开发遭遇人才瓶颈

首先,人才数量的缺乏,民间艺术的传承人青黄不接、后继乏人。从我国认定的各批国家级非物质文化遗产代表性传承人情况看来,60岁以上的传承人占总人数的六成以上,70岁以上的竟达三成之多,老龄化现象十分严重。从民间艺术延续的角度考虑,应当尽快培养传承人。但现实情况却是一些传承人因为年事已高难以完成复杂的传承工作;而青年一辈中愿意主动学习并继承的人少之又少,或者忍受不了长年学习的枯燥,或者对学成后经济收益不足而担忧。所以,民间艺术产业的开发重点需要解决传承人培养的问题。

其次,人才队伍的不健全,高层次人才尤其缺乏。以民间工艺产业为例,民间工艺产业的可持续发展要求民间艺术产品要不断创新,要求在保留传统艺术魅力的同时,应更大限度地迎合现代生活的需要。这就要求艺术创作的人才队伍结构要健全,既需要普通的工匠,又需要设计师和艺术家。其中工匠主要指的是熟练工艺操作的人,对独立完成产品艺术设计相对素质不足;设计师是介于艺术家与工匠之间的一个中间群体,有的设计师虽然兼具工匠与艺术家的角色,但此处强调的是其作为从业者参与艺术创作、艺术设计工作,可以不具备娴熟的工艺操作技能,但一定要具备艺术学、美学、材料学或者跨艺术门类的知识背景,能够不断创新;而艺术家即艺术大师,是该艺术领域中有着卓越成就的人。整个行业中应以大师的知名度、美誉度来影响其艺术品创作的市场吸引力与附加值比重,从目前情况看,很多民间艺术项目在产业开发时对设计型人才和艺术

家的需求非常迫切。而除了艺术创作队伍结构的不健全，民间艺术产业运营管理方面的人才缺口也十分明显。现代营销意识和营销经验是许多传统民间艺人所缺乏的，而那些经济学、管理学专门人才又普遍不懂艺术，现实的困境是既懂艺术，又懂现代营销的综合型人才十分稀少。对于这类人才如何培养是一个难题，而如何引进、如何留住也是个难题。各类民间艺术产业项目普遍需求此类人才，地方之间在人才引进上也是竞争激烈。僧多粥少，就要从人才培养机制上全面着手，而当前主要问题则是缺乏一个更为健全有效的培养和人才资源优化配置机制。

2. 原材料匮乏与原材料市场失序问题突出

原材料市场是民间艺术产业发展的物质基础：一方面是原材料资源的匮乏和枯竭问题；另一方面是现有原材料市场的秩序混乱问题。

从原材料匮乏的情况看，主要是传统工艺原材料的缺乏。传统民间工艺造型艺术的原材料依赖当地的物产资源，或者是植物、矿物，或者是动物毛皮等。随着这些原材料资源储备越来越少，很多传统艺术品的生产难以维系，因而需要从开发新工艺、新原材料入手。

而从现有原材料市场秩序看，则存在着一些市场乱象。例如，近年来随着消费市场的不断壮大，玉雕、石雕、木雕、核雕以及陶器行业中广泛出现了原材料市场秩序混乱的问题。尤其以原材料价格哄抬问题最为普遍。江苏玉雕产业以徐州玉雕和扬州玉雕最为著名。由于江苏本省玉石资源稀少，一直以来，玉雕行业主要依赖外地玉料进行设计加工，也因此遭遇原材料市场价格一涨再涨，原材料供应商竞相哄抬价格的困境，影响了玉雕产业本身的发展壮大。同样是雕刻艺术产业，舟山核雕使用的不是贵重材料，但是也受到了原材料价格混乱的影响。如何深化对原材料市场的监管，加强原材料市场与艺术设计市场发展的协同性，是缓解民间艺术产业发展困境的重要方面。

3. 产品需要重新定位市场，有价无市难以产业化

传统民间艺术在造型和文化内涵上反映了传统社会的审美旨趣，满足了过去人们的生活需要。在现代社会，这些传统艺术作品如果要获得消费市场的认可，就难免要重新进行调适，找到与现代生活的契合点。目前，相当的民间艺术资源都面临着这种尴尬。这些项目在古代社会有很庞大的消费市场，但现在却有价无市。例如，江苏无锡的惠山泥人，目前整个产业的发展几乎举步维艰。无锡最大的惠山泥人厂连续多年亏损，年产量与20世纪90年代高峰期时的200万件相比，已锐减至三四万件，年产值不足400万元。究其原因，主要与市场需求的萎缩有关。过去，惠山泥人的热销主要与佛教文化、祠堂文化以及戏曲文化在民间的兴盛有关。如今，这些文化逐渐式微，惠山泥人需要重新寻找市场空间。这样的例子很多，尤其是中西部地区的少数民族传统工艺，由于其创

第六章 非物质文化遗产的保护与开发

作缺乏对现代时尚的了解,很难满足消费者需求,因此,虽然有产业发展潜力,但却难以产业化。

4. 手工生产遭遗弃,机器化生产现象普遍

传统的艺术产品生产往往是个体创作生产的过程。当下,很多行业或企业热衷于追求规模效益,使用机器进行标准化的工业流水线生产。由于机器的高生产效率,短时间内可能提高了产量、压缩了生产成本,但是从长期来看,却损害了艺术本身的技艺价值和文化价值。对于这种标准化、无差别化的复制品,消费者不会愿意一直买单,更不会愿意高价买单。凡是使用机器代替手工生产的企业,都不了解传统手工技艺的真正价值。以手工生产的艺术品,靠的是艺人们灵巧的双手和个性化的创作构思、灵感与情感注入,不是机器可以刻制出来的,其艺术附加值大大高出了手工生产的成本投入。

从相关实践来看,这些纯粹工业化的开发使得宝贵的非物质文化遗产发生严重变异。许多开发商借用"非遗"名气,通过机器生产仿制品和复制品来牟取经济利益。以唐卡为例,唐卡是用彩缎装裱后悬挂供奉的宗教卷轴画,也是藏传佛教所特有的绘画形式。就唐卡作品的制作来说,真正手工制成的唐卡,创作周期短则半年,长则达十余年。而目前唐卡市场上充斥着很多印刷品或半印刷品,有的每幅售价仅20元左右,也有的被销售商标以高价,以伪充真。对于不熟悉唐卡的消费者来说,想买到真品完全靠碰运气。内蒙古的马头琴制作艺术也是手工技艺,而内蒙古一家工厂却采用电脑绘图、机器切割来完成制作。除了机器化生产,有的还使用化工材料替代传统的天然材料。如一些企业为了提高生产效率、降低生产成本,将传统纺织艺术中的植物性染料更换为化工染料,用刻板的化学印花工艺替代传统的手工画蜡工艺。这种取代了手工生产方式和原有制作工艺的复制品对于真正意义上的"非遗"产品而言具有很大的破坏性,毁坏了其传承数百年的文化形象。应当说,凡是在核心工艺环节上,以机器替代手工生产民间艺术品的,从根本上破坏了民间艺术存续的根基,都不能被纳入到民间艺术产业的范畴。

5. 产品创作缺乏创新,单一化、同质化问题严重

民间艺术产品的设计既需要体现传统,更需要不断推陈出新。很多作品的题材、样式都是传统经典题材,有的设计已很难符合现代社会人们的审美旨趣,而有的设计虽然仍受到认可,但也因为过于陈旧而难以获得顾客青睐。相当多企业甚至不愿意在艺术设计上投入太多成本进行创新,很多时候都是模仿、抄袭别的企业的创新,采取跟风策略。一旦有一个新样式、新设计,很多企业就不分先后地照搬照抄。这种经营企业之间的恶意模仿,甚至使得产品市场良莠不齐、鱼目混珠,面临消费者的负面评价与消费意愿不足。

169

6. 企业发展存在资金瓶颈，金融服务与政府扶持有待加强

民间艺术产业发展需要民间艺术企业数量不断增多，需要企业发展规模的不断壮大，这些都不可避免地涉及资金问题。而从当前看，民间艺术产业开发是有资金瓶颈的，这首先体现在企业向金融机构申请贷款难的问题。尤其是家庭作坊或小微型企业在试图壮大经营规模时难以从银行那里获得贷款，这不仅反映了民间艺术企业多为无形资产、缺乏银行贷款金融机构普遍认可的有形抵押担保物，更反映了当前金融服务的不完善，缺乏针对民间艺术产业扶持发展的金融政策。其次是现有行业税率的问题。传统手工艺品在缴纳增值税的同时，时常没有进项抵扣：由于向农户采购直接原材料不能开具采购发票，从而使得税率过高，增加了发展的负担。此外，民间艺术企业所获得的政府补贴资金也有待充实。从现有获得补贴途径看，依托非物质文化遗产保护政策与加快促进文化产业发展的相关政策，部分民间艺术企业可以从中央或地方"文化产业发展专项基金""非物质文化遗产保护基金"中分得一杯羹，但是，整个民间艺术行业领域，仍有很多企业难以申请到这类补贴。因此，如何全面拓展对民间艺术产业发展的资金扶持通道是政府和行业需要共同解决的问题之一。

7. 资本转化能力不足，缺乏品牌经营意识

文化资本是指对文化资源的优化配置所形成的能够产生价值不断增值的文化生产和服务，其中，价值的增值既体现在经济财富的增长，也体现在精神财富的增长。从资源向资本的转化，需要不断延长产业链，并在衍生品的开发和生产中不断注入新的文化价值与经济价值。就民间艺术产业的发展来看，很多产业在传统产品的生产上效益显著，但是衍生产品不多，价值增值效益不足；而有的产业虽然关注于衍生产品的开发，但是在品牌与产权经营保护方面做得不到位，致使衍生产品上市后很快被市场模仿、复制，从而失去竞争优势。而除了产业链的构建，产品的宣传和企业形象的塑造更是资本经营、品牌经营的重要方面。很多地方的艺术品在外观设计、外包装设计以及宣传手册、展览手册等方面重视不够，忽视了艺术品内涵与外观的统一性，忽视了塑造统一品牌形象的重要性。而这些情况上都反映了品牌经营意识不足的问题。

（二）民俗节庆旅游业开发产生的主要问题

在旅游产业的发展模式中，大量非物质文化遗产项目，尤其是传统民俗、宗教仪式类项目，作为重要的文化内容或元素被整合进地方文化旅游商品之中，利用文化的差异性与独特性吸引外来游客。许多学者认为，在遗产旅游的光鲜外表之下，伴随了"遗产的破坏"与"真实性的扭曲"等一系列冲突与矛盾："在遗产旅游中，当旅游者负载着现代性消费文化的价值取向，前往遗产目的地时，必然会与遗产中暗含着特定族群存续与发展的传统产生各种对峙与背离";作为外来者的游客,很容易造成对传统文化遗产的"污染和破坏";而为了迎合消费者的消费需求与偏好,很多政府、商业组织机构介入遗产旅游景点的创造与开发过程中,进行遗产的"再生产",往往忽略了遗产真正的创造者和传承者,扭曲了遗产的真实性,并解构了原有的文化认同。①

与此同时,旅游业的过度开发一定程度上造成了对传承群体的主体性挑战。在遗产旅游业的开发模式中,有学者将处于文化"失语"状态的文化主体比喻为"边缘庄家",而将来自遗产外的各种权力、商业的操控主体比喻为"权力庄家",借以指代那些投资者、饭店开发商、国内外资助机构,他们掌控着权力和金钱,是遗产旅游开发的主导者。②在遗产的开发过程中,原有文化主体和"权力庄家"之间形成了一种紧张的矛盾关系,对文化的解释权也更多地控制在后者手中。

对主体性的解构和挑战,甚至使得一些原住民不得不离开世代生存的地方。在一些不发达的国家或地区,因为旅游业的开发,一些村庄甚至被迫迁移到其他地方。例如20世纪70年代,在印度尼西亚的普兰巴南神庙和婆罗浮屠寺附近就发生过这种事情。当时政府以"保护"文化和自然遗产为借口,强迫村民迁移到其他地方,甚至采用了威逼、恐吓、监禁等极为不人道的手段。在这些地方后来的旅游开发中,原住民甚至被禁止进入旅游区。③

 **本章小结**

20世纪中叶以来,通过众多国家的积极探索与争取,非物质文化遗产保护体系逐渐在世界范围内建立起来。非物质文化遗产具有无形性、传承性、流变性以及共生性特征;这些特征内在决定了我们对非物质文化遗产保护价值的解读,需要立足于文化基因、国家文化安全、世界文化多样性安全的视角。在此基础上,我们要对非物质文化遗产进行科学的保护,理解保护的主体、客体,建立多元的保护方式,同时以有效的商业开发方式加强对非物质文化遗产资源的社会利用,来全面推动传统文化的传承与发展。

---

① 彭兆荣,郑向春. 遗产与旅游:传统与现代的并置与背离[J]. 广西民族研究,2008(3):39-45.
② 彭兆荣,郑向春. 遗产与旅游:传统与现代的并置与背离[J]. 广西民族研究,2008(3):39-45.
③ [美] Dallen J. Timothy. 文化遗产与旅游[M]. 孙业红,译. 北京:中国旅游出版社,2012:117.

思考题

1. 简述非物质文化遗产概念的基本形成过程。
2. 非物质文化遗产的内涵和外延是什么？
3. 简析非物质文化遗产的主要特征。
4. 非物质文化遗产的价值有哪些，其保护的核心价值是什么？
5. 简述非物质文化遗产保护主体的构成与参与方式。
6. 简述中国非物质文化遗产保护的主要手段与方式。
7. 辨析商业化、产业化与工业化的概念。
8. 简述中国非物质文化遗产商业开发的模式与存在的问题。

参考文献与推荐阅读

1. 胡惠林．中国国家文化安全论[M]．2版．上海：上海人民出版社，2011．
2. 王文章．非物质文化遗产概论[M]．北京：教育科学出版社，2008．
3. 方李莉．遗产：实践与经验[M]．昆明：云南教育出版社，2008．
4. 李春霞．遗产：缘起与规则[M]．昆明：云南教育出版社，2008．
5. 彭兆荣．遗产：反思与阐释[M]．昆明：云南教育出版社，2008．
6. 严永和．论传统知识的知识产权保护[M]．北京：法律出版社，2006．
7. 张耕．民间文学艺术的知识产权保护研究[M]．北京：法律出版社，2007．
8. 潘鲁生．手艺农村 手艺创意[M]．深圳：海天出版社，2011．
9. 胡惠林，王媛．非物质文化遗产保护：从生产性保护转向生活性保护[J]．艺术百家，2013（4）：19-25．
10. 贺学君．关于非物质文化遗产保护的理论思考[J]．江西社会科学，2005（2）：103-109．
11. 苑利．非物质文化遗产传承人保护之忧[J]．探索与争鸣，2007（7）：66-68．
12. 苑利．非物质文化遗产保护主体研究[J]．重庆文理学院学报，2003（3）：1-8．
13. 李发耀．论非物质文化遗产持有人权利保护的内容及其形式——当前立法焦点分析[J]．贵州师范大学学报，2009（1）：45-50．
14. 彭兆荣，郑向春．遗产与旅游：传统与现代的并置与背离[J]．广西民族研究，2008（3）：39-45．

第七章

自然与文化双重遗产

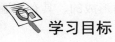

学习目标

1. 了解自然与文化双重遗产的概念、属性。
2. 掌握世界自然与文化双重遗产的认定、申报程序。
3. 了解自然与文化双重遗产保护的现状,以及我国自然与文化双重遗产保护存在的问题。
4. 理解和掌握自然与文化双重遗产保护的基本模式。

导言

自然与文化遗产是大自然的独特景观和人类精神创造成果的有机融合,具有独特性和非再生性。自然与文化双重遗产起源于19世纪欧美等发达国家,并从那时开始对本国的自然与文化遗产实施保护,各自建立了适合本国国情的国家公园体系。随着《世界遗产公约》的签订和推行,自然与文化双重遗产成为世界遗产的重要类型。我国对自然与文化遗产的保护开始较晚,始于20世纪50年代,并且受国家政策波动的影响,发展速度不稳定,管理政策时松时严,管理体系与发达国家也有一定差距。

文化遗产导论

第一节 自然与文化双重遗产的认定

一、自然与文化双重遗产的基本含义

自然遗产通常是指满足下列条件之一的自然面貌：一是代表地球演化历史中重要阶段的突出例证；二是代表进行中的重要地质过程、生物演化过程以及人类与自然环境相互关系的突出例证；三是独特、稀有或绝妙的自然现象、地貌或具有罕见自然美的地域；四是尚存的珍稀或濒危动植物栖息地。文化遗产是基于人类的活动而形成的、具有普遍历史和人文价值的有形的文物和无形的文化表现形式。

自然与文化双重遗产并非自然遗产与文化遗产的简单叠加，而是自然与文化因素高度融合的集合体。其概念最初来自《世界遗产公约》和《世界遗产名录》。《世界遗产公约》并未对双重遗产另立标准，文化与自然双重遗产又称为混合遗产或复合遗产。基于世界自然遗产和文化遗产的判定标准基础上的，并按照《实施〈保护世界文化与自然遗产公约〉的操作指南》，同时满足《保护世界文化与自然遗产公约》中关于文化遗产和自然遗产定义的遗产项目才能成为文化与自然双重遗产。

《世界遗产公约》的一大特色在于过去被认为是分立的自然与文化遗产，开始被视为相互依序的遗产并一起进行保存工作。这是将自然遗产与文化遗产两者的价值合而为一。早期复合遗产的登录名单当中，有先被登录为自然遗产或文化遗产，之后也被评价为另一种遗产，因而成为双重遗产。例如，新西兰的东格里罗国家公园和秘鲁阿比赛欧河国家公园最开始是被登录为自然遗产，之后也被登录为文化遗产，结果就成了双重遗产。

在双重遗产中，自然因素更多地表现为一种物质关系，文化因素则更多反映的是一种精神联系。自然因素是人类生存、发展的物质基础和前提，而人才是创造文化的主体。如果只有优秀的自然遗产，缺乏典型或代表性的文化遗产，当然不能称之为双重遗产。

二、双重遗产中自然遗产与文化遗产的关系

自然与文化双重遗产本质上是以自然环境景观的地质和地理环境为物质载体，人类的精神劳动创造的成果，依托于这些自然环境而不断地积累，形成了特有的文化遗产。

首先，双重遗产是自然遗产，是独特的自然地质构造形成的自然面貌，从科学或保

第七章 自然与文化双重遗产

护角度看具有突出的普遍科学价值。同时，由于其独特的自然面貌，因而在人与环境的互动关系中，人们对自然的观赏，使得自然景观具备了美学价值。

其次，双重遗产中的文化遗产是基于该地自然遗产基础上的，人类创造出来的优秀文化遗存。双重遗产中的自然遗产与文化遗产是不能分割的关系。两者的融合，则充分体现了人与自然之间的精神文化联系，具有艺术审美价值和历史价值。

因此，在自然与文化双重遗产中，自然遗产反映人与环境的关系，具有科学与美学价值，是文化遗产存在的物质基础，文化遗产统一于环境对人类的制约和人类对环境的依赖与能动作用之中，自然与文化遗产体现了自然与文化融为一体的特征。例如，黄山自然与文化双重遗产是依托黄山的独特地质条件和自然景观，黄山经历了造山运动和地壳抬升，以及冰川和自然风化作用，融峰林地貌、冰川遗迹于一体，兼有花岗岩造型石、花岗岩洞室、泉潭溪瀑等丰富而典型的地质景观，素有"三十六大峰，三十六小峰"之称。有流向钱塘江流域的新安江水系、流向鄱阳湖流域的昌江水系和乐安江水系、直接入长江的青弋江和秋浦河等五大水系，河流600多条，植物群落完整而垂直分布，有珍稀植物28种及300多种珍禽异兽。黄山的文化遗产是依托黄山的自然条件，在历史上不同时期建成的物质文化遗产和无形的非物质文化遗产，包括100多处徽派风格的楼台、亭阁、桥梁等古代建筑，近300处摩崖石刻，黄山画派、黄山古镇、大量的传说和文学诗句等，如果离开了黄山的自然遗产，文化遗产就是无本之源。

第二节 自然与文化双重遗产的保护现状

一、世界自然与文化双重遗产保护的历史与现状

国外遗产的保护与利用研究有100多年的历史，欧美国家较早提出了文化遗产概念。美国早在1872年就在怀俄明州开辟了黄石国家公园，这是美国第一个，也是世界上第一个由政府主持开辟的国家公园，于1978年被列入《世界遗产名录》。

欧美国家都较早地设立了专门的文化遗产保护机构。因年久腐变、环境污染、自然灾害或者社会和经济条件的情况恶化，容易造成对自然与文化遗产难以挽回的损害或破坏，文化遗产和自然遗产越来越受到破坏的威胁，有必要在全球范围内建立合作。1972年，联合国教科文组织大会第17届会议在巴黎通过了《保护世界文化和自然遗产公约》。该公约对文化和自然遗产进行了定义，它标志着保护世界遗产全球化行动的开始。

为保证《保护世界文化和自然遗产公约》的有效实施，1976年11月联合国教科文组

织世界遗产委员会成立,建立了《世界遗产名录》,并于 1977 年召开了第一届世界遗产大会。此后,众多国家陆续加入该公约,加入公约的国家都按照公约的要求,成立了本国的世界文化与自然遗产保护的管理机构并制定了保护政策。1978 年召开的第二届世界遗产大会有 12 个遗产地被列入了《世界遗产名录》,诞生了第一批世界遗产。1979 年危地马拉的蒂卡尔国家公园作为第一个世界自然与文化双重遗产被列入《世界遗产名录》。

被列为世界文化与自然遗产的文化资源为遗产所在地提供了丰富的旅游资源,成为地方政府旅游产业开发的核心资源。然而,旅游开发与遗产保护如何平衡,成了争论焦点。1987 年,由布伦特兰担任主席的联合国世界环境与发展委员会以"我们共同的未来"为标题,正式提出了"可持续发展"的概念和口号,并很快被人们所接受,成为对自然与文化世界遗产的保护进行重新评价的中心议题。

1992 年 12 月,在美国圣菲召开的联合国教科文组织世界遗产委员会第 16 届会议上提出文化景观这一概念,并纳入《世界遗产名录》中。2003 年 10 月联合国教科文组织又通过了《保护非物质文化遗产公约》,至此形成了文化遗产、自然遗产、自然与文化混合遗产、文化景观和非物质文化遗产 5 种世界遗产类型并存的格局。目前的研究热点是遗产保护与规划、遗产旅游、遗产管理、遗产可持续发展等方面。

二、中国自然与文化双重遗产的保护现状

我国各类自然与文化遗址众多,但自然与文化遗产的保护工作起步较晚,1956 年,鼎湖山自然保护区的建立开启了我国自然与文化遗产保护的新纪元。在政府和民间的共同推动下,我国的自然与文化遗产保护事业不断发展,保护类型不断完善,被保护的区域和数量不断增加。

中国于 1986 年开始向联合国教科文组织申报世界遗产项目。自 1987 年至 2007 年 6 月,中国先后被批准列入《世界遗产名录》的世界遗产已达 35 处,其中泰山、黄山、峨眉山—乐山大佛、武夷山四项被列为自然与文化双重遗产。

与国际上建立的国家公园一样,我国通过建立风景名胜区来保护珍贵的自然和文化遗产。1982 年,我国批准建立了第一批国家风景名胜区,1985 年,国务院颁布了《风景名胜区管理暂行条例》。之后我国相继出台《风景名胜区建设管理规定》(1993 年)、《风景名胜区管理处罚规定》(1994 年)等一系列行政法规,建设部还于 1994 年发文明确了名胜风景区的社会公益事业性质。

我国国家公园的建设尝试开始于 20 世纪末。1996 年,庐山以"庐山国家公园"的名义申报世界文化景观遗产获批。我国的国家公园体系还处于尝试建设阶段,概念体系和管理机制都尚未明确,急待深入探讨和研究。在国内生态文明建设和国际国家公园建设

的趋势推动下,国家公园作为自然与文化遗产保护的管理模式必将会在中国得以较快发展,成为政府层面上的自然与文化遗产保护的新模式。

2006年11月,国家文化部部务会议审议通过并予以施行《世界文化遗产保护管理办法》,旨在将世界文化遗产有效地进行保护。办法规定国家文物局主管全国世界文化遗产工作,协调、解决世界文化遗产保护和管理中的重大问题,监督、检查世界文化遗产所在地的世界文化遗产工作。县级以上地方人民政府及其文物主管部门依照本办法的规定,制定管理制度,落实工作措施,负责本行政区域内的世界文化遗产工作。

2015年11月,国家建设部颁发了《世界自然遗产、自然与文化双遗产申报和保护管理办法(试行)》,规定了国家住房和城乡建设部定期组织对世界遗产地资源保护管理情况进行集中检查和评估。"检查和评估内容主要包括以下几项:(一)管理机构履职尽责与能力建设;(二)地方立法与配套管理制度建设;(三)世界遗产突出价值和核心资源保护,资源环境监测与科研;(四)保护管理规划编制与实施;(五)旅游活动管理、建设活动管控以及其他威胁突出价值等重要因素的活动管理;(六)遥感监测问题及核查处理情况;(七)社区参与与协调发展;(八)遗产展示、宣传与教育。"

世界遗产保护管理规划是开展世界遗产保护管理和建设利用的基本依据。世界遗产地管理机构应当组织编制世界遗产保护管理规划。编制世界遗产保护管理规划应当依据《实施〈世界遗产公约〉的操作指南》及有关技术规范的要求,坚持严格保护遗产地突出价值的原则,体现人与自然和谐发展和提升保护管理水平的要求,提出有关保护管理措施。"世界遗产保护管理规划应当包括以下内容:(一)世界遗产突出价值和完整性陈述;(二)世界遗产资源本底及管理现状评价、威胁因素分析;(三)禁止建设、限制建设区域划定及保护规定;(四)突出价值保护措施;(五)重要资源、生态环境和人类活动的监测管理;(六)旅游活动管理与建设控制;(七)遗产展示与解说教育;(八)社区参与与协调发展;(九)科学研究、能力建设与实施保障措施。"其中,世界遗产地范围应划入禁止建设区域,不得开展与遗产资源保护无关的建设活动;缓冲区范围应划入限制建设区域,严格控制各类景观游赏及旅游服务设施建设活动。

三、中国自然与文化双重遗产保护与发展中的问题

我国世界自然与文化遗产的保护起步比较晚,虽然进展较快,但也存在一些问题,主要表现在以下三个方面。

第一,我国的自然与文化遗产保护往往重视申报轻视保护。很多地方政府出于政绩或者经济发展目的,对自然与文化遗产的申报认定很重视,但轻视监测和评估;重视开

发利用，轻视系统性管理。已有的自然与文化遗产管理，时常不能达到自然与文化遗产的保护标准，造成遗产资源的破坏和不当开发，使遗产保护和旅游发展之间的平衡失调。

第二，自然与文化遗产的可持续发展会面临比较大的旅游等产业的开发压力。地方政府往往迫于经济发展的压力，把世界遗产单纯看作经济利润载体，对自然与文化遗产的旅游资源进行掠夺性开发，违背世界遗产的保存与保护原则。例如，假日经济造成的风景旅游地人满为患的现象，对自然与文化遗产形成了巨大的压力。由于缺少对自然与文化遗产地最大人流量的计算和控制，过密的人流不但存在安全问题，而且会造成自然遗产的环境污染。再如，为了旅游开发的经济利益，在自然与文化遗产旅游地兴建度假酒店、度假区、公路、索道等旅游设施，如果缺乏合理的规划，会对自然遗产景区造成破坏。

第三，我国的自然与文化遗产分类体系较多，包括风景名胜区、自然保护区、森林公园、地质公园等，分别归属于建设、文物、环保、林业、地质等部门管理，保护标准和管理规范不统一。在对自然与文化遗产的认定、监测和管理中，不同部门之间都出台各自政策，主管部门划定的风景名胜区、自然保护区等遗产保护单位，经常在空间上交叉重叠，管理主体不明确，造成在实践操作层面的政出多门、多头管理的复杂局面。

第三节　自然与文化双重遗产的管理模式

自然与文化双重遗产的特点在于，作为自然遗产，它具有独特的自然风貌，可以作为风景名胜，吸引大量的游客，成为旅游开发的核心资源。同时，作为文化遗产，它具有大量的历史文化资源，并与自然遗产融为一体，增加了旅游观光的文化内涵。因此，自然与文化双重遗产成为旅游开发的重要项目。

一、自然与文化双重遗产开发的基本要求

自然与文化双重遗产的旅游开发，是遗产旅游开发的主要类型之一，是以自然与文化双重遗产为核心资源，吸引游客到遗产所在地去欣赏遗产景观，体验遗产文化氛围的一种特定形式的旅游活动，使旅游者获得对自然遗产与文化遗产的整体体验。自然与文化融合的特色，使得自然与文化双重遗产具有较大的旅游地理空间和较多的旅游点，旅游线路的规划与设计关键是将自然与文化的旅游点有机地联系和结合起来，构成旅游空间体系，从而使游客能够深入地体验和解读自然与文化双重遗产。

因此，自然与文化双重遗产的解读体系主要包括交通导引、遗产展陈、遗产解说、

遗产旅游线路等四大系统，即以游客的体验为出发点，从上述四个方面进行展开和完善。

通常，在对自然与文化遗产旅游区的保护规划的解读体系基础上，采取分区保护模式。"分区保护"是将世界遗产地划分成若干地区，界定每个地区的范围、界限和活动类型，在不同的地区进行不同方式和层次的开发、保护、利用和管理。这种模式比较适用于区域比较大、包含自然景观的遗产地，可以分核心保护区、核心环境区、缓冲区和边缘区。

此外，在世界遗产地及其缓冲区范围拟建设缆车、索道、高等级公路、铁路、大型水库等对遗产地突出价值可能造成较大影响的重大建设工程项目的，应当依据《实施〈世界遗产公约〉的操作指南》要求，至少在项目批准建设前6个月将项目选址方案、环境影响评价等材料按程序报告联合国教科文组织世界遗产中心。

二、自然与文化遗产的主要保护模式

（一）自然保护区

自然保护区的定义分为广义和狭义两种。广义的自然保护区，是指受国家法律特殊保护的各种自然区域的总称，不仅包括自然保护区本身，还包括国家公园、风景名胜区、自然遗迹地等各种保护地区。狭义的自然保护区，是指以保护特殊生态系统进行科学研究为主要目的而划定的自然保护区，即严格意义的自然保护区。

目前我国自然保护区功能分区采用国际"人与生物圈"保护区的基本模式，即核心区、缓冲区、实验区的三圈模式，并对各区的主要任务与保护方式做出了相关规定。《中华人民共和国自然保护区条例》对三区的内涵做了明确规定，成为自然保护区功能区划分的基本依据。核心区是自然保护区内保存完好的天然状态的生态系统以及珍稀、濒危动植物的集中分布地，禁止任何单位和个人进入；核心区外围可以划定一定面积的缓冲区，只准进入从事科学研究观测活动；缓冲区外围划为实验区，可以进入从事科学试验、教学实习、参观考察、旅游以及驯化繁殖珍稀、濒危野生动植物等活动。

自然保护区和自然遗产有一定的相近性，对其进行保护的意义在很大程度上取决于其生物多样性，而自然保护区要比自然遗产更多地关注区内的生物多样性保护。因此，自然保护区对自然与文化双重遗产的保护具有一定范围的适用性，但是对文化遗产的保护与利用，特别是自然与文化融合的双重遗产的保护与利用方面，还不够全面，需要借助其他相关文化遗产保护的管理政策和管理模式。

（二）风景名胜区

中国风景名胜区在国家遗产保护地中占有重要地位，国家级风景名胜区是中国"世界遗产"的主体。在已经确定的56处中国国家自然遗产、国家自然与文化双重遗产预备名录中,绝大部分是国家级风景名胜区。截至2012年,共有45处各级风景名胜区被列入《世界遗产名录》中,其中包括35处国家级风景名胜区和10处省级风景名胜区。

《风景名胜区条例》对风景名胜区管理机构的设置和职能做了明确的规定,由此建立了由住房和城乡建设部,省、市、县地方建设主管部门以及风景名胜区管理机构组成的三级管理体系。实际上,确定了风景名胜区的具体管理工作以属地管理为主,主要依靠地方政府进行管理。针对风景名胜的资源特点,据其属性和组合规律,在规划实践中分别确立了常用的自然景物、人文景物两个大类,天景、地景、水景、生景、园景、建筑、胜迹、风物8个中类,74个小类和800个子类等资源类别。还根据风景资源价值、构景作用及其吸引力范围划分为5级:具有珍贵世界遗产价值的列为特级景源;具有国家重点保护价值和国家代表性作用的列为一级景源;具有重要、特殊、省级重点保护价值和地方代表性作用的列为二级景源;具有一定价值和游线辅助作用,有市县级保护价值和相关地区吸引力的列为三级景源;具有一般价值和构景作用,有本风景区或当地吸引力的列为四级景源。

世界自然与文化遗产的保护依托于风景名胜区的管理,同时也是发展风景名胜区事业的重要保障。我国的风景名胜区管理工作是在实践中发展的,虽然取得了一定的成绩和经验,但是仍然不够完善,在对风景名胜区的管理工作中仍然存在很多问题,其核心症结在于多头管理、多级管理交叉,造成规划不统一,建设与规划保护脱节。一方面,住房和城乡建设部作为国务院委托的风景名胜区主管部门,仅担任世界遗产和风景名胜区的保护管理工作,这相对我国600多处风景名胜区而言,确实有些力量单薄。另一方面,风景名胜区多头管理问题突出,统一管理力度不够。据调查,主要表现在除建设主管部门外,还有林业、旅游、宗教、环保、文物、土地和地方乡镇等众多部门参与风景区范围内的管理。《风景名胜区条例》《森林保护法》《环境保护法》《文物保护法》等有交叉冲突,受发展旅游业促进地方经济繁荣的利益驱动,许多地方出现了将风景名胜区完全作为旅游区开发建设的趋势,过度开发风景名胜资源,而忽视和降低对资源和环境的保护。风景区管理机构难以实行对全区的统一管理,致使风景名胜区规划与建设脱钩,在经济和旅游迅猛发展的时期,风景名胜区内建设性活动增加,破坏增多,结果导致资源恶化严重、建设性破坏频繁、管理体制混乱、保护资金短缺、规划方法落后、管理政策缺乏等问题出现。

(三)欧美国家公园的保护模式

国家公园保护模式起源于美国,最早是由一位叫乔治·卡特林(George Catlin)的艺术家在 1832 年首先提出的。他对美国西进扩张带给印第安文明和野生世界的影响深感焦虑，认为它们应该受到保护。他提出应当通过政府指定保护性政策，以一个天然的、充满野性与生机的公园方式，将它们保护起来。1864 年，美国国会授予加州的"优诗美地峡谷"（Yosemite Valley）为州立公园并实行保护。1872 年，美国黄石国家公园成为世界上第一个国家公园。其后，国家公园的保护模式被欧美国家普遍采用。1916 年，美国国会颁布了《国家公园基本法》，主要规定了美国国家公园管理局的基本职责，它是国家公园体系中最基本、最重要的法律规定。法规定义国家公园以生态环境、自然资源保护和适度旅游开发为基本策略，通过较小范围的适度开发实现大范围的有效保护，既排除与保护目标相抵触的开发利用方式，达到了保护生态系统完整性的目的，又为公众提供了旅游、科研、教育、娱乐的机会和场所，是一种能够合理处理生态环境保护与资源开发利用关系的行之有效的保护和管理模式。

三、文化衍生开发

在对自然与文化遗产进行科学的自然和文化的保护措施基础上，除了可直接利用自然与文化遗产作为旅游资源开发，为遗产保护提供可持续的经费来源外，也可以充分利用自然与文化遗产的文化内涵，通过开发文化衍生产品，为景区提供新的经费来源。这些衍生产品的基本开发模式，是将自然与文化遗产的精神内涵加以提炼，与其他载体结合，创造出新的表现形式。例如，黄山松是黄山的特有形象，将其图案移植到茶杯、文化衫等产品载体上，可以作为旅游纪念品；围绕武夷山的岩茶，形成大红袍茶的产业链条，并衍生到茶具、茶壶等茶文化衍生品；乐山大佛作为峨眉山的重要文化遗产，可以开发乐山大佛的木雕、石雕小件以及佛教文化的相关衍生品；此外，还可以围绕传说和非物质文化遗产，出版相关图书文献资料、设立博物馆、拍摄纪录片以及将传说故事改编成影视剧等。

 案例【7-1】

自然风景区的实景演出产品开发及其问题①

武夷山是自然与文化双重遗产风景区，在保护区外围建设了武夷山国家旅游度假区，在度假区中设有武夷茶博园。当地政府将武夷山茶文化作为品牌，通过在茶博园内设立

---

① 根据中国武夷山网站、《印象·大红袍》官方网站等介绍资料整理。

舞台，聘请张艺谋团队打造了展示中国茶文化的大型山水实景演出《印象·大红袍》。演出舞台坐落在西南角、崇阳溪东侧河岸，背倚风光绮丽的武夷山水，史无前例地引入"矩阵式"实景电影，将15块电影银幕融入自然山水之中，组成"矩阵式"超宽实景电影场面，现场效果如梦似幻，使观者真切地感受到了"人在画中游"的奇妙体验。《印象·大红袍》虽然投入巨大，但是也为武夷山文化旅游产业创造了一个全新的文化旅游产品，改变了原来白天爬山、晚上无处去的现状，延长了游客停留时间，提高了游客的旅游价值，也为当地旅游业带来了巨大的经济效益。

虽然实景演出为我们提供了一条新的遗产旅游开发模式，但是我们在开发这类项目时必须要注意到以下问题：一是实景演出必须围绕文化遗产的核心内容进行创意，能够给人带来全新的、独特的体验，因此对创意团队要求非常高；二是实景演出通常投入巨大，动辄上亿，一旦内容创意失败得不到游客的认可，可能血本无归，因此有很高的投资风险；三是实景演出必须严格遵守国家文化遗产与自然遗产的保护规定，不能对遗产资源造成破坏。早在2007年国家环保总局、建设部、文化部、国家文物局就联合发布了相关规定，规定在自然保护区核心区和缓冲区、风景名胜区核心景区内，禁止进行影视拍摄和大型实景演艺活动。在风景名胜区核心景区以外范围进行影视拍摄和大型实景演艺活动必须遵守《自然保护区条例》的规定，提出保护自然环境和自然资源的方案和措施，并经有关自然保护区行政主管部门的审查同意。不得建设污染环境、破坏资源或景观的设施，不得损害自然保护区的环境质量。

第四节　自然与文化双重遗产的申报和审批

申报世界遗产应当以保护和传承人类共同的珍稀遗产资源为宗旨，坚持政府主导、专家论证、公众参与的原则，应量力而行、厉行节约、有序推进。首先应当把握世界遗产的概念、范围和遴选标准。

一、世界遗产的遴选标准

由世界遗产委员会制定的《实施〈世界遗产公约〉的操作指南》对文化遗产规定了6项标准：第一，是人类创造力的经典之作；第二，是某期间或某种文化圈里对建筑、技术、纪念性艺术、城镇规划、景观设计之发展有巨大影响，促进人类价值的交流；第三，有关现存或者已经消失的文化传统、文明的独特或稀有之证据；第四，呈现人类历史重要阶段的建筑类型,或者建筑及技术的组合,或者景观上的卓越典范;第五,代表某一个或数个文化的人类传统聚居地或土地使用,提供出色的典范——特别是因为难以抗拒的历史潮流而处于消灭危机的场合;第六,有显著普遍价值的事件、活的传统、理念、信仰、艺术及文学作品,有直接或实质的联结(世界遗产委员会认为该基准应最好与其他基准共同使用)。

根据 2005 年 2 月 2 日联合国教科文组织世界遗产委员会发布的新版本的《实施〈世界遗产公约〉的操作指南》,自然遗产的遴选标准如下:第一,包含出色的自然美景与美学重要性的自然现象或地区;第二,代表生命进化的纪录、重要且持续的地质发展过程、具有意义的地形学或地文学特色等的地球历史主要发展阶段的显著例子;第三,在陆地、淡水、沿海及海洋生态系统及动植物群的演化与发展上,代表持续进行中的生态学及生物学过程的显著例子;第四,有最重要及显著的多元性生物自然生态栖息地,包含从保育或科学的角度来看,符合普世价值的濒临绝种动物种类。

由上述条件可以知道,提名为世界自然与文化双重遗产必须至少要符合文化遗产条件中的一条和自然遗产条件中的一条。

二、申报世界遗产项目的基本条件和程序

第一,满足《世界遗产公约》《实施〈世界遗产公约〉的操作指南》关于世界遗产突出价值、真实性和完整性等有关标准、条件和要求;重要资源遭到严重破坏或受到严重威胁;出现重大违法违规建设行为。

第二,进入申请预审阶段,必须按照住房和城乡建设部《中国国家自然遗产、自然与文化双遗产预备名录》和联合国教科文组织《实施〈世界遗产公约〉的操作指南》有关要求编制申报项目的保护管理规划,属于依法划定的省级及以上风景名胜区等保护地,具有专门的管理机构。住房和城乡建设部收到预审申请后,组织专家对申请材料进行审核,并对申报项目进行综合评估。

第三,进入正式申报阶段,预审审核评估通过的项目,作为自预审申请开始第三年度的申报项目,按程序提交联合国教科文组织世界遗产中心进行预审。联合国教科文组织世界遗产中心对预审材料或正式申报材料提出意见的,住房和城乡建设部组织有关省、自治区人民政府住房和城乡建设主管部门或直辖市人民政府风景名胜区主管部门、世界遗产地管理机构开展材料修改、补充和意见答复等工作。通过联合国预审的,列入《中国国家自然遗产、自然与文化双遗产预备名录》、联合国教科文组织《世界遗产预备清单》。

文化遗产导论

第四，对列入联合国教科文组织《世界遗产预备清单》的世界遗产申报项目实行动态管理。住房和城乡建设部根据申报需要，适时增补列入新项目；对已不具备申报条件的项目，予以剔除。

长江三峡申请世界双遗产的案例分析[①]

长江三峡地跨重庆市与湖北省，具有丰富的民族文化和奇特的自然风光，但是在遗产的申报中总是没有凸显出来，这需要重庆和湖北两地联手共同打造，积极申请世界自然与文化双遗产，具体分析如下。

长江三峡地区西起重庆奉节县的白帝城，东至湖北宜昌市的南津关，北靠大巴山脉，南界川鄂山地，由瞿塘峡、巫峡、西陵峡组成。长江三峡地区以大巴山脉和巫山山脉为支撑，多为中山、低山和峡谷等侵蚀地貌景观，地质遗迹种类多样，古生物化石丰富多彩，具有重要的地质意义。同时，三峡的自然风景雄奇险峻幽，世人称之为"百里画廊""天然博物馆"。

据《长江三峡工程淹没及迁建区文物古迹保护规划报告》显示：三峡地区需保护的文物和文物点多达1 282处，其中地下文物829处，地面文物453处，可见三峡具有丰厚的历史文化底蕴。它有古人类化石龙骨坡文化遗址，原始社会后期母系社会氏族公社新石器时代文化遗址；有古墓出土的各种文物；有巴蜀文化区、荆楚文化区、吴越文化区、三种文化交互碰撞形成的典型文化等。

三峡地区经历了震旦纪前的晋宁运动，侏罗纪末的燕山运动和老第三纪末的喜山运动，三次运动形成了长江三峡奇特多样的地质遗迹和独特的自然风景，其中的古生物化石也代表了生命的进化，符合自然遗产遴选标准。

通过对三峡地区的文化遗产资源进行统计分析可以看出，它有世界文化遗产——大足石刻，有上起夏朝、下至西周的古文物和建筑艺术，有别具特色的悬棺遗址，有震惊中外的204万年前的古人类化石龙骨坡文化遗址，它使人类的起源地产生了疑问，符合文化遗产的遴选标准。

申报双遗产存在的问题

长江三峡地跨重庆和湖北两地，分属多个县市，责、权、利不明，没有形成统一的

[①] 资料整理自：孙硕. 我国世界双重遗产的可持续发展研究——以泰山世界双重遗产为例[D]. 北京：中国地质大学，2011.

对三峡景观进行管理和规划的机构。

三峡申报双遗产的对策分析

首先,整合力量,由湖北省和重庆市政府牵头,成立三峡申报"世界双遗"机构,建立机构运作平台。由旅游局、建设局、文化局、文物局等各部门共同负责,将申遗工作提上日程。

其次,制定《长江三峡世界遗产提名地保护与管理规划》,妥善处理影响遗产真实性和完整性的盲目开发、城镇无序扩张等问题。保护好现有遗产资源不再被破坏。

再次,争取国家的支持,加大财政投入,与三峡地区的企业和旅游部门协商,提取部分收入作为遗产申报资金,通过网络和加大宣传以增加捐赠。

最后,鼓励对该地区进行遗产专题研究,多方挖掘文化和历史,使遗产价值得到更好的体现和利用。

本章小结

本章从世界遗产发展历史和相关概念入手,阐述了自然与文化双重遗产的基本概念和含义,并将自然遗产作为物质载体,文化遗产作为精神内容,分析了自然与文化双重遗产的基本构成及其内在关系。自然与文化遗产的保护在我国有自然保护区、风景名胜区等基本模式,国际上通行的国家公园保护模式最早起源于美国。我国在自然与文化双重遗产的保护方面,主要由建设、文化、文物、林业、环保等多个相关部门管理,存在着多头管理、重申报、轻保护的问题。在自然与文化遗产旅游开发中,应注意遗产保护要重于经济开发,旅游开发的目的是为遗产保护提供经济来源,最终是为了实现遗产的可持续性发展。

思考题

1. 简述自然与文化双重遗产的基本含义,并举例说明。
2. 简述自然与文化遗产中,文化遗产与自然遗产的关系,并举例说明。
3. 简述国际自然与文化遗产保护的历史与现状,并查阅相关资料,举例说明。
4. 简述我国自然与文化遗产保护的现状以及存在的问题。
5. 什么是自然保护区?举例说明。
6. 简述风景名胜区的概念和含义,举例说明。风景名胜区与自然保护区有什么不同?

7. 简述国家公园的概念和发展历史。
8. 试举例说明，如何对自然与文化双重遗产进行衍生产品开发。
9. 简述世界自然与文化双重遗产的申报程序。

参考文献与推荐阅读

1. 李文华，闵庆文，孙业红. 自然与文化遗产保护中几个问题的探讨[J]. 地理研究，2006（6）：561-569.

2. 盛文萍，王秋凤，等. 中国自然与文化遗产保护体系的发展与思考[J]. 环境保护与循环经济，2015（12）：10-13.

3. 马莉. 我国风景名胜区管理模式研究[J]. 现代园林，2015（12）：412-415.

4. 顾军，苑利. 美国文化及自然遗产保护的历史与经验[J]. 西北民族研究，2005（3）：167-176.

5. 刘娟. 世界双遗黄山风景区文化遗产解读体系的建构[D]. 西安：西北大学，2013.

第八章

文化遗产的数字化保护与利用

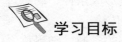 学习目标

1. 了解文化遗产数字化的基本概念和意义。
2. 了解国内外文化遗产数字化的主要技术手段。
3. 掌握文化遗产数字化保护的基本原理、基本原则、策略和程序。
4. 了解和掌握对文化遗产数字化资源的管理的基本手段和方式。

 导言

文化遗产虽然是不可再生的资源,但是其核心内容、器物造型、建筑结构、材质纹理可以用数字化的方式加以保存,从而可以将文化遗产的精神内容脱离其载体,永久性地、不损失地以数字化内容方式保存、传播、学习、普及和研究。因此,文化遗产的数字化为文化遗产的保护和利用打开一扇全新的希望之门。

第一节 文化遗产数字化的基本概念

文化遗产数字化是随着现代科学技术的发展而兴起的文化遗产保护手段,但是随着文化与技术的融合,它已经不再是简单的技术层面的文物记录和保存的技术,而是上升为一种文化遗产保护、利用、传承的系统。

一、文化遗产数字化的内涵

文化遗产数字化是指利用现代数字技术手段,将文化遗产的核心内容和信息客观地、真实地、全面地记录和保存下来,并且以适当的结构设计使之成为可供检索、学习、传播和利用的数据资源。

最初,文化遗产的数字化集中在如何运用数字图像、声音技术对历史文化建筑、文物、非物质文化遗产等进行图像拍摄、声音采集和电子文档整理,使之可供研究。但是随着数字技术的发展,互联网和数字化技术可以支持研究者不仅对其外在的物理结构和表现形式加以记录,而且还可以对文化遗产的内在结构和纹理、历史形成条件、动态过程细节、三维立体全息等进行全方位、全过程和全面的记录、存储和传输。

文化遗产数字化之后,形成了一批脱离了文化遗产原本实体状态的资源,学界称之为"数字遗产"资源。这是文化与技术融合之后,使得原本蕴含在物质载体中的文化内容得以通过技术脱离其载体,寻找到新的存在空间。这些内容可以被存储在计算机存储器中,并通过互联网传播,打破了原先被束缚在具体的载体中难以传播的困境,因而形成一种新的、可以被利用的资源。

因此,文化遗产数字化,不仅仅是一个技术层面的问题,而是关系到文化遗产整个保护、传承战略的系统问题,包括了从信息采集、记录、存储、传输、检索、发掘、利用、版权保护等一系列过程和原理,具有非常广泛的应用价值,已经成为文化遗产保护和传承的重要策略。相应地,文化遗产数字化的内涵,也从早期的技术手段为主不断扩展,包括了数字化对象、数字化目标体系、数字化方法路径选择、数字资源管理等多个层面内容。

二、文化遗产数字化的意义

文化遗产数字化作为一项全面的系统方法体系,是对传统的文化遗产保护与传承方法和思想的一次技术革命,已经全面地影响到文化遗产保护工作的方方面面,对文化遗产的保护和传承具有十分重要的意义。

一是数字化是对文化遗产进行抢救保护的重要手段。信息化和数字化可以完成对现有的濒危文化遗产进行快速的数字化记录和保存,从而将重要的文物信息保存下来。这些数字内容在存储和传输过程中不会遭受数据损失,能够原真地反映文化遗产的本来状态,而且还可以复制多个备份,有利于促进对文物资源的研究和学习。此外,现代技术的发展已经使我们能够对较为细致的结构、纹理,以及动态的声音和动作进行捕捉和记录，科学技术不但使得我们可以完好地记录保存静态和实物文化遗产，也可完好地记录动态的、无形的非物质文化遗产。

二是为促进文化遗产再生利用提供技术支持。数字化的记录和存储技术，不但对现有文物的保护提供技术支撑，同时还可以将已经灭失的文化遗产，根据遗留的文字描述进行数字化再现和恢复，为文化遗产的再生和利用提供支持。例如，通过虚拟再现、动画漫游等数字化技术，我们可以重建被烧毁的圆明园的数字景观和地图，让人们看到昔日圆明园的建筑风格和园林景致，以供人们学习和观瞻。而且，数字化的文化遗产形成了非常宝贵的数字遗产资源，为对文化遗产的精神内容进行开发提供了强大的数据库资源。例如，我们可以从敦煌壁画的众多数字资源中，探知古代风俗、舞蹈造型和风格并进行舞蹈的编创，或者通过数字资源研究不同时期建筑风格和特点，为历史建筑的修复和重建提供支持。对于一些因破损、残缺而无法修复的文物，可以通过数字化建模技术进行虚拟再现，并借助数字化建模技术做出复制品，以供展示、研究和文物纪念品的开发销售。

三是数字化文化遗产是文化传播和文化传承的重要途径。文化遗产经过数字化以后，其数字资源不再受到原先载体在空间和时间方面的局限，数字资源可以借助电子介质和互联网无损耗地进行存储、展示、复制和传输，即使存放时间再长，其内容也不会损失，可以保证今后持续地对文化遗产进行展示、研究和利用。我们通过互联网技术可以不受地理条件限制，获取所需的信息资源。数字化遗产的这一特征，为文化遗产的传播和文化传承提供了强大的支撑。例如，大量散失在世界各地的文物，被不同国家的博物馆和私人收藏，我们无法看到和接触到实物，通过数字化的资源传递或者网络虚拟博物馆，我们可以足不出户地就获取这些文化遗产的数据资源，并将之用于研究和学习。再如，各国保存的敦煌文献资源，以数字化的方式向用于教育和学习的机构开放，大大地促进了敦煌文化研究和普及工作。

三、文化遗产数字化的研究内容和应用范围

（一）文化遗产数字化的研究内容

文化遗产数字化的研究内容主要包括文化遗产数字化的技术研究、文化遗产数字资源的管理研究和文化遗产数字化的应用研究三个主要方面。

第一，文化遗产数字化技术研究属于科学技术应用研究，主要是针对不同类型文化遗产的数字化的采集、展示、存储的技术选择和实现方式的研究。这方面的研究涉及计算机数字扫描采集技术、成像技术、展示技术、文化遗产数据的存储介质和方法研究等

方面，属于技术应用层面的设计。

第二，数字化后的文化遗产内容成为数字遗产资源，大量的数字化资源如何有效地管理关系到数字文化遗产的应用效率。数字化内容的管理包括数字内容存储方式、数字内容的分布管理、数字内容传输方式管理和数字内容版权管理等方面。这些研究包括了数据如何关联、数据格式、互联网数据中心布局和分发、数字版权的鉴证等问题，以及与数据安全、版权保护相关的文化与经济政策。

第三，数字化遗产的具体应用研究。这类研究着重于对数字化遗产资源的开发和利用。包括与文化遗产数字资源相关的数字博物馆、数字化教育和学习、数字出版，以及相关纪念品、影视、动漫、游戏的衍生产品的开发。此类研究和应用，将大大地促进文化遗产数字资源的产业化开发。例如，一些非物质文化遗产，我们通常只能看到最终的手工艺品和呈现形式，对其制作过程和文化知之甚少，通过数字博物馆的方式，可以直观和体验式地呈现出手工艺非遗制作过程、材料和历史渊源、观看到表演和传说类非遗的古代仪式、场景建构和文化内涵。这些资源同时可以用来开发出工艺纪念品、游戏中的场景和情节等。有关数字化资源的利用和开发前景十分广阔，为文化遗产的可持续利用和发展开辟了空间。

（二）应用范围

文化遗产数字化的应用范围包括遗产数字化技术应用和数字化资源应用两个方面。如上所述，文化遗产数字化技术、文化遗产数字化资源具有非常广阔的应用前景。就目前来讲，主要的应用集中在以下几个方面。

1. 数字图书馆

图书馆存放的很多与文化遗产有关的经卷、手稿、书画、图片、拓片、研究文献等原始文献资料，长久存放会被侵蚀和破损，无法向公众提供阅览服务，通过数字图书馆的方式可以在不损及文物本身的情况下，提供数字化的资源阅览服务。数字图书馆（Digital Library）是用数字技术处理和存储各种图文并茂文献的图书馆，实质上是一种多媒体制作的分布式信息系统。它把各种不同载体、不同地理位置的信息资源用数字技术存储，以便于跨越区域、面向对象的网络查询和传播。

2. 数字博物馆

数字博物馆（Digital Museum），就是将整个博物馆环境制成3D模型，参观者能在虚拟的博物馆中随意游览，观看馆内各种藏品的三维仿真展示，查看各种藏品的相关信息资料。通过数据库检索可以查阅馆内各类藏品的统计信息。

3. 非物质文化遗产的数字化保护与传承

数字化技术可以实现对非物质文化遗产数据的大规模存储和管理，实现对非物质文化遗产项目、传承人、生态保护区的监测评价，对利用数字化保护成果，开展更为广泛的宣传弘扬和传承起到不可替代的作用。数字化技术包括非物质文化遗产数字化的技术标准和管理标准制定、非遗的数据库建设、非遗的数字化展示、非遗数字资源专用软件研发等。

4. 数字化的采集、探测和发掘

对文化遗产的信息采集、探测和发掘，因文化遗产的类型和存在状况不同而采用不同的技术。例如，对水下和地下文物的水下探测、遥感技术；对地表不可移动文物和可移动文物的三维扫描建模型技术、纹理图案计算和压缩技术；对表演类非物质文化遗产的动作捕捉、动画建模、数字舞蹈编排软件等技术，都是根据不同文化遗产信息采集和探测需要而发展起来的技术应用手段。

5. 数字修复和复原

考古发掘的文物碎片和被侵蚀损坏的历史建筑完全靠人工经验复原和修复会耗费大量时间和精力，大量非物质文化遗产因年代久远而难以识别或散失各地。数字修复利用计算机图形学、图像处理、虚拟现实等信息领域最新发展技术，结合传统的文物保护与修复工作，形成文化遗产的科学保护程序。

6. 遗产数字化资源的产业应用

遗产数字化资源产业应用，是将数字化的文化遗产内容作为生产投入的创意资源进行产品开发，上面已经提及，在此不再赘述。需要重视的是除了可以形成上述已经提到的各类文化产品和服务外，文化遗产的图案、造型、纹理等还可移植到制造业的产品上，例如将剪纸和刺绣的图案移植到服饰上。

7. 遗产数字化资源的数据安全

大量的数字化文化遗产资源如果不加以保护，很容易造成数据的盗版和侵权，数字版权和数据安全策略就是为了保护文化遗产的数字内容版权所有者的利益，以促进文化遗产数字内容的公平合理使用。

案例【8-1】

非物质文化遗产的数字化[①]

文字只是记录文化的方式之一，尤其是进入20世纪后，随着科技的进步，保存文化

---

① 改编自：佟文立. 数字化保护能否传承非物质文化遗产[N]. 中国产经新闻报，2012-04-27.

的手段又多了一些，比如唱片和磁带。但唱片会磨损，磁带会串音消磁，只有进入纯数字化时代，文化的信息才不会丢失。以昆曲为例，学习艺术可不是只听录音和看录像就能将其学会和传承下去的，以今天的科技手段，唇型、声带的振动都可以建立数字化模型，包括复杂的呼吸系统的胸腹间配合，甚至是艺人在表演时的指压电和心率等生理指标都含有特定的信息价值。当然，表演的动作在数字化方面还有待全3D摄像机的出现，但多几个角度的平面视频也能够做到尽可能多地保留艺术的信息。

我国很多非物质文化遗产都有非常独特的性质，例如，蒙古族的呼麦、藏传佛教的诵经、密宗的诵经、昆曲唱腔的发声类型和音韵的关系等。只用语音和视频信号是无法全面保护和传承这些民间文化的全部信息的，用普通的信号处理方法也会有一定的困难。因此，需要采用更多能够反映这些口传文化特征的信号和处理方法。根据目前国际上语音学和语言产生的前沿研究，至少可以选用五种声学和生理信号，如通过数码录音机采集语音数字信号和通过数码摄像机采集视频信号等。根据我们的研究，这5种信号基本上能够比较全面地保护和传承我国的以口头相承的形式流传于民间的戏曲、原生态民歌、神话传说、故事、民歌、民谣、史诗以及民间宗教唱词等形态的文化遗产。

第二节　国内外文化遗产数字化保护与利用现状

国内外对文化遗产的数字化保护与利用的研究起于20世纪70年代，早期的研究和应用范围主要集中在重大的世界文化遗产，多为不可移动的历史文物，重点在如何利用数字化技术对文化遗产进行记录，以形成世界的文化记忆。20世纪90年代以后，随着技术的快速发展，以及对文化遗产认识的不断深入，相关研究逐步扩展到非物质文化遗产的数字化保护、数字图书馆、数字博物馆、数字虚拟再现和复原、数字化文化遗产资源应用等方面。

一、中国对文化遗产数字化保护与利用现状

早期的文化遗产数字化只是停留在运用录音和录像技术对文化遗产进行资料档案式的保存，这种手段相对比较简单，只是记录了遗产的基本信息。我国最早开始进行文化遗产数字化技术与应用研究的是20世纪90年代以后的各大高校和科研机构。浙江大学计算机CAD国家重点实验室在1997年相继开展了敦煌艺术数字化保护、非物质文化遗产的数字化保护技术。北京大学开展了龙门石窟的数字化保护工作，运用三维扫描技术

实现了对龙门石窟擂鼓台区外立面、洞窟、佛像等的三维建模；北京师范大学周明全教授采用计算机辅助修复技术对秦始皇兵马俑修复和复原工作进行了成功的实验和探索。此外，国内的各个省市博物馆和高校先后开展的数字博物馆的建设工作，其中包括南京博物院数字博物馆、山东大学考古数字博物馆、南开大学古代生活数字博物馆、西北大学考古数字博物馆、复旦大学文化人类学数字博物馆等。

近年来，各地对非物质文化遗产保护大力投入，进行了非物质文化遗产的数字化技术研究和非物质文化遗产数字博物馆的建设，这些数字博物馆的建设运用了大量虚拟展示、数字漫游、交互设计、360度立体成像技术等文化遗产数字化技术，对手工艺类非遗和表演类非遗的数字化进行了探索性的研究，其中包括浙江大学进行的"民间表演艺术数字化抢救保护与开发的关键技术研究""楚文化编钟乐舞数字化技术研究""云南斑铜工艺品数字化辅助设计系统""剪纸艺术数字化研究"等。哈尔滨工业大学的梁国伟教授从京剧表演中所营造的空间体验入手，结合网络体感游戏空间技术的发展状况和特点，探讨了设计以京剧为主题的网络体感游戏的可行性与方法，并试图建构出符合京剧发展规律的新型文化形态。厦门大学民间文献研究中心与哈佛大学费正清中心合作，全面开展了对这些民间文献的数字化工作，计划最终建起一个开放和通用的"中国地方史与民间文献数据库"平台。中山大学中国非物质文化遗产研究中心建立了"中国非物质文化遗产保护与研究数据库"。2010年，文化部提出将"非物质文化遗产数字化保护工程"纳入"十二五"规划。此工程是一项非物质文化遗产与信息技术相结合的文化信息化创新工程，将按"十二五"规划分阶段实施。中国艺术研究院中国非物质文化遗产数字化保护中心受文化部委托，承担"非物质文化遗产数字化保护工程"的建设任务。

案例【8-2】

计算机软件辅助修复技术[①]

很多参观者不知道，兵马俑出土时，绝大部分都已支离破碎，我们所看到的大都是文物修复师的劳动成果。30多年来，他们已经整理修复了1 000多尊陶俑。这个数字听起来不免让人心生担忧，因为据此推算，全部修复完兵马俑至少需要100年。

当然，这是在计算机辅助文物修复系统出现之前的事。借助于该系统，文物的修复效率可提高数十倍。通过三维扫描的方式，研究人员把碎片的外形曲线以及断裂面凹凸

---

① 滕继濮，周明全. 用虚拟修复传承文化遗产[N]. 中国文化报，2012-12-04.

起伏的特征输入计算机。然后计算机会以一块较大的碎片为基础，对采集到的其他碎片样品逐一分析，直到找到吻合最完美的另一块碎片。这样不断比较下去，当一个陶俑各个部位的所有碎片都被找齐后，一个完整的陶俑排列图也就产生了。不止于秦俑。几片残片经过扫描，几分钟后，电脑屏幕上就会"生长"出一只青花八宝葵形碗。同样是经过扫描，一幅被油漆刷子"糟蹋"过的古代字画在电脑里重获新生。

中国篆刻艺术应用软件项目是以非遗保护和传承为出发点，历时8个多月，在非遗数字化保护中心的统筹协调下，中国艺术研究院篆刻艺术院和武汉大学分别负责内容编辑和技术研发，该软件主要由篆刻字库和创作应用两大部分构成，包含"篆刻史论""章形""刀法""印材"等12个操作板块，不同时代、不同形态的字例38 184个，相关印例3 311个。使用者可对相应内容进行自由浏览、编辑和创作。篆刻软件的研发为非遗保护和传承开辟了新路，对非遗资源多元化应用具有重要意义。

二、国外文化遗产数字化保护与利用现状

国外在文化遗产数字化保护方面已经有较为成熟的理论研究和技术应用。最初开展于联合国教科文组织、美国、欧盟、日本、韩国等国家和地区，并举办了一些重要的关于多媒体、虚拟技术和图形学技术应用于文化遗产保护的国际专题会议。除了政府设立的管理机构和社会非营利文化机构之外，很多高校也设立了研究机构，开展运用数字化技术和网络技术进行文化遗产保护的研究。

（一）遗址的数字化保护

欧盟在欧洲地区资助的文化遗产保护项目提出了一整套古遗址保护重建的数字化方法和标准。其中比较典型的是土耳其萨迦拉索斯（Sagalassos）遗址，该方案运用多媒体技术对文物通过数据采集记录和三维建模技术，并建立可视化的多媒体数据库。

2004年，比利时举行了虚拟现实、考古学和智能文化遗产会议并设立虚拟人专题，通过虚拟现实技术和动画技术，在重建的虚拟古代场景中，重构虚拟人物的社群关系和群体行为，并以可视化和体验的方式，再现历史事件发生过程。这方面较重要的会议还有虚拟系统与多媒体国际会议、数字图像与视觉艺术国际会议。

美国大学与公司机构合作开展的文化遗址的数字化项目较多，包括1990年开始的美国斯坦福大学、华盛顿大学与Cyberware公司合作的数字化米开朗基罗项目，以及芝加哥大学、加拿大西安大略湖大学的木乃伊数字保护工程、罗马的角斗场港口虚拟重现与虚拟庞贝古城，美国加州大学的数字化斗兽场项目和弗吉尼亚大学的罗马城市数字化再

生项目。

日本在文物数字化保护方面做了大量工作,如通过数字化技术复原京都时代的城市风貌、唐招提寺虚拟重现,以及由日本凸版印刷公司和中国故宫博物院共同建立故宫文化遗产数字化应用研究所,进行虚拟故宫项目。

(二)数字图书馆和数字博物馆工程

欧洲和美国的主要博物馆和国家图书馆相继开展了数字图书馆和数字博物馆工程。例如,英国大英博物馆数字化战略计划,到 2020 年,大英博物馆将通过其数字化的展出模式,达到数以千万计的客流量,并且能够为上亿的游客提供优质服务。美国印第安纳大学筹建的传统音乐档案馆,法国美术馆联盟利用数字化技术收藏美术作品,英国国家美术馆也将馆藏作品进行数字化,意大利的 Alinari 博物馆完成了 25 万张图像的数字化工程。

(三)数字化传播和教育

这方面的研究与应用主要集中于公共文化机构和大学对文化遗产的数字化资源的传播技术、传播与教育的应用研究。随着数字图书馆和数字博物馆的建设,以及各类文化遗产数字化资源的累积,如何建立一个有效的数字资源的分布、传播系统,以支持远程学习和教育,实现文化遗产的资源共享和高效利用,加深全社会对文化遗产的认识,促进全社会和世界对文化遗产保护,成为文化遗产数字化的重要议题。例如,英国国家图书馆自 2001 年推行"收藏英伦"项目将过去 1 000 年的图书馆文献通过数字化的方式建立网络的学习资源,让公众能够通过互联网进行学习。

数字学习资源的建设已经成为各国图书馆、博物馆和美术馆的重要数字资源战略。这方面工作包括了从专业上如何最逼真地建立专业化的数字化影像,建立与影像相关联的文献资源以辅助学习和研究,对数字影像资源进行编码、检索、传输技术和服务,客户学习界面和用户习惯,等等。

(四)数字化技术研究

这些技术主要包括与文化遗产数字化相关的建模技术、图像与声音的编码压缩技术、数据采集和动作捕捉设备、虚拟现实技术等数字化技术,以及与文化遗产数字化资源相关的数据存储技术、传输技术、数据安全技术等,以上内容将在第四节做简要的介绍。

文化遗产导论

第三节　文化遗产数字化保护与利用的原理

文化遗产数字化保护与利用的基本目的不是简单地运用数字化手段将文化遗产进行记录。文化遗产数字化的根本目的是对文化遗产的核心内容加以原真性保护，并促进这些数字资源的利用，以达到文化遗产保护和传承的目标。因此，技术只是手段和支撑条件，文化遗产数字化根本上不是个技术问题，而是深层次的历史文化记忆的保存和传承的社会学和文化学问题。

一、文化遗产数字化保护的对象

文化遗产作为一种历史的记忆，其中包含了两个方面的内容：一方面是历史特定时期文化遗产形成和存在状态中的社会关系和历史人文信息。例如，我们今天看到古城、古镇和古街，其城、镇和街巷的结构、形态反映了当时人们的社会关系结构、居民社群关系和生活文化习俗，在这些遗留建筑物的历史信息中，保存了在其形成之初的社会关系结构和文化意识。即使是一件器物，其背后也反映了当时这一器物生产者、使用者和社会阶层、关系结构和审美趣味。这种凝结在文化遗产中的特定历史阶段的社会关系和文化意义我们称之为历史的共时性。

文化遗产所包含的另一方面核心内容是在历史进程中，文化遗产从其原始产生到今天所经历的不同时期的文化积累。古城、古镇和古街经历数百年的时间，积累了不同年代和时期的建筑和人文；一件书画可以流转于不同藏家之手加以题跋而生出诸多鉴藏雅趣；一件考古出土的日常器物，其斑驳的表面纹理饱含着漫长的历史中被保存和流转的沧桑；非物质文化遗产则是在一代代传承人手中积累起个体的经验而不断更生。这种文化遗产在不同历史阶段所经历的形态改变和人文积累，我们通常称之为历史的历时性。

文化遗产数字化的对象是文化遗产中所包含的这种一国一民族的集体记忆，这种集体记忆即是特定历史时期的共时性保存，也是不同历史时期的历时性的记录和呈现。文化遗产的保护与传承是共时性和历时性的统一。文化遗产的数字化是对文化遗产的共时性和历时性的原真性记录和呈现。

因此，数字化不是简单地用数字技术对文化遗产的外在表现形式记录存档，不是简单地用录音录像记录文化遗产的图片影像。而是要透过我们直观所见的文化遗产的种种表象去以数字化的方式记录和呈现文化遗产的文化内涵，既要有静态的历史特定时期的

文化遗产形成的历史背景、艺术审美、社会文化关系的记录、发掘和反映，同时也要展现其动态的发展演变过程。

二、文化遗产数字化的基本原则和策略

（一）基本原则

数字化的文化遗产并不是原有文化遗产本身，两者不是同一事物。我们在对文化遗产进行数字化时，应遵循以下原则。

1. 信息的原真性

对文化遗产数字化是为了真实地记录和保存，原真性的含义包括两个层面：一是真实性，真实性比较好理解，就是采集的信息应当是真实的、客观的，而非人为的、主观的、片面的理解；二是原本性，原本性是数字化要采集属于文化遗产原来的、本身的历史信息，而非掺杂的无关信息。例如，在古镇和古街保护中，我们应当区分哪些是能够代表历史不同时期和年代特征的建筑物且应当被记录和保存的，哪些是新建而不具有文化价值的违规建筑物，这些建筑应从数据中去除。在记录非物质文化遗产过程中，应注意哪些是原真的信息且反映了非遗的客观演变过程，哪些是人为的、主观的理解而不具备真实的信息。

2. 信息的完备性

所谓信息的完备性，是指在数字化过程的数据真实包括了历史共时性和历时性的统一。因此在文化遗产数字化过程中，既要反映文化遗产当下的真实信息的共时性，也要反映文化遗产原本状态以及其演变过程的历时性；既要反映文化遗产单体的实际情况，也要反映与之相关联的环境因素。例如，有些历史建筑与其周围的环境连成一体，形成群体关系或连带的背景环境和风景线，如果只关注单体建筑本身，就会将历史遗址割裂和隔离。再如，在对非物质文化遗产进行数字化工作中，不但要关注对传承人现在展示的工艺过程的记录，还要注意这一非遗其原始形成阶段的工艺和风格，以及在不同历史时期的演变发展过程。

3. 原物的无损性

无损性是指在对文化遗产进行数字化的过程中应保障文物的安全性和无损坏。一些珍贵文物和一些已经遭受损害的文物，往往十分脆弱，在数字化过程中，应十分小心地避免对文物造成人为的、意外的损害。这要求在对文物进行数字化时，要做好充分的准备工作，仔细地设计技术方案，对技术路径、时间、环境、人员、防护措施等都做好周密的安排。

4. 技术的适用性

技术的适用性是指应当采取适当的技术对文化遗产进行数字化,即应从文化遗产数字化的目的入手,针对文化遗产的具体类型、特点,采取适当的技术,而不是一味地强调高科技性。技术只是用来保障数据的原真性和完备性的手段,而不是最终目的。应避免为了赶时髦而使用不必要的高成本技术。例如,对于字画、文献类型平面载体的文物的数字化,更着重于静态图片和摄影技术,讲求在光线、色彩等方面对二维影像的还原度,无须三维技术。对于很多文化遗产,更重要的是文献资料的数字档案记录和整理以揭示其历史演变过程,勾勒出不同时期的社会文化背景。

5. 数据的安全性

文化遗产的大量影像数据容量庞大,在数据存储、数据使用过程中存在数据安全性的问题。数据安全性包含两个方面:一是数据丢失和损害的安全性问题,需要考虑采取何种数据备份和冗余策略,来保障数据安全;二是如何在数据存储和使用中保障数据不被滥用和盗用的问题。文化遗产数字化资源是一种知识资产,虽然文化遗产数字化资源存在公共性,在推动社会了解、学习和保护文化遗产方面具有积极作用,但是对这一资产的开发同样可以产生较好经济利益,因此应明确产权关系和防止盗版和盗用。即使是政府投入提供文化遗产数字资源的公共服务时,也应明确这一资产的产权关系,以保障对文化遗产的正当使用和利益公平分配。例如,很多手工艺非物质文化遗产直接关系到传承人个体的对于传统工艺和诀窍的知识产权,数字化的内容一旦公开免费使用,会侵害传承者的正当权益,政府应制定保护政策。

6. 系统的延展性

延展性是从动态发展的角度来设计文化遗产的数字化系统。延展性同样包含技术和内容两个层面。一是在技术上,随着技术不断发展,文化遗产数字化资源存储、传输、展示等方面在规模上会不断扩展,在技术条件方面存在不断升级和扩展的要求,因此在数字资源系统的设计时要考虑到今后系统扩充和系统升级的灵活性;二是内容上的动态扩展,即文化遗产也会不断演变,要对新发展、新发现和新修缮等方面加以动态记录,并对之前的错误信息及时纠正。

(二)基本策略

基于上述原则,我们在对文化遗产进行数字化时,在不同的情况下会采取不同的技术手段,制定不同的技术方案,但是总体上应把握好以下几个方面的策略。

1. 数据标准化策略

文化遗产因其类型不同,内容也千差万别,数字化首先要确立对差异化的内容进行设立编码的标准。数据标准化是对文化遗产含义如何用数字化进行语义抽象表达，并制定相应的数据统一编码格式。一方面，在对文化含义的数字化语义标准方面，其目的是如何以数字化信息准确地传达文化遗产的内容。例如，对传统木结构工艺的数字化，首先就是要对基础的卯榫构件和模块结构的木结构语义标准的数字化建模，才能对整体的建筑进行结构解剖。这种标准化的语义建构程序和方法广泛地运用于各类文化遗产的数字化技术路径的标准化程序中；其次，是数据本身格式的标准化，这是个技术问题，包括图像和声音数据的编解码格式标准，关系到数字化的效率问题。

2. 数据集成和分布策略

数据集成和分布策略是对数字化的文化遗产数据的整合、存储和网络分布的数据库技术策略和互联网传输布局策略。数字化以后的文化遗产内容成为规模庞大、繁杂的数据资源，必须对其在语义标准化的基础上进行分类、归档，对相关性的数据进行关联，并制定存储、检索方式，这需要强大的数据库技术支撑。此外，海量的数据在互联网上如何布点，对分散的数字化资源如何整合，这时互联网数据分布策略可以实现数据传输效率最大化。

3. 数据转换和冗余策略

数据转换和冗余策略，是指文化遗产的数据包含了影像、声音、文字等多种内容，应在数据库中建立这些数据之间的内在关联性，才能给使用者较全面的、系统化的信息。例如，同一个文化遗址应在其图像、声音和文字之间建立起关联性，系统还应对与这一文化遗址相关联的同类遗址和相关事件、人物等信息建立关联，以方便使用者检索。再如，适应现代多媒体终端的需求，相关数据格式应该能够在计算机、手机、iPad 等多种设备上实现可视化格式转换；另一方面，从技术层面的数据安全与系统设计的要求分析，不同类型数据之间往往存在交叉和重叠。此外，文化遗产的数据信息在存储和传输过程中为保证数据不丢失和传输过程中纠正干扰和错误，也会需要有一定的备份和信息冗余。

4. 数据版权保护策略

数据的版权保护策略是对文化遗产数字化资源的产权的技术保护和法律保护措施。技术保护是对数据的访问权限、复制权限、修改权限加以限定，并在传输过程中加入水印、证书等信息以防止盗版；法律保护措施是按照知识产权相关的法律法规界定数字化资源的产权归属和利益分配机制。

5. 系统可扩展性策略

如上所述，系统的扩展性策略，是指在建立文化遗产数字化的数据库和展示系统等数字资源时，应考虑系统的内容、技术层面的可扩展性，为今后的数据扩充和系统升级换代留下空间，并要考虑不同类型数据、不同软件系统之间的兼容性。

三、数字化的基本程序

文化遗产的数字化的工作流程一般包括了方案设计、数据采集、数字建模与绘制、数据存储和分发、数据可视化等过程。

(一) 方案设计

无论何种类型的文化遗产，在进行数字化之前，必须要对文化遗产实体进行调研，充分掌握文化遗产的特征，对其文化含义、历史演变、关联事物等进行全面的梳理和分析，并在调查研究基础上，进行数字化方案的设计。

数字化方案设计中应首先从文化遗产基础结构单元的解构着手，研究其语义和内涵的标准化制定。数字化的语义标准化过程，是文化遗产数字化的基础，也是数字化方案设计的关键。例如，对于中国祠堂、宅院、园林等历史建筑遗址，其格局和风格样式都具有明显的中国传统礼制意义和文化内涵，数字化应厘清其建筑样式和结构，以及蕴藏于建筑结构的文化内涵和象征意义，并着手进行结构分解和意义分解，研究如何对这些标准化的构件进行数字化的解构。再如，非物质文化遗产，其无形的文化要素总是会通过具体的表现形式呈现，传统手工艺有其工艺流程细节和工艺构件等基础结构要素，表演类非遗有其基础的动作构成和程式，这些都是数字化之前要进行的遗产内容的语义标准化解构工作。

在标准化基础上，应根据文化遗产具体的标准构件的特点，确定对构件进行数字化的技术路径和方案，包括采集与建模技术路径选择、数字化存储方案、可视化方案、传输方案等。在制定技术方案过程中，应比较不同的技术实现途径的优劣和成本，采取最合适的技术方案。同时，对每一可能出现的技术风险，要有相应的备案选择。

除此之外，方案设计还包括了人员组织、时间安排、经费预算等全面的考虑。首先，完成一个数字化的文化遗产项目往往需要文物研究专家、技术专家和执行人员的通力合作。在数字化过程中，面临着分工合作和多个单元齐头并进的情况，此时就要求项目的负责人具有较强的项目管理能力，能够将文化遗产的数字化项目任务进行分解，并建立相应的组织机构，每项分解的任务要落实到相应的小组和责任人，并要有明确的工作目标、时间和成本控制要求。

(二) 数据采集

数据采集工作是对所确定的文化遗产数字化对象进行内容的采集，通常包括图像采集、声音采集、文献资料收集整理，采集的方法因文化遗产的类型不同而不同。例如，对壁画主要采取拍照的图像采集；对造像和建筑遗址需要采用三维扫描技术获取全方位空间构造信息，以便于后期绘制 3D 全息图像，复杂的建筑物除了外形的扫描以及距离和尺寸测绘外，还要通过文字资料和图样进行内在结构解剖；对于动态的工艺过程和表演形式，还需要通过专业的动作捕捉设备进行动态图像和声音记录。

数据采集的工作通常需要借助专用的电子设备，并配有专业的操作人员，以保障获得第一手数据，采集必须及时和快速全面，即尽可能全面地采集数据，从各个不同的角度和时间上将重点珍贵的文物数据进行保护。例如，图像和声音数字采集设备往往只能采集视觉和听觉方面的信息，而对于某些特殊的文化遗产，可能还存在其他方面的信息采集需要，例如对气味、口感、功效、冷暖温度、颜色色温差异、酸碱度、湿度、气压、风力、耗时长短等方面参数的描述，都是无法靠图像和声音采集完成的，必须依靠特定仪器设备实验的数据记录和文字描述，并记录为电子文档。

（三）数字建模与绘制

数字建模与绘制是利用数字化的模型建构和数字绘制技术，将采集的数据按照特定的方式加以整合，从而将文化遗产在虚拟数字环境中复原出来。数字建模是对上述文化遗产的语义标准化数据在计算机中用一定的计算机算法建立二维或者三维的模型，复原出文化遗产的造型和结构。数字绘制是在建模的基础上，通过计算机软件辅助进行造型、色彩、光线、纹理、剖面、衔接方式等绘图，呈现出接近文化遗产真实的数字图像效果。

对于一些动态的图像，还应当通过动态模型的设计和绘制方法完成。例如，在动作捕捉的基础上建立民间舞蹈的动态数据，就需要在基本动作点捕捉的基础上，运用动画绘制技术和三维建模技术，实现动态数据库。

此外，在数字化绘制时，还应根据文化遗产的特点而加上图像和声音无法表达的内容，这些可以用关联的文字在适当地方以适当的方式呈现，也可在图像中以图表的形式绘制。

（四）数字存储和分发

数字化的影像、声音和文字，是容量非常大的数据库，需要采取计算机存储阵列技术来存储这样的大数据。由服务器、工作站和存储阵列等设备组成数据存储系统。存储系统通常要考虑到容量、成本、存取速度、数据分布和管理等方面的技术要求。

为了使文化遗产的数据能够面向用户的应用，网络存储技术必不可少。网络存储技术需要将分布、独立的数据整合为大型、集中化管理的数据中心，以便于对不同主机和应用服务器进行访问。传统的网络存储系统采用集中的存储服务器存放所有数据，存储服务器成为系统性能的瓶颈，也是可靠性和安全性的焦点，不能满足大规模存储应用的需要。分布式网络存储系统采用可扩展的系统结构，利用多台存储服务器分担存储负荷，利用位置服务器定位存储信息，它不但提高了系统的可靠性、可用性和存取效率，还易于扩展。

文化遗产的数据资源面向用户的应用而发生的数据读取和传输，需要根据网络用户、移动用户、固定终端用户的不同需求，建立相应数据读取、分发格式和协议，目前广泛应用的是数据读取的图像和声音文件格式，以及在网络传输中应用的网络数据传输协议。这些功能都可以由专门的计算机和互联网技术来实现。

（五）数据可视化

数据的可视化，是指文化遗产的数字化资源在使用过程中，与用户之间的界面关系。界面就是指使用者在感知、操作数据时与计算机数据库系统的人机交互方式，意即人与机器（计算机）之间传递和交换信息的媒介，是用户和系统进行双向信息交互的支持软件、硬件以及方法的集合。

文化遗产数字化资源的可视化界面是非常多元的。在媒介进入方式上，可以通过移动终端、固定计算机终端、电视媒介等多种媒介进入。在形式上，可以是网站页面架构，也可以是 APP 应用软件，还可以是专业的数据库软件系统。在呈现方式上，可以采取动画漫游、人机交互的虚拟现实方式，也可以采取静态图像或声音的播放方式。例如，在数字博物馆和大遗址数字化资源应用中，可以采取带有虚拟导游的漫游形式，设计交互体验式的界面；在数字图书馆中，主要是增强数据检索界面和读取浏览的功能，静态的图文界面应更多地考虑读者的阅读习惯。

数据的可视化，还应考虑到面向不同应用者的需求，能够让专业的使用者了解到局部和细节的构造与纹理，也能让普通使用者进行知识性的了解。因此，在可视化的基础上，应辅助更多的应用功能。例如，对于字画，一些专业鉴赏者需要远程放大看到局部细节，并对字画的题跋和印章进行研究对比，这就需要较好的图像质量和动态的数据编码和传输方式。

四、文化遗产数字资源管理

一方面，文化遗产数字化是希望借由建立起文化遗产数字化资源，充分利用数字技术和数字资源的可复制性强、传播速度快、传播范围广、交互性强的特点，从而以数字化方式促进社会公众更好地认识和了解文化遗产的重要性，并为文化遗产的学习、教育和研究提供强大的资源和技术支持。

另一方面，文化遗产数字资源是一种独立于文化遗产实体的数字遗产或者虚拟资产，它可以作为一种创意资源或者内容资源，成为经济生产投入和加工要素，生产出文化遗产相关的产品和服务。因此，对资源的经济用途的使用权（版权）授权管理成为资源分配和获得经济利益的重要途径，对于文化遗产数字化之后形成的数字资源或者数字财产的管理是文化遗产数字化的重要内容。

（一）文化遗产数字资源的版权管理

数字资源是以数字化的文化内容为基础的虚拟资产。与这一资产相关联的是对这一资产的占有权、使用权和收益权组成的知识产权，也称之为版权。这一版权的归属和文化遗产实体的资产所有权具有关联性。某一项文化遗产的所有者通常对是否对该遗产进行数字化具有决定权，也决定了这项资产数字化之后的数字版权归属，除非他将这一权利出让给别人。因此，数字遗产资源版权管理拥有者具有管理版权的责任或者权利。通常，数字资源受到知识产权法的保护，文化遗产的数字化资源所有者应重视版权的注册工作，并有意识地运用技术和法律手段对数字资源进行版权保护。

版权管理包括是否允许使用者获得数字内容的访问权、使用权、复制权、传播权、获益权。其中访问权是允许他人访问数字资源的权限，这一权限可以通过注册、认证等电子方式实现；复制权是将数字内容进行复制的权利，也可以通过技术手段对内容设定是否允许复制和下载；使用权是指定内容被授权或者复制后所能使用的场合，这比较难以通过技术手段控制，通常是以协议方式授权数字资源使用的场合。例如，一些数字资源通常允许教育等公益机构使用于非营利的用途；传播权的限制通常是限定使用者不得授让和复制给其他人使用，或者限定其一定的使用次数和人数，例如对一些软件通常都限定购买者或者被授权者本人使用，或者限定一定的用户数；获益权是指使用文化遗产数字资源进行营利性活动并获取收益的权益。

（二）文化遗产数字资源的公共服务管理

文化遗产具有公共属性，大部分文物资源属于公共资源，隶属于国家有关的文化机构管理，其数字化形成的数字遗产也相应地归属这些部门管理。因此，这些文化机构应当将文化遗产数字资源作为文化遗产公共服务的重要手段，围绕数字资源的最大化利用向社会公众提供数字化的公共服务。例如，博物馆在对其馆藏文物进行数字化后建立数字化博物馆资源，应围绕数字博物馆的经营，向公众提供更加多元和丰富的数字化服务。数字化资源的公共服务管理的目标是以数字化方式向社会公众提供更为便捷的文化遗产的知识学习、科学研究和信息服务资源。

第一,文化遗产数字资源的公共服务不是简单地将数字资源存放到网络上,而是应适应广大社会公众的实际需求,对数字资源进行分类和开发,推出适合不同群体需要的数字信息产品,包括在线学习、虚拟展览、科研活动、信息查询与提供、专业咨询、数字出版等多种服务。例如,围绕数字博物馆和图书馆的建设,可以向社会公众提供大众化的珍宝文物虚拟展和专题展览;提供文物鉴赏的在线教育和学习交流平台;开设名师讲堂和出版文化遗产的专题电子刊物;提供自助式的网络信息和文献传递服务。通过这些数字资源的公共服务产品,可以充分地使得非本地用户和边远农村地区的普通民众也能方便地获取知识信息。

第二,建立有效的用户服务系统和反馈机制,不断提高服务质量。数字化和网络化的最大优势在于能够跨越地区提供服务以及在线服务的及时性和互动性。因此,应建立有效的网络沟通、交流和反馈机制,以提高服务质量。例如,以文化遗产的数字资源服务为基础,通过针对不同消费群体,建立起QQ、微博和公共微信社交群和兴趣组,不但能够建立有效的反馈沟通机制,而且可以促进群体内的相互交流和资源共享,既提高了服务质量,又推动了公众对文化遗产的知识学习、保护传承的主动参与和互动交流。

第三,文化遗产数字资源可以不借助文化遗产实体而实现资源共享,文化遗产的公共服务管理机构可借助这一特点实现不同文化遗产数字资源之间的资源共享,以扩大服务规模,提升服务能力。例如,可以通过网络镜像的链接,或者不同文化遗产数字资源的镜像关联,让消费者能够快速地获取信息;还可以通过不同数字资源的数据相互传输实现资源共享,对消费者建立统一的界面,从而有效地扩大资源容量,提高服务能力。

(三)文化遗产数字资源维护和管理系统

文化遗产数字资源系统的版权产业化经营管理和公共服务管理,需要建立起数字资源高效率的维护管理系统。维护与管理系统是支撑经营管理和公共服务,实现经营管理和公共服务功能的有效技术手段。维护和管理系统包括数据检索管理、远程访问管理、信息传输管理、数据与软件更新、数据恢复、网络交流平台管理、客户账户管理、硬件扩展和维护等内容。数字化内容的维护管理可以通过网络远程进行管理,为管理者远程在线随时随地进行数据维护提供了较大的便利。

第四节 文化遗产数字化保护与利用的基本技术

本节重点介绍在文化遗产数字化时所采用的相关技术。由于技术的进步速度较快,加之本书内容主要为面向广大文化产业和文化遗产的管理的学生、教师和爱好者，重点在技术工具如何在文化遗产保护传承中应用，而非专业技术原理分析，因此本节只就相关技术在文化遗产数字化流程中的应用做介绍。

一、数字采集技术

（一）拍摄和录音

拍摄和录音是最为常用的记录手段。在文献的数字化、壁画的数字化、原始声音的记录和实地访谈的对话记录等方面，拍摄和录音技术是十分重要的记录手段。在文化遗产的拍摄和录音中，往往要求清晰度、保真度更高。数字拍摄和数字录音技术的发展已经突破了原有的记录媒介，使得图像和声音可以被更加原真地无损化、长久地保存，可以被十分方便地复制和携带。因此，拍摄设备和记录介质已经不是技术问题，拍摄录制人员的专业性则成为关键。

（二）全站仪和 GPS 测图

全站仪又称全站型电子速测仪，是由电子测角、电子测距、电子计算和数据存储单元等组成的一种集光、机、电为一体的三维坐标测量系统，它将人工光学测微读数代之以电子经纬仪的自动记录、存储、计算功能，以及数据通信功能，实现了测量和处理过程的电子化和一体化，提高了测量作业的自动化程度。

在古建筑测绘中全站仪主要用于进行外观和轮廓测量。全站仪通常和 GPS 定位仪器结合使用。全球定位系统（Global Positioning System，GPS），又称全球卫星定位系统，是一个中距离圆形轨道卫星导航系统，它可以为地球表面绝大部分地区（98%）提供准确的定位、测速和高精度的时间标准。文化遗址的考古和实地测定调查中，必须要有一份调查区域的定位地形图来对遗迹遗物进行定位，记录其坐标并标注在地图上，成为一张遗址空间地理分布图。全站仪配合 GPS 可以进行坐标测定和位置记录，最后统一到发掘区域图中，这样就可以在之后很清楚地了解到发掘区域的遗物分布。

（三）三维激光扫描

传统的测量手段如全站仪、GPS 都是单点测量，通过测量物体的特征点，然后以特征点连线的方式反映所测物体的信息，当所测物体是规则结构时，这种测量方法是适合的，但是如果所测物体是复杂曲面结构体时，传统测量手段就无法准确地表达物体的结构信息，这时我们可采用三维激光扫描技术。

三维激光扫描技术是 20 世纪 90 年代中期开始出现的一项高新技术，它是利用激光测距的原理，密集地记录目标物体的表面三维坐标、反射率和纹理信息，对整个空间进行三维测量，从而大面积、高分辨率地快速获取被测对象表面的三维坐标数据。三维扫描仪（3D scanner）是以三维激光扫描技术为原理的一种科学仪器，用来侦测并分析现实世界中物体或环境的几何构造与外观数据（如颜色、表面反照率等性质），采集的三维点云数据及三维建模数据都可以通过标准接口格式转换给各种工程软件直接使用进行三维重建计算，在虚拟世界中创建实际物体的数字模型。

三维激光扫描系统又可分为机载、车载、地面和手持型几类。作为新的高科技产品，三维激光扫描仪已经成功地在文物保护、城市建筑测量、地形测绘、采矿业、变形监测、工厂建设、大型结构、管道设计、飞机船舶制造、公路铁路建设、隧道工程、桥梁改建等领域中得到应用。利用三维地面激光扫描仪可以深入到任何复杂的古建筑环境中进行扫描操作，并直接将各种实体的三维数据完整地采集到电脑中，进而快速重构出目标的三维模型及线、面、体、空间等各种制图数据。同时，它所采集的三维激光点云数据还可进行各种后处理工作（如测绘、计量、分析、仿真、模拟、展示、监测、虚拟现实等）。

（四）GIS 空间分析

地理信息系统（Geographic Information System，GIS）是在计算机硬、软件系统支持下，对整个或部分地球表层（包括大气层）空间有关地理分布数据进行采集、存储、管理、运算、分析、显示和描述的空间信息技术系统。

如上所述，文化遗址的位置和范围可以使用空间数据来表示，除了使用上述 GPS、全站仪、三维扫描技术外，在实际工作中，可以运用 GIS 对长期的、分散的、多次的考察信息进行综合，以建立数据库信息系统。考古工作各种遗迹或遗物的时空分布情况都会记录在遗迹分布图上，文化遗址的发掘和研究就是通过各种遗迹和器物的空间分布状况，来重建当时的历史及其演变过程。地理信息系统技术就是将空间数据加以整合，建立一个具有地理信息和空间位置关系，并带有遗址和文物属性信息的数据库和图形图像库，并支持文化遗产研究者方便地进行分层或综合显示、数据实时监测、数据查询和修正，并能够通过数据模拟，直观、简洁地复原当时的社会状况。

（五）动态捕捉技术

动态捕捉主要用于动态的动作和行为捕捉，最常用在动画和游戏的角色绘制模拟方面。在表演类非物质文化遗产数字化，以及一些古代仪式的数字再现模拟中，通常需要应用该技术对表演者进行动态捕捉，并在电脑系统中重建数字表演和仪式内容。

动态捕捉系统通常包含捕捉摄像机、连接缆线、供电及数据交流用的集线器硬件、系统校准套件、专用捕捉衣服和捕捉反光球。在演员的头、膝盖和其他关节处贴好反光球捕捉点，即可进行捕捉。演员按照导演指定的要求进行表演，反光球的数据被摄像机捕捉后实时存储到控制电脑里。通常演员表演多组动作，系统操作人员对原始数据进行编辑、修补等处理之后，再输出到三维建模和绘制软件，使用运动数据驱动后继软件中的三维模型的相对应骨骼节点。最新推出的捕捉系统模特不必穿上弹性紧身衣和装感应器，系统即可自动追踪其身体所有细微的活动，透过 3D 扫描捕捉运动轨迹。

二、数字建模与绘制技术

（一）文化遗址和文物的数学模型表达

建模技术是运用计算机算法进行几何模型表达，以采集的数据点信息为依据，模拟绘制出文物和遗址的几何造型。在文化遗产数字化保护中，遗址和文物的曲面通过特定的数学函数和方程表达，由数学方程和函数在计算机软件中输入数据后，计算生成三维物体的曲面，构造出对象的外形轮廓。

（二）几何处理

如同绘画一样，建模是绘制出物体的几何形状，几何处理的功能是对物体进行几何表面处理。几何处理模型的第一步是在计算机生成的文化遗产的表达模型上去除噪声，使得表面达到光洁和平滑。

第二步是将不同视角的三维扫描数据在计算机中转换成统一坐标系数据。由于三维扫描不同视角采集的数据参照点不一样，坐标系也不一致，因此数据合成是通过一定的数学转换和运算法则，将不同视角的坐标系统一到同一个坐标系中，形成完整的数据。

第三步是通过参数化、编辑、网格化等数字技术处理方法，对采集的数据点进行归类、编辑。这一步骤的原理主要是将实地采集的海量大数据划分为局部可计算数据块以做简化处理，然后再将每个局部合成为总体。通常就是对复杂几何形状进行网格化后形成局部（网格）的简单形状，对局部的网格形状数据做几何形状编辑和变形处理，使得局部数据合成后生成几何形状与真实的文化遗产局部形状最大限度拟合，最终使得局部合成为整体形状。

（三）绘制

将三维模型真实地显示在电子屏幕上，要反映出颜色和光照效果，绘制就是对上述完成拟合的文化遗产几何形态进行光照效果、着色，使得几何形状呈现出与文化遗产实物相同的视觉效果。光照效果处理是依据一定的数学模型和参数来模拟环境光照度和反射效果，来反映物体的明暗和光洁度；着色处理是对几何形状中的像素定义颜色，与光照效果产生关联，通常运用专业的计算机着色处理算法。

三、虚拟现实技术

虚拟现实是人们通过计算机对复杂数据进行可视化、操作以及实时交互的环境。虚拟现实技术是应用计算机的几何计算模型、图形技术和动画技术，模拟逼真的三维环境，甚至可以通过人机互动生成包括视觉、听觉、嗅觉、触觉的交互体验效果。虚拟现实还可以通过动画技术生成角色动画，并实现动画漫游的体验效果，从而将已经消失的文化遗址、传说、仪式和表演类非物质文化遗产以及手工艺的工艺过程，用三维动画和动画漫游的形式逼真地在数字环境中虚拟重建，并进行交互式的体验。因此，虚拟现实技术不但应用于文化遗产的数字复原和重建，而且还可以应用于与文化遗产相关的动画、游戏、影像、主题公园、数字体验博物馆等多种文化产品的开发。

四、内容检索技术

常规的信息检索（IR）研究主要是基于文本、传统的图像和声音检索过程，先通过人工对图像和声音文件进行文字标注，再利用关键字来检索图像，这种检索方式十分不便。基于内容的检索技术是根据图像和声音的特征进行检索的数字技术，具体可分为基于内容的图像检索技术和基于内容的声音检索技术。

基于内容的图像检索直接从待查找的图像视觉特征出发，在图像库中找出与之相似的图像，利用色彩、纹理、形状、空间分布等图像特征来实现图像检索，这种依据视觉相似程度给出图像检索结果的方式，简称"以图找图"。基于内容的图像检索分为三个层次：一是依据提取图像本身的颜色、形状、纹理等低层特征进行检索；二是通过识别图像中的对象类别以及对象之间的空间拓扑关系进行检索；三是基于图像抽象属性（场景语义、行为语义、情感语义等）的推理学习进行检索。

基于内容的声音检索技术，是根据声音的不同特质进行检索。音频是声音信号的形式，音频记录可以分为三种类型：语音、音乐、自然界和合成的声响。语音检索是利用字词发音和关键词发音的语音识别技术进行识别和检索；音乐检索利用的是诸如节奏、音符、乐器的频谱和时域特征进行检索；自然界和合成的声响的音频检索是通过以波形声音为对象的声波特征进行检索。

五、数字资源的版权保护技术

版权保护的技术是对文化遗产数字资源进行版权保护的重要手段。目前常用的技术是数字加密、数字证书和数字水印技术。数字证书早就在软件授权认证中使用。

数字加密定义了数据的一对转换过程，称为加密或解密。加密就是用基于数学算法的程序和保密的密钥对信息进行编码，生成密文。解密就是将密文再恢复成原来的文字和内容。数字证书是一个经证书授权中心数字签名的包含公开密钥拥有者信息以及公开密钥的文件。最简单的证书包含一个公开密钥、名称以及证书授权中心的数字签名。数字证书还有一个重要的特征就是只在特定的时间段内有效。以数字证书为核心的加密技术（加密传输、数字签名、数字信封等安全技术）可以对网络上传输的信息进行加密和解密、数字签名和签名验证，确保网上传递信息的机密性、完整性及交易的不可抵赖性。

数字水印是保护信息安全、实现防伪溯源、版权保护的有效办法。由于文化遗产的公共性，并主要是以图像和声音内容为主，因此常用的版权保护技术是数字水印技术。数字水印技术是将一些标识信息直接嵌入多媒体内容的数据的特定区域，并且不影响多媒体内容的视觉和听觉效果，使用多媒体内容的消费者不会感觉到这些信息，其观看和收听效果不会受到影响。这种被嵌入的识别信息不容易被探知和再次修改，但可以被生产者识别和辨认。通过这些隐藏在载体中的信息，可以达到确认内容创建者、购买者，并判断多媒体内容是否被篡改等目的。

 本章小结

本章阐明了文化遗产数字化的基本概念和意义。文化遗产数字化的研究主要集中在文化遗产数字化技术研发、文化遗产数字化资源管理和文化遗产数字化技术应用三个领域。数字化技术的应用范围主要包括：数字图书馆，数字博物馆，非物质文化遗产的数字化保护与传承，数字化的采集、探测和发掘，数字修复和复原，遗产数字化资源的产业应用，遗产数字化资源的数据安全等七个方面。文化遗产数字化要遵循信息的原真性、信息的完备性、原物的无损性、技术的适用性、数据的安全性、系统的延展性等基本原则。与基本原则相应，在数字化过程中，可采取的策略有：数据标准化策略、数据集成和分布策略、数据转换和冗余策略、数据版权保护策略、系统可扩展性策略。文化遗产的数字化通常要经过方案设计、数据采集、数字建模与绘制、数据存储与分发、数据可视化等过程。文化遗产数字资源的管理主要包括数字版权管理和数字资源的公共服务。

数字化技术在不断地发展和进步，本章最后介绍了几种常用的文化遗产数字化技术。

 **思考题**

1. 名词解释。

   数字图书馆、数字博物馆、信息完备性、信息无损性、信息原真性、数字建模、数字绘制、数据可视化、数字水印、虚拟现实技术、动态捕捉技术
2. 简述文化遗产数字化的基本概念和意义。
3. 文化遗产数字化研究主要包括哪三个方面内容？
4. 简述文化遗产数字化技术的应用范围。
5. 简述文化遗产数字化的基本原则。
6. 简述文化遗产数字化的基本策略和程序。
7. 数据采集有哪几种方式？举例说明这些技术在文化遗产数字信息采集中的应用。
8. 简述数字版权管理的基本内容。
9. 公共文化机构应当如何管理好文化遗产数字资源，以更好地服务于公众？

 参考文献与推荐阅读

1. 李欣.数字化保护——非物质文化遗产保护的新路向[M].北京：科学出版社，2011.
2. 郑巨欣，陈峰.文化遗产保护的数字化展示与传播[M].北京：学苑出版社，2011.
3. 周明全，耿国华，武仲科.文化遗产数字化保护技术及应用[M].北京：高等教育出版社，2011.
4. 贾磊磊.数字化时代文化遗产的保护和展观——中美文化论坛文集[C].北京：文化艺术出版社，2010.

第九章

文化遗产法律与政策

 学习目标

1. 了解物质文化遗产保护的主要概念范畴与保护对象的范围。
2. 了解物质文化遗产保护的主要国际法律。
3. 理解物质文化遗产保护的主要价值理念。
4. 理解国际社会法律保护非物质文化遗产的时代诉求。
5. 理解非物质文化遗产保护的主要国际公约与保护内容。

 导言

世界文化遗产保护运动,归根结底是世界各国寻求法律手段保护历史文化遗产的运动。本章从 18 世纪末至 19 世纪初,文化遗产作为"国家遗产"概念的萌芽入手,阐述 20 世纪物质文化遗产法律保护的概念体系、主要法律以及保护的主要价值理念;阐述 20 世纪 70 年代以来,非物质文化遗产保护运动的发展演变、保护非物质文化遗产的主要国际公约和法律精神。

第一节 18 世纪末至 19 世纪:"国家遗产"概念的生成

文化遗产保护运动的早期兴起,折射出文化遗产从私人财富向国家遗产的概念拓展,文化遗产被看作记录一个国家历史与标示集体身份的重要载体,而国家及其政府对保护

文化遗产负有不可推卸的历史责任。

尤其是在法国，这一点表现得尤其明显。1789年，法国大革命爆发，法国君主制政权被推翻，国王、教会、修道院以及流亡贵族的财产被大量没收，许多历史文物、建筑被当作旧王权制度的象征遭到大肆破坏。在无数文物建筑遭到破坏的同时，人们也逐渐认识到这些文物不只是属于其原来的所有者，更属于整个法国，属于法国人民，它们代表了法国的历史和身份，因此，需要将这些文物保护起来，免于继续遭受破坏。

事实上，在法国大革命的最初几年，国民议会就有法案命令各区政府列出遗产清单，特别是手稿、书籍和可移动文物、古迹的清单，为它们建立相应的监管体系。与此同时，一些专门性机构相继成立。1790年10月，"古迹委员会"成立，负责照管艺术品并为其列出清单。1791年10月，"公众指导委员会"成立，对古迹的保护承担部分职责。1793年，"古迹委员会"被废止，"艺术委员会"成立，负责调查和建立"一切属于国家的有利于公众教育的"物品的清单。①

除了相关机构的成立，政府还出台了法案对破坏文物的行为予以禁止。1792年6月6日，一项法案规定，对故意破坏艺术品的行为应判处入狱两年；同年8月14日，一项法案要求"古迹委员会"对"特别是在艺术价值上有特殊重要性的物品进行保护"，对损害国家财产的人将予以惩罚。1793年3月5日，"公众指导委员会"发布了一份关于全国范围内有利于艺术、科学和教育的文物的登录与保护的重要文件，进一步强调保护历史古迹和艺术品的重要性。其中，对于遗产与公众的关系，文件中写道：

> 基于你们共和政体的美德，所有的人都是真心实意地支持正在出现的自由，大家一起欢呼吧。但是，你们必须确保以下方面得到严格控制。因为你们仅仅是你们所继承的遗产的保护者，所以我们伟大的家族所有权希望你们重视这些遗产，冷漠即犯罪。在被敌人放弃的屋子里，有一部分是我们接受的遗产。以智慧的名义我们应该确保这些遗产的价值……每个人都应该认真行动，好像国家把财宝托付给了你，你要真正为它们负责。②

由此可见，文物建筑等文化遗产已然被赋予了超越私人财产的集体属性，确切地说，就是一种国家遗产的属性，而这种属性在后来的发展中又逐渐得到加强。

1830—1848年，法国历史学家弗朗索瓦·基佐对国家遗产概念的发展做出了积极的努力。他希望通过确立"国有纪念物"的概念来巩固和加强法国民众的精神纽带。他认为：一个国家的历史不仅写在纸上，同时也反映在文物古迹上。在法国历史上每一个重

---

① [芬兰] 尤嘎·尤基莱托. 建筑保护史[M]. 郭旃，译. 北京：中华书局，2011：98.
② [芬兰] 尤嘎·尤基莱托. 建筑保护史[M]. 郭旃，译. 北京：中华书局，2011：100.

要时段的伟大建筑都有部分被保留下来，国家是唯一有能力采取措施与每一个省一起建立现代管理制度，引导人们对文物古迹的正确认识的主体。[①]1834年，梅里美就任文物建筑总监一职，深入践行了基佐的国家遗产理念。在梅里美的努力下，1840年法国出台了第一份文物建筑普查清单。同年，法国政府更正式颁布了《历史性建筑法案》，开启了法国对历史建筑文物的立法保护，也使得该法案成为世界历史上第一部有关历史建筑的文物保护法案，从而将文物、历史建筑的保护问题真正提升到国家层面。1887年，法国又颁布了《纪念物保护法》，明确重申了文物建筑的保护范围与标准，并组建了一个由建筑师组成的古建管理委员会，负责法国文化遗产的选定及保护工作。至此，法国初步建成了对文物建筑的国家级保护机制。

而除了法国，日本也在19世纪推动了国家层面的文化遗产保护，明确了关于可移动文物的名录登记制度。1871年5月23日，日本政府第一次以太政官布告的形式颁布了《古旧器物保存方》的政令，明确指出全国各地传世保藏的古旧器物，无论是古代的、近代的、本土的、外来的，所有者都有对其进行管理保护的行为责任，同时必须按照该布告中公布的31大项目做分类整理，并负有报告当地政府的法律义务。同时，日本政府组织人力、物力着手文化遗产的调查、登记工程。1888年，日本宫内省专门设立了"临时全国宝物调查局"。该调查局历时10年对从全国各地收集来的21万余件古物，按古文书、绘画、雕刻、美术工艺品、书籍分门别类，并依照它们的重要程度分成高低不同的8个级别进行鉴定，给其中一部分重要物品颁发了鉴定证书。

第二节　20世纪：物质文化遗产保护法律的逐渐完善

进入20世纪以后，对物质文化遗产的保护不再局限于部分国家，而是逐渐发展为世界性的遗产保护运动。在世界各国的共同努力下，不仅丰富了保护对象的概念范畴，拓展了保护范围，更完善了物质文化遗产的法律保护环境。

一、概念范畴的丰富与保护对象范围的拓展

（一）景观保护

继文物建筑的保护之后，法国政府提出关于景观保护的问题，并出台了相应的法律。

---

① 邵甬. 法国建筑·城市·景观遗产保护与价值重现[M]. 上海：同济大学出版社，2010：23.

1906年，法国政府颁布《历史文物建筑及具有艺术价值的自然景区保护法》，并规定：为了保护自然界的美好，为了所有人的利益，必须保护壮丽或优美的景观，应该限制从法国大革命开始赋予每个人的"神圣不可侵犯"的所有权。[①]也就是说，除建筑外，树木、瀑布、悬崖峭壁等具有艺术价值的自然景观，也被纳入到了法律保护范围之内。1930年，法国政府继续颁布《景观保护法》。该法拓展了景观的保护范围，将自然景物和具有艺术、历史、科学、传说和画境特色的景观地，如巴黎埃菲尔铁塔所在的整个战神广场共同列为保护对象，并规定：除非特别允许，禁止任何破坏、改变其面貌的行为。时至今天，这项法案依然有效。

（二）文物建筑周边环境的保护

1913年，法国政府颁布《历史古迹法》。该法提出对文物建筑的周边环境进行特别处理，从而协调对文物建筑的保护。然而，由于未能列出保护的具体范围与措施，这项规定没有被后续采纳。1943年，法国政府出台《文物建筑周边环境法》，明确了以文物建筑为核心，半径为500米的保护范围，规定：一旦一座建筑根据《历史纪念物法》列级或登录，对其周边范围的保护即刻生效，在其半径500米范围内的建设都将受到一定制约，并受纪念建筑实现通廊条件的限制，即从纪念建筑位置到周边环境，或从周边建筑位置到纪念物建筑互为可视的关系都列入保护。

（三）历史地区保护

从文物周边环境的保护到历史地区的保护，是国际社会对物质文化遗产保护的认识逐渐深入的结果。

1931年，第一届历史纪念物建筑师及技师国际会议通过了《关于历史性纪念物修复的雅典宪章》，该宪章七项决议中就有一项提到"应注意对历史古迹周边地区的保护"。

1933年，国际建筑协会在雅典召开第四次现代建筑会议，会后发布了《雅典宪章》[②]，该宪章作为一部《城市规划大纲》，谈及了城市历史地区保护的问题。该宪章的条款中使用了"Historic Areas"一词，可以理解为"受保护的古建筑所处的场地"及周边环境；并建议如果古迹（不管是单个古迹还是城市整体）是属于历史文化并且能够引起广泛兴趣，同时公众不是被迫生活在一个不健康的环境中，则应该予以尊重；同时对它们的保护可能意味着交通改道或城市中心的一些公共功能的转移。

[①] 邵甬. 法国建筑·城市·景观遗产保护与价值重现[M]. 上海：同济大学出版社，2010：60.

[②] 此部《雅典宪章》与1931年《关于历史性纪念物修复的雅典宪章》不是同一部文件。1933年雅典会议上形成的提议"雅典文件"，后来经勒·柯布西耶整理，最终于1941年作为《雅典宪章》发表。

1962 年，法国颁布的《马尔罗法》提出"保护区"的概念，用以加强对文物建筑历史环境的整体保护。该法案明确了保护的双重目标：一是要将保护范围从单体建筑扩展到对历史环境的保护；二是要为城市更新提供新的模式，这主要针对当时城市更新的刻板和破坏性做法，即多数城市通过清除原有城市历史中心区的陈旧建筑来更新城市，只看重城市物质的更新，而忽视了城市环境的品质。

1964 年 5 月，第二届历史古迹建筑师及技师国际会议通过了《保护文物建筑及历史地段的国际宪章》，又称《威尼斯宪章》。该宪章同样强调建筑物与其周围环境的统一性价值，提出"Historic Monument"的范畴，并阐释历史古迹的要领，"不仅包括单个建筑物，而且包括能从中找出一种独特的文明、一种有意义的发展或一个历史事件见证的城市或乡村环境"。

在此影响下，20 世纪 60 年代，很多国家逐渐认识到文物建筑与周边自然、地理、社会环境的统一性价值，也纷纷推进了整体性保护法案。例如，1961 年，荷兰出台了历史古迹保护法案；1967 年，英国和意大利分别颁布了城市修复法与城市规划法。

1976 年，联合国教科文组织第 19 届会议在内罗毕召开，并通过了《关于历史地区的保护及其当代作用的建议》，即《内罗毕建议》（以下简称《建议》）。《建议》明确提出"Historic Areas"的概念，用以指代那些史前遗址、历史城镇、老城区、老村庄、老村落以及相似的古迹群等。《建议》同时指出：每一历史地区及其周围环境应从整体性上被视为一个相互联系的统一体；它们应得到积极保护，使之免受各种损坏，特别是由于不适当的利用、不必要的添建和诸如将会损坏其真实性的错误的或愚蠢的改变而带来的损害，以及由于各种形式的污染而带来的损害，任何修复工程的进行应以科学原则为基础；与此同时，还应十分注意组成建筑群并赋予各建筑群以自身特征的各个部分之间的联系与对比所产生的和谐与美感。

1987 年，《华盛顿宪章》提出了"Historic Urban Areas"（历史城区）的范畴，主要指历史上所有自然形成和人为创造的"城市社区"，"无论大小，包括了城市、城镇和历史上的城市中心或者街区，以及它们的自然和人工环境"。

二、保护法律的逐渐完善

20 世纪，国际社会就物质文化遗产的保护颁布了一系列法案，除法国、英国、美国、日本等国外，国际组织就文物古迹建筑等方面的保护问题先后多次召开会议，如联合国教科文组织会议、国际古迹遗址理事会会议、国际建筑师大会、历史纪念物建筑师及技师国际会议、国际文化财产保护与修复研究中心会议等。这些会议颁布的法案中（见

表 9-1），影响较大的国际法案有：《武装冲突情况下保护文化财产公约》（1954年）、《威尼斯宪章》（1964年）、《保护世界文化和自然遗产公约》（1972年）、《华盛顿宪章》（1987年）、《奈良真实性文件》（1994年）、《凯恩斯决议》（2000年）、《苏州决定》（2004年）等。

表 9-1　20世纪以来颁布的物质文化遗产保护的主要法律法规（不完整统计）

法案名称	颁布时间	颁布单位
古文物法	1906年	美国
历史古迹保护法	1913年	法国
国宝保存法	1929年	日本
景观保护法	1930年	法国
重要美术品保护法	1930年	日本
有关历史性纪念物修复的雅典宪章	1931年	历史性纪念物建筑师及技师国际协会
城乡规划法	1932年	英国
历史遗迹法	1935年	美国
考古挖掘法	1941年	法国
文化财保护法	1950年	日本
武装冲突情况下保护文化财产公约	1954年	联合国教科文组织
关于适用于考古发掘的国际原则的建议	1956年	联合国教科文组织
关于博物馆向公众开放的最有效方法的建议	1960年	联合国教科文组织
关于保护景观和遗址的风貌与特性的建议	1962年	联合国教科文组织
马尔罗法（历史街区保护法）	1962年	法国
国际文化财产保护与修复研究中心章程	1963年	国际文化财产保护与修复研究中心
保护文物建筑及历史地段的国际宪章（威尼斯宪章）	1964年	历史性纪念物建筑师及技师国际协会
国家历史保护法	1966年	美国
古都保存法	1966年	日本
景观保护法（修订）	1967年	法国
城市文明法	1967年	英国
城市环境适宜准则	1967年	英国
关于保护受到公共或私人工程危害的文化财产的建议	1968年	联合国教科文组织
保护考古遗产的欧洲公约	1969年	欧洲理事会

第九章 文化遗产法律与政策

续表

法 案 名 称	颁 布 时 间	颁 布 单 位
关于禁止和防止非法进出口文化财产和非法转让其所有权的方法的公约	1970 年	联合国教科文组织
保护世界文化和自然遗产公约	1972 年	联合国教科文组织
关于在国家一级保护文化和自然遗产的建议	1973 年	联合国教科文组织
城市规划法	1973 年	法国
关于历史地区的保护及其当代作用的建议	1976 年	联合国教科文组织
关于文化财产国际交流的建议	1976 年	联合国教科文组织
美洲国家保护考古、历史及艺术遗产公约	1976 年	美洲国家组织各成员国政府
关于保护可移动文化财产的建议	1978 年	联合国教科文组织
国际古迹遗址理事会章程	1978 年	国际古迹遗址理事会
关于保护和保存活动图像的建议	1980 年	联合国教科文组织
佛罗伦萨宪章	1982 年	国际古迹遗址理事会
保护历史城镇与城区宪章（华盛顿宪章）	1987 年	国际古迹遗址理事会
考古遗产保护与管理宪章	1990 年	国际古迹遗址理事会
奈良真实性文件	1994 年	联合国教科文组织、国际文化财产保护与修复研究中心、日本等
国际统一私法协会关于被盗或者非法出口文物的公约	1995 年	国际统一私法协会
凯恩斯决议	2000 年	联合国教科文组织
苏州决定	2004 年	联合国教科文组织

最重要的一项法案则是联合国教科文组织于 1972 年 10 月，在第十七届会议上通过的《保护世界文化和自然遗产公约》（以下简称《公约》）。《公约》要求各缔约国承担起将本国领土内的文化和自然遗产的确定、保护、保存、展出和遗传后代的责任，并竭尽全力，最大限度地利用本国资源，必要时利用所能获得的国际援助和合作进行保护。截至 2007 年，183 个国家签署了此项《公约》。

三、文化遗产保护的价值理念与国家博弈

（一）普遍性价值的肯定

对普遍性价值的肯定和强调，突出地体现在联合国教科文组织发布的《保护世界文化和自然遗产公约》中。《公约》规定，无论古迹、建筑群还是遗址，都必须满足"从

历史、艺术或科学角度看具有突出的普遍价值"的条件。

至于这种普遍性价值如何判断和评估，2005 年出台的《保护世界文化与自然遗产公约行动指南》列出了关于"突出的普遍价值"的一些具体的评选标准。如果遗产符合下列一项或多项标准，委员会将会认为该遗产具有突出的普遍价值：

（1）代表人类创造精神的杰作。

（2）体现了在一段时期内或世界某一文化区域内重要的价值观交流，对建筑、技术、古迹艺术、城镇规划或景观设计的发展产生过重大影响。

（3）能为现存的或已消逝的文明或文化传统提供独特的或至少是特殊的见证。

（4）是一种建筑、建筑群、技术整体或景观的杰出范例，展现历史上一个（或几个）重要发展阶段。

（5）是传统人类聚居、土地使用或海洋开发的杰出范例，代表一种（或几种）文化或者人类与环境的相互作用，特别是由于不可扭转的变化的影响而脆弱易损。

（6）与具有突出的普遍意义的事件、文化传统、观点、信仰、艺术作品或文学作品有直接或实质的联系（委员会认为本标准最好与其他标准一起使用）。

尽管相关标准已经表明，但是在具体操作上仍然颇具难度，尤其是站在不同国家和地区的立场上。甚至学界一直以来都对这项价值标准持有争议：有学者认为对普遍性价值的强调容易导致绝对化，是西方国家标准的普遍性价值导向；但是，也有学者认为其意义并非源自"所有作品都相似于某一特殊的理念或模型"这一概念，而是源于"每一处文化遗产都是特定艺术家或群体在当时富有创造力的、独特的新表达，代表着相关文化背景和传承"的理念，因而在这一定义框架下，对文化遗产的认定就是：认证具有相似特性的作品组群或类别，并从中选出最具代表性或最突出的。[①]

（二）真实性价值的阐释与博弈

"真实性"一词的英译为"authentic"，本义是真实的、真诚的、原创的，而非虚假的、非复制的、非虚伪的。作为西方重要的哲学范畴之一，此概念被引入遗产保护领域。

1931 年，第一届历史纪念物建筑师及技师国际会议上通过的《关于历史性纪念物修复的雅典宪章》就提出："当由于坍塌或破坏而必须进行修复时，大会建议，应该尊重过去的历史和艺术作品，不排斥任何一个特定时期的风格。"1964 年的《威尼斯宪章》则奠定了真实性对文化遗产保护的意义，提出"将文化遗产真实地、完整地传下去是我们的责任"。此后，真实性成为世界遗产委员会检验世界文化遗产的一条重要原则。所

---

① [芬兰] 尤嘎·尤基莱托. 建筑保护史[M]. 郭旃, 译. 北京：中华书局，2011：408.

第九章　文化遗产法律与政策

有被列入文化遗产名录的项目，都必须具有历史的真实性，满足在设计、材质、工艺和与遗址相关的环境四个方面检验真实性的要求。

随着世界遗产委员会对世界遗产名录工作的推进，有关真实性的认定标准暴露出一些尖锐的矛盾。例如，西方国家的建筑材料主要以石材为主；而东方国家相当多古代建筑以木质材料为主，为了建筑的持久保护，需要经常更替其中的木质构件。这样的做法显然与《威尼斯宪章》等国际文件所强调的尊重原始材料的原则相悖。在20世纪90年代以前，很多因为材料问题替换原有建筑构件的古代建筑难以进入世界遗产名录。[①]

针对东西方国家在文化背景上的明显差异，1994年，在日本政府文化事务部的推动下，日本政府与联合国教科文组织、国际文化财产保护与修复研究中心、国际古迹遗址理事会共同举办了奈良会议，并最终通过了《奈良真实性文件》。

该文件不仅继续肯定真实性是定义、评估、保护和监控文化遗产的一项基本原则，同时也对真实性的理解方式做出了调整，目的主要是将这一重要的文化遗产评定标准变成对东西方国家普遍适用。《奈良真实性文件》专门强调："一切有关文化项目价值以及相关信息来源可信度的判断都可能存在文化差异，即使在相同的文化背景内，也可能出现不同。因此，不可能基于固定的标准来进行价值性和真实性评判。反之，出于对所有文化的尊重，必须在相关文化背景之下来对遗产项目加以考虑和评判。"

其中，对真实性的评估标准提供了具体的操作基础。依据文化遗产类别及其文化背景，如果遗产的文化价值（申报标准所认可的）在下列方面上是真实可信的，则被认为具有真实性：① 外形和设计；② 材料和实体；③ 用途和功能；④ 传统、技术和管理体制；⑤ 位置和背景环境；⑥ 语言和其他形式的非物质遗产；⑦ 精神和感觉；以及其他内外因素。

其中，精神和感觉这样的特征在真实性评估中虽不易操作，但却是评价一个地方特征和气质的重要指标。例如，在保持传统和文化连续性的社区中。

此外，在准备遗产申报考虑真实性条件时，缔约国首先要明确所有适用的真实性的重要特征。真实性声明应该评估真实性在每个特征上的体现程度。在真实性问题上，考古遗址或历史建筑及地区的重建只有在极个别情况下才予以考虑。只有依据完整且详细的记载，不存在任何想象而进行的重建，才会被接纳。

与此同时，《奈良真实性文件》在强调真实性时，也同样强调了文化多样性的重要性，并将文化多样性作为对真实性的认定原则之一，即：

整个世界的文化与遗产多样性对所有人类而言都是一项无可替代的、丰富的精神与

---

① 薛林平. 建筑遗产保护概论[M]. 北京：中国建筑工业出版社，2013：37.

知识源泉。我们必须积极推动世界文化与遗产多样性的保护和强化,将其作为人类发展不可或缺的一部分。

文化遗产的多样性存在于时间与空间之中,需要对其他文化及其信仰系统的各个方面予以尊重。在文化价值出现冲突的情况下,对文化多样性的尊重则意味着需认可所有各方的文化价值的合理性。

所有的文化与社会都是根植于以有形与无形手段表现出来的特殊形式和方法,这些形式和方法构成了他们的遗产,应该受到尊重。

(三)项目数量的平衡

从那些纳入世界文化遗产名录体系的项目来看,早期主要以西方国家的文化遗产项目为主,发展中国家、亚非拉国家所占的比重相对较少。2000年,联合国教科文组织通过了《凯恩斯决议》,将全世界每年入选项目提名限制为30个,而每个国家每年最多只可以有一处地方入选世界遗产。这一决议一方面旨在平衡世界文化遗产名录体系中的南北方国家之间数量的悬殊,另一方面的目的在于限制一些国家大量增加新的世界遗产而忽略对旧有世界遗产的保护。

然而,由于《凯恩斯决议》做出的数量限定事实上难以改变原有的不平衡结构;并且对于资源丰富的国家来说不太公平,有些国家主张申报项目首要考虑的应当始终是遗产的素质而不是所谓国家数量的均衡与否。为此,2004年,在苏州召开的文化遗产大会上,一些国家建议对此前的限定数量做出调整。于是,联合国教科文组织最终通过了《苏州决定》,将每个国家一年一项的规定修改为每个国家一年一项自然遗产及一项文化遗产,提名总数方面亦做出增加,由30个改为45个。

第三节 20世纪70年代以来:
非物质文化遗产保护的主要法律探索

非物质文化遗产保护法律构建的探索与颁布,标志着国际社会对文化遗产价值的认知,实现了从有形价值向无形价值的提升。

一、非物质文化遗产保护运动兴起的时代诉求

第二次世界大战后,民族解放运动高潮迭起,原有的世界殖民体系逐渐瓦解。一方

面，原有的殖民地国家或受压迫民族迫切需要取得政权的合法性证明，加强民族或国家的凝聚力，由此，这些民族或地区原有的传统文化，如语言、宗教、文学艺术、民俗等，历史地成为其确认独立文化身份的重要来源或依据；另一方面，一些国家在战后混乱的经济社会秩序下，许多珍贵的文化遗产遭受了严重的人为破坏或流向海外，引起了政府的高度重视。

以日本为例，早在"明治维新"时期，政府就出于维护日本的天皇制和统治阶级政治利益的目的，专门颁布了关于文化遗产的保护法——《古器旧物保存法》（1871年），此后又相继颁布了《史迹名胜、天然纪念物保存法》（1919年）和《国宝保存法》（1929年）。二战后，日本国内经济一度通胀严重，加之赋税甚高，许多持有者出于生计大量变卖文物，造成许多珍贵文物流向海外；1949年、1950年的几场大火，也使得日本文化遗产毁损严重。1950年，日本政府颁布《文化财保护法》，明确提出"有形文化财"和"无形文化财"的概念，并要求"政府及地方公共团体必须正确理解文化财为我国历史、文化等不可欠缺者，认识其为奠定未来文化向上发展的基础，并周密留意彻底致力并切实实行保存的宗旨"。

仿效日本，韩国政府于1962年也出台了《文化财保护法》，同样使用了"有形文化财"和"无形文化财"的范畴。而从韩国政府出台该法案的时代背景看，主要源于两方面影响因素：一方面，1910年至1945年韩国一直处于日本殖民统治之下，长期的文化同化政策使得韩国传统文化受到严重打击；另一方面，二战后，美国长期驻军韩国，韩国传统文化又遭受了严重的欧美化。面对这种局面，唤醒民众对本国传统文化的历史记忆，并增强国民的民族文化认同成为韩国政府的迫切需求和历史责任。

相对于日本、韩国在本国内直接建立法律保护，玻利维亚政府则是最早向联合国教科文组织发出保护倡议的发展中国家。玻利维亚之所以呼声强烈，与其在20世纪六七十年代遭遇的国家文化安全问题有密切关系。这一时期，随着世界政治经济秩序渐趋稳定，传统文化作为文化资源获得了广泛的商业价值开发，尤其是发展中国家在经济贸易中，对传统工艺制品或原生态文化艺术输出比例较大。然而，由于缺乏有利的保护政策，一些国家的文化经济利益和文化主权利益遭受了严重伤害。

在玻利维亚，传统文化资源遭受了严重的"被动性"商业输出。许多资源的输出不仅无法获得相应的经济回报，甚至在加工成文化商品之后，都不被标明其原属地；有的还被贴上了别国的标签，并以高昂的价格返销回来。出于对本国经济利益和文化利益的双重维护，玻利维亚政府于1973年4月，向联合国教科文组织提出了在《世界版权公约》中增加一项关于保护民俗的建议书。这份建议书虽然没有被直接通过，但却有力地推动了世界非物质文化遗产保护运动拉开其历史序幕。

二、《保护传统文化与民俗建议案》

自玻利维亚政府提出保护"民间文学艺术"建议案后，时隔 16 年，联合国教科文组织在第 25 次会议上，正式通过了《保护传统文化与民俗建议案》（以下简称《建议案》）。《建议案》将"民俗"阐释为"来自某一文化社区基于传统的全部创作，由某一群体或一些个体所表达并被认为是符合社区期望的作为其文化和社会特性的表达形式；准则和价值通过模仿或其他方式口头相传。其形式包括：语言、文学、音乐、舞蹈、游戏、神话、礼仪、习惯、手工艺、建筑术及其他艺术。"

但是，《建议案》的局限性在后来被不断指出。1999 年，联合国教科文组织与美国史密森学会联合召开以"全面评估《保护民间创作建议案》：在地赋权与国际合作"为主题的国际会议。会上，来自厄瓜多尔的代表直接指出："《建议案》基本上把文化描述成'物品'！但文化也是有生命的。"[①]之所以有如此评价，主要是因为在实践中，受保护的更多时候是物质形态的文化记录标本或文化器具，其中一部分是用文字以及照相机、录音机、摄影机等现代传媒工具记录和物化的民俗，另一部分是文化社区用以表达自己文化的器物，如手工艺制品、劳动工具、建筑等。

虽然《建议案》有诸多不足，但是不能否认的是，它在《保护非物质文化遗产公约》颁布之前，确实起到了保护传统文化和民俗的积极作用。

三、《保护非物质文化遗产公约》

在《保护非物质文化遗产公约》颁布之前，联合国教科文组织于 1998 年出台了《人类口头和非物质遗产代表作条例》，并启动"人类口头和非物质遗产代表作名录"工程。2001 年，联合国教科文组织公布了首批 19 件人类口头和非物质遗产的杰作。2002 年，联合国教科文组织在伊斯坦布尔召开了以"非物质文化遗产：文化多样性的鉴照"为主题的文化部长圆桌会议，会上针对"人类口头与非物质遗产"概念和 1972 年通过的《保护世界文化与自然遗产公约》在"文化遗产"保护范畴之间的边界没有厘清等问题，确定了制定新的公约的工作目标。因而，2003 年，联合国教科文组织颁布《保护非物质文化遗产公约》（以下简称《公约》），并正式启用"非物质文化遗产"概念。《公约》的颁布，有力推动了非物质文化遗产保护机制在世界范围内的建立。

《公约》明确了建立政府间保护组织的决议。首先，成立缔约国大会作为公约的最

---

① 巴莫曲布嫫. 非物质文化遗产：从概念到实践[J]. 民族艺术，2008（1）：13.

高权力机关。其次，成立政府间保护非物质文化遗产委员会，由缔约国选出 18 个缔约国代表组成[①]，主要负责：① 宣传公约的目标，鼓励并监督其实施的情况；② 就好的做法和保护非物质文化遗产的措施提出建议；③ 拟定"保护非物质文化遗产基金"（信托基金）的利用计划并提交缔约国大会批准；④ 努力寻求增加"保护非物质文化遗产基金"资金来源的方法，并为此采取积极措施；⑤ 拟定实施公约的业务指南并提交大会批准；⑥ 审议缔约国提交的，关于其为实施本公约而通过的法律、规章条例或采取其他措施情况的报告，并将报告综述提交大会；⑦ 根据委员会制定的、大会批准的客观遴选标准，审议并决定缔约国提出项目名录的申请，以及决定是否对提出国际援助的国家给予援助。而对于各缔约国来说，则应该：采取必要措施确保其领土上的非物质文化遗产受到保护；并通过确认、立档、研究、保存、保护、宣传、弘扬、传承（特别是通过正规和非正规教育）和振兴的保护措施，由各社区、群体和有关非政府组织参与，确认和确定其领土上的各种非物质文化遗产。

《公约》提出建立多层次名录保护体系，建立"人类非物质文化遗产代表作名录""急需保护的非物质文化遗产名录""保护非物质文化遗产的计划、项目和活动"等。凡是进入名录的项目，都是在各缔约国提名基础上审核决定的。其中，保护非物质文化遗产的计划、项目和活动的入选，也需先由缔约国提名，再由委员会根据缔约国大会批准的标准，同时兼顾发展中国家的特殊需要，遴选出最能体现《公约》原则和目标的国家、分地区或地区保护非物质文化遗产的计划、项目和活动。

四、非物质文化遗产的文化多样性保护

非物质文化遗产作为具体的文化表现形式和内容，与文化多样性问题紧密联系在一起。这一点在联合国教科文组织所颁布的多项国际文件中不断得到确认和重申。

2001 年 11 月 2 日，联合国教科文组织第 31 届会议通过的《世界文化多样性宣言》将文化遗产视为"创作的源泉"，认为"每项创作都来源于有关的文化传统，但也在同其他文化传统的交流中得到充分的发展。因此，各种形式的文化遗产都应当作为人类的经历和期望的见证得到保护、开发利用和代代相传，以支持各种创作和建立各种文化之间的真正对话"。

2002 年，来自 100 多个国家的包括 70 位文化部长在内的 400 余名代表在伊斯坦布尔参加第 3 届文化部长圆桌会议，并通过了《伊斯坦布尔宣言》。《伊斯坦布尔宣言》同

[①] 《公约》规定：在缔约国数目达到 50 个之后，委员会的委员数目将增加至 24 个。

样将非物质文化遗产与文化多样性保护问题联系在一起,指出:"非物质文化是构成世界各民族特性的重要因素,保护和发展非物质文化遗产对于促进人类文明的多样性,增强人类社会的凝聚力和推动社会的发展具有重要意义。"《伊斯坦布尔宣言》同时呼吁"世界各国遵循联合国教科文组织通过的《世界文化多样性宣言》的原则,制定有关收集和整理非物质文化遗产的国家政策和相应的措施,同时在这一领域开展广泛的国际合作"。

2005年10月20日,联合国教科文组织第33届大会上通过了《保护和促进文化表现形式多样性公约》。此项公约将"保护和促进文化表现形式的多样性"作为其根本目标,并强调要"促进地方、国家和国际层面对文化表现形式多样性的尊重,并提高对其文化价值的认识"。而非物质文化遗产作为文化表现形式多样性的重要载体,充分满足了《保护和促进文化表现形式多样性公约》保护对象的条件,获得了在新的公约框架下的保护与重视。

2007年5月24日,非物质文化遗产成都国际论坛召开,来自世界37个国家的专家参加了此次论坛,并共同发表了《保护非物质文化遗产成都宣言》。

非物质文化遗产是人类的生命记忆,是人类创造力的精神源泉,是人类智慧的结晶,是世界文化多样性的生动展现,是人类永恒的精神家园。

随着经济全球化的推进和现代化进程的加快,文化生态发生了巨大变化,非物质文化遗产受到越来越大的冲击,许多珍贵的非物质文化遗产濒临消亡,保护非物质文化遗产刻不容缓。

我们呼吁国际社会和各国政府对非物质文化遗产保护给予足够重视,提高人们保护非物质文化遗产的自觉意识,切实加强非物质文化遗产保护工作,使非物质文化遗产生生不息、代代相传。

可见,《保护非物质文化遗产成都宣言》旨在唤起全世界对非物质文化遗产保护的关注,通过全世界的自觉保护来守护人类的精神家园,促进世界文化多样性的发展与人类文化的可持续发展。

【资料】

中国非物质文化遗产保护大事记

2000年,联合国教科文组织启动"人类口头和非物质遗产代表作"的申报工作。

2001年5月,联合国教科文组织将我国的昆曲列入首批"人类口头和非物质遗产代表作"。

2003年11月，联合国教科文组织将我国的古琴艺术列入第二批"人类口头和非物质遗产代表作"。

2004年4月，文化部、财政部发布《实施中国民族民间文化保护工程的通知》，正式启动中国民族民间文化保护工程。

2004年8月，经全国人大常委会批准，我国加入《保护非物质文化遗产公约》。

2005年3月，国务院办公厅颁发了《关于加强我国非物质文化遗产保护工作的意见》。

2005年3月，国务院办公厅发布《国家级非物质文化遗产代表作申报评定暂行办法》。

2005年6月，文化部发布《关于申报第一批国家级非物质文化遗产代表作的通知》。

2005年12月，国务院办公厅发布《关于加强文化遗产保护的通知》。

2006年5月，国务院公布第一批非物质文化遗产名录，共认定国家级项目518项。

2008年6月，国务院下发《国务院关于公布第二批国家级非物质文化遗产名录和第一批国家级非物质文化遗产扩展项目名录的通知》，共认定第二批国家级项目510项，第一批国家级扩展项目147项。

2011年2月，第十一届全国人民代表大会通过《中华人民共和国非物质文化遗产法》，规定该法自2011年6月1日起施行。

2011年6月，国务院公布《第三批国家级非物质文化遗产名录》，共认定第三批国家级项目191项，国家级扩展项目164项。

2012年2月，文化部发布《关于加强非物质文化遗产生产性保护的指导意见》。

2014年12月，国务院公布第四批国家级非物质文化遗产代表性项目名录，共认定第四批国家级项目153项，国家级扩展项目153项。

本章小结

世界文化遗产保护运动的演进，与保护法律的探索与演进历程是同步的。伴随着文化遗产保护法律的历史衍变，文化遗产完成了从私人财产向国家遗产概念的转向，完成了保护视野从文物古迹自身向文物古迹周边和整个历史城区或古村落的拓展、从物质文化遗产向非物质文化遗产的拓展、从保护文化遗产向保护文化多样性的提升。

1. 20世纪物质文化遗产保护产生了哪些概念范畴？

2. 简析文化遗产保护的普适性价值。
3. 简述文化遗产保护中的真实性价值及其评估标准。
4. 简述非物质文化遗产保护的主要法律探索。

参考文献与推荐阅读

1. 意大利共和国关于文化与环境遗产的法律法规汇编[M]. 刘曙光, 译. 北京: 文物出版社, 2014.
2. 王云霞. 文化遗产法: 概念、体系与视角[M]. 北京: 中国人民大学出版社, 2012.
3. 郭玉军. 国际法与比较法视野下的文化遗产保护问题研究[M]. 武汉: 武汉大学出版社, 2011.
4. 单霁翔. 走进文化景观遗产的世界[M]. 天津: 天津大学出版社, 2010.
5. 非物质文化遗产司. 非物质文化遗产保护法律法规资料汇编[M]. 北京: 文化艺术出版社, 2013.
6. 巴莫曲布嫫. 非物质文化遗产: 从概念到实践[J]. 民族艺术, 2008 (1): 6-17.

后　　记

我从 2008 年在南京艺术学院创建国内第一个文化产业学院以来，一直在从事学科和专业课程建设，在文化遗产课程建设和教学中发现该学科的理论体系尚处在形成初期，很难找到一本较适用的教材。王媛老师攻读博士期间就对非物质文化遗产保护有较深入的研究，入职南京艺术学院以来，一直从事这方面的教学，并带领学生在做文化遗产的田野调研。在教学过程中，我和王媛老师深感本学科面临的复杂性及学科交叉性，相关研究成果虽层出不穷，但多分散，遗产保护的实践层面问题诸多而现象纷杂，造成本专业学生在学习上常感困惑，在实践中常会因缺乏理论支撑而陷入困境。因此，我们勉力对近年来的课程教学资料和我们教学实践中的思考进行了梳理和总结，完成了现在这个阶段性的成果，也希望能够抛砖引玉。

在本书中，我们试图运用精神产品的基本原理对文化遗产做出理论界定和解释，基于这一认识，我们尽量融合多学科的理论方法和成果，意图从概念、理论和实践三个层面推进本学科的理论建构。在基础理论方面，我们运用精神产品理论从文化遗产资源学、文化遗产价值论和文化遗产经济学三个领域来系统地建构基础理论，进而对不同类型文化遗产的特点和保护传承进行阐述，并对数字遗产、文化遗产政策制定等实践层面进行分析和总结，从而建构一个较为开放的学科理论架构。这一架构既可以具有很好的扩展性，能够不断容纳吸收来自不同学科理论的研究成果和研究方法，同时又能为文化遗产保护和传承的实践提供理论的指导和支撑。

写作本书的目标是宏大的，工作是繁重的，我和合作者王媛老师在付出巨大的努力的同时，也感到能力有限。所以，我们希望通过本书，能够获得更多同道者的支持和帮助，大家一起协力推进文化遗产学科的理论建构和教材建设，让本学科和专业的师生能够找到学科的归属感，让本学科和专业能够不断地发展完善。文化遗产学的学科建设和专业建设正"在路上"，愿我们能够同行。

王　晨

2016 年 6 月 12 日于南京艺术学院